KB166784

퀴어 아포칼립스

퀴어 아포칼립스

Queer Apocalypse

사랑과 혐오의 정치학

시우 지음

현실문화

사랑하는 할머니를 기억하며

차례

일러두기

1. 각주는 모두 지은이 주이며, 강조는 밑줄로 표기했다.

2. 제목 표기 시 국문 논문과 단행본 장 제목, 심포지엄 발표문, 기도문은 「 」로, 국문 단행본 제목은 『 』로, 노래 제목과 전시명, 영화명, 방송 프로그램명은 〈 〉로, 신문 및 잡지명, 학술지명은 《 》로 표기했다. 또한 영문 논문 제목은 " "로, 영문 단행본 제목은 이탤릭체로 표기했다.

3. 본문에서 인용된 성서는 공동번역성서 개정판(1999년)을 사용하였다. 단 개신교인의 발언 속에서 인용된 경우, 또는 개신교에서 널리 알려진 내용의 경우에는 개역한글(1961), 개역개정(1998), 새번역(2004) 등을 참고하였으며 괄호 안에 판본을 명시하였다.

4. 외국 인명 표기는 국립국어원에서 펴낸 외래어 표기법을 준수하되, 국내에서 널리 사용되는 인명은 관행을 따랐다.

5. 이 책은 다음 글들을 중심으로 다시 쓰였다.
   정시우, 「한국 퀴어 장의 형성: 보수 개신교회, 시간성, 감정을 중심으로」, 연세대학교 문화학협동과정 석사학위논문, 2016.
   시우, 「혐오 없이, 혐오 앞에서, 혐오와 더불어: 한국 LGBT/퀴어 상황을 기록하는 노트」, 《문화과학》 제84호, 문화과학사, 2015.

들어가며

2015년 6월 9일, 제16회 서울 퀴어문화축제 개막식이 서울광장에서 열렸다. 한국의 퀴어 상황[1]을 연구하는 대학원생이었던 내게 개막식은 중요한 현장이었다. 개막식에 참가한 이들의 모습을 살펴보고 이야기를 기록하는 일도 중요했지만, 퀴어문화축제 개최에 반대하는 수많은 반anti퀴어[2] 집회를 관찰하는 일 또한 빼놓을 수 없었다. 1년 전, 서울과 대구의 퀴어문화축제에서 일어난 물리적 충돌은 보수 개신교회가 반퀴어 입장을 겸허하게 되돌아보는 성찰의 기회가 아니라 퀴어 집단과의 적대 관계를 분명히 하는 사건이 되고 말았다. 개막식이 진행되는 하루 동안, 퀴어문화축제에 대한 저마다의 입장이 담긴 피켓, 현수막, 깃발이 서울광장과 그 주변을 물들였다.

개막식이 끝나자 하루 종일 걸어 다니느라 힘들었던 나는 광장 잔디밭에 앉아서 현장관찰 정리일지를 적었다. 개막식도 겨우 마쳤는데 부스 행사가 열리는 날은 얼마나 분주할까. 공격과 방해를 물리치고 퀴어퍼레이드가 무사히 진행될 수 있을까. 빠듯한 예산으로 축제를 치러낼 수 있을까. 고민이 밀려오자 마음이 심란해졌다. 학위논문에 대한 걱정도 더해졌다. 개막식 하루에도 발견한 내용이 많은데, 수많은 현장의 모습을 한 편의 글에 녹여낼 수 있을지 자신이 없었다. 빨리 집으로 돌아가서 쉬고 싶은 생각이 간절했다.

그런데 밤 11시 반이 되었을 무렵, 광장에서 흥미로운 장면이 펼쳐졌다. "서울광장이 이제 비었습니다. 예수 이름으로 서울광장을 접수합시다"라는 반퀴어 활동가의 목소리가 들려왔다. 그의 말이 끝나자마자 100여 명 남짓 되는 사람들이 광장 주변을 돌면서 큰 소리로 기도를 하기 시작했다. 개막식으로 더럽혀진 광장을 정화한다는 의미의 땅 밟기 기도였다. 십자가 깃발과 태극기를 휘날리며 광장을 일곱 바퀴 돌고 난 다음, 이들은 서울시청 앞으로 자리를 옮겼다. "대한민국이 거룩한 곳이 되게 해달라"는 기도가 울려 퍼졌고, 개중에는 서울시청을 점거하자는 제안을 하는 사람도 있었다. "예수님 만세"와 "대한민국 만세"로 기도회가 마무리된 시간은 새벽 1시에 가까웠다.

개막식 참가자보다 더 일찍부터 더 늦게까지 서울광장을 차지했다는 승리감을 만끽하는 이들의 모습을 보면서 복잡한 마음이 들었다. 나는 2006년 서울광장에서 열린 개신교 예배에서 '은혜'를 경험한 적이 있다. 교회를 다니면서도 이른바 인격적으로 하나님[3]을 만나지 못했던 내게 그 예배는 회심의 계기가 되었다. 신앙이 자라가면서 도심 한복판에서 대규모 종교 집회를 개최하는 것에 대한 불편함도 생기고, 강렬한 회심 체험에 몰두하는 개신교회 문화에 대한 비판의식도 갖게 되었지만, 서울광장은 여전히 중요한 의미를 지닌 곳이었다.

그로부터 10년 정도가 흘렀다. 나는 한국사회에서 퀴어 이슈를 둘러싸고 벌어지는 논쟁과 투쟁을 살피는 문화연구를 하고 있다. 그때도 지금도 나는 퀴어 당사자이고 또한 그리스도인이다. 10년 전, 서울광장에서 한국교회의 부흥을 위해 기도했던 나는 현재 반퀴어 개신교인의 영적 전투 상대가 되었다. 그리스도인으로 살아야겠다는 다짐을 한 10년 전과 퀴어 연구자로 성장한 현재, 그 사이에 무슨 일이 일어난 것일까? 그동안 개신교회, 퀴어 운동, 한국사회, 그리고 내게 도대체 무슨 일이 있었던 걸까?

퀴어 현대사

지난 10년 동안 퀴어 이슈는 한국사회에서 가장 논쟁적인 화두로 떠올랐다. 퀴어 이슈에 대한 사회적 관심이 높아진 결정적인 시점은 포괄적 차별금지법 제정 운동이 전개된 2007년이다. 당시 법무부는 차별금지 사유로 성적 지향이 명시된 차별금지법의 입법을 예고했다. 하지만 보수 개신교회를 배경으로 한 반퀴어 집단과 한국경영자총협회로 대표되는 재계의 반발이 거세지자, 법무부는 성적 지향을 포함한 7개 항목을 차별금지

사유에서 제외했다.[4] 이에 저마다의 리듬을 가지고 운동을 해왔던 퀴어 활동가들은 '차별금지법 대응 및 성소수자 혐오·차별 저지를 위한 긴급행동'을 조직해서 적극적인 차별반대 운동을 펼친다. 퀴어 당사자들의 집단적인 커밍아웃을 이끌어낸 2007년 투쟁은 사회적으로 퀴어 집단의 존재를 분명히 드러내고 퀴어 운동의 기획과 전략을 다지는 계기가 되었다.

그간 퀴어 운동은 안전하고 자유로우며 존엄하게 살 수 있는 사회를 만들기 위해 노력해왔다. 다채로운 친밀성의 형태를 아우르는 가족구성권 보장, 성적 다양성의 가치를 반영하는 성교육 시행, 취약한 위치에 놓인 HIV/AIDS 감염인의 인권 보호, 성별 정보를 포함하지 않는 신분증명제도 도입, 누구나 활용할 수 있는 성중립 화장실 마련, 까다롭고 엄격한 성별정정절차의 개선 등 여러 가지 의제를 제안하기도 했다. 때로는 집회와 시위를 통해서, 때로는 축제와 행진을 통해서 평등의 메시지를 전하고 규범적인 질서에 도전하는 일에 힘써왔다. 퀴어 운동의 성장과 퀴어 커뮤니티의 확장은 서로에게 영향을 주면서 퀴어 변화를 이끌어나가는 힘이 되고 있다.

그러나 안타깝게도 퀴어 집단이 겪는 고통은 여전히 계속되고 있다. 포괄적 차별금지법을 제정하려는 시도는 2007년, 2010년, 2013년 연달아 무산되었고, 2017년에는 합의된 성적 실천을 처벌하는 군형법 제92조의6에 따라 동성애자 군인에게 유죄가 선고되었다. 성별 정체성과 성적 지향이 차별금지 사유로 명시된 2014년 서울시민 인권헌장은 박원순 시장의 일방적인 결정으로 폐기되었고, 성소수자의 인권 증진을 목표로 하는 비온뒤무지개재단 설립 신청은 법무부의 불허로 인해 대법원까지 소송을 이어가야 했다. 성별 정체성과 성적 지향을 강제적으로 바꾸려는 전환치료를 옹호하는 포럼이 국회에서 개최되는 동안, 퀴어 하위문화 지역에서는 물리적인 공격을 포함한 혐오범죄가 일어나기도 했다. 현재 퀴어 집단은 삶의 기초가 되는 교육, 노동, 의료, 정치, 주거, 친밀성 등 다양한 면에서 명시적·암묵적 차별에 노출되어 있다.

퀴어 집단의 열악한 삶의 조건은 보수 개신교회의 강력한 반퀴어 운동에 상당 부분 기인한다. 2000년대 초중반까지만 해도 보수 개신교회는 친미-반공 이데올로기에 충실한 거리의 정치학에 몰두했고, 대형교회를 중심으로 하는 주류 개신교회는 사립학교법 재개정 반대 운동에 집중했다. 퀴어 집단이 개신교회의 표적이 되기 시작한 것은 2007년이었다. '차별금지법이 통과되면 동성애가 죄라고 말할 수 없다'는 이야기가 유통되면서 전국 각지에서 차별금지법 제정 반대 기도회와 시위가 조직되었다. 차별금지법을 둘러싼 다툼은 퀴어 이슈에 대한 보수 개신교회의 위기감을 불러일으키고 퀴어 집단과의 적대 관계를 분명하게 만드는 계기가 되었다.[5]

더불어 2010년을 전후로 반퀴어 집단이 등장하면서 퀴어 상황은 더욱 어두워졌다. 반퀴어 집단은 퀴어 집단을 겨냥한 혐오발언을 신문에 게재하고 퀴어 친밀성을 재현하는 언론 매체를 공격하면서 퀴어 집단을 죄인으로, 환자로, 범죄자로 낙인찍었다. 또한 국가 인권위원회법이나 인권조례처럼 퀴어 집단을 보호하는 정책과 제도를 없애기 위한 정치적 활동을 벌였다. 특히 2013년은 반퀴어 운동이 급진화된 해였다. 2013년 봄에는 민주통합당 소속 정치인을 중심으로 차별금지법 제정이 추진되었고, 여름에는 서울퀴어문화축제가 번화가인 홍대에서 열렸다. 가을에는 김승환-김조광수 공개 동성결혼식이 진행되었고, 보수 개신교회의 강한 반발 속에서 세계교회협의회World Council of Churches가 부산에서 개최되었다. 반퀴어 집단은 일련의 흐름을 마주하면서 위기감을 느끼게 되었고, 결국 이듬해 서울과 대구의 퀴어문화축제 참가자들을 공격하고 퀴어퍼레이드를 가로막는 일을 감행했다.

퀴어 이슈를 둘러싼 다툼이 고조되는 상황에서 갈등을 조율하고 약자를 보호해야 할 국가기관은 퀴어 이슈를 회피하는 데 급급했다. 9년간 집권한 보수 정권은 적대와 혐오의 조직화를 방치하여 사회적 소수자가 겪는 차별과 폭력이 심화되는 데 일조했다. 포괄적 차별금지법을 제정하라는 국제사회의 권고를 번번이 무시했으며, 오히려 퀴어 집단에 대한 제도적인 차별이 없는 것처럼 호도하기도 했다.[6] 특히 신자유주의로의 전환 이후 국가기관은 시민권을 차등적으로 부여하면서 민주주의의 기반을 스스로 약화시켰다. 이 과정에서 퀴어 집단을 비롯한 소수자 집단은 사회적으로 배제되고 도덕적으로 비난받아야 했다.

이처럼 2007년 차별금지법 투쟁을 전후로 한국사회에서 퀴어 집단과 반퀴어 집단 사이의 대결 구도가 가시화되기 시작했다. 이 과정에서 퀴어 이슈는 흔히 동성애에 대한 찬성과 반대를 따지는 문제로 치부되거나, 보수적인 교리를 수호하는 개신교회와 사랑할 권리를 주장하는 동성애자 사이의 갈등 정도로 여겨졌다. 하지만 퀴어는 동성애자를 가리키는 또 다른 표현이 아니며, 퀴어 집단이 목표하는 사회 변화는 동성 간 친밀성의 제도화 그 이상이다. 무엇보다 퀴어 이슈는 특정 정책에 대한 의견 차이 또는 이해관계 당사자 사이의 다툼으로 환원될 수 없다. 퀴어 이슈는 우리가 차이를 어떻게 받아들이는지, 서로를 인정하고 공존하는 사회를 어떻게 만들 수 있는지, 당연한 것으로 간주되어온 규범적인 질서는 어떻게 바뀌고 있는지, 이를 통해 한국사회가 앞으로 어떤 방향으로 나아갈 것인지 등에 관해 깊이 있는 질문을 던지고 있기 때문이다.

한국의 퀴어 상황을 이해하기 위해서는 '퀴어 대 반퀴어'의 이분법적 구도를 넘어서 퀴어 이슈를 둘러싼 논쟁과 투쟁이 벌어지는 퀴어 장場에 주목할 필요가 있다. 이 퀴어 장에는 다양한 사람들이 존재한다. 퀴어 집단의 온전한 시민권을 지지하는 이들부터 퀴어 관점과 경험에 대해 호기심을 갖고 있는 이들, 퀴어 이슈에 대한 사회적 합의가 필요하다고 생각하는 이들, 퀴어 집단과 심리적 거리감을 느끼는 이들, 퀴어 집단이 미래를 파괴하고 있다고 주장하는 이들까지 퀴어 장에 참여하는 사람들의 스펙트럼은 넓게 펼쳐져 있다. 사람들은 퀴어 이슈에 대한 여러 지식과 정보를 습득하면서 나름의 입장을 다듬어간다. 즉 퀴어 이슈는 특정 소수자 집단에게 할당된 문제가 아니라 모두가 저마다의 방식으로 관계된 주제라고 할 수 있다.

물론 퀴어 장에 참여하는 모든 이들이 똑같은 영향력을 갖고 있는 것은 아니다. 보수 개신교회를 배경으로 하는 반퀴어 집단과 사회 변화를 요구하는 퀴어 집단 사이의 갈등은 퀴어 상황을 구성하는 주요한 축으로 작용한다. 국가기관 역시 주요한 행위자라고 할 수 있다. 퀴어 논쟁과 투쟁의 과정 속에서 관행, 방침, 법, 정책, 제도를 둘러싼 다툼이 활성화되기 때문이다. 국가기관은 퀴어 이슈를 적극적으로 추진하거나 명시적으로 거부하기보다 두 집단 사이에서 이해관계를 조정하는 중재자의 역할을 자임하고는 한다. 그러나 많은 사례에서 알 수 있듯이, 국가기관은 이원젠더체계와 이성애규범이라는 '국가 종교'를 수호하기 위해서 반퀴어 집단에 힘을 실어주는 경향을 보인다.[7]

물론 한국의 퀴어 상황을 보수 개신교회, 국가기관, 퀴어 집단 간의 관계로만 환원할 수는 없다. 다만 이들이 언제부터 논쟁과 투쟁에 참여하게 되었는지, 저마다의 주장을 관철시키기 위해서 어떠한 전략을 구사하고 있는지, 이들의 관계가 사회적 장 안팎에서 어떠한 영향을 미치고 있는지를 살펴보는 일은 현재의 퀴어 상황을 이해하는 데 중요하다. 이 책에서 나는 보수 개신교회의 반퀴어 운동이 어떠한 맥락에서 등장하게 되었는지, 퀴어 변화를 마주하는 이들의 시간적 인식이 어떻게 형성되는지, 감정과 정동을 기초로 하는 정치적 움직임이 어떠한 역동을 만들어내는지 살펴보려고 한다. 정리하자면 이 책은 퀴어 장에서 나타나는 다양한 경계·틈새·사이의 공간을 해석하고 변화와 갈등의 순간을 포착한 문화기술지라고 할 수 있다.

이 책은 전체 7장으로 구성되어 있다. 먼저 1장에서는 반퀴어 운동이 개신교회의 구조적 위기에서 비롯되었다는 점을 드러낼 것이다. 2장에서는 개신교회 내부의 차이에 주목해서 반퀴어 운동의 이질성을 해석하고 반퀴어 지형을 입체적으로 그려내고자 한다. 3장에서는 반퀴어 운동이 미래에 대한 불안과 위기의식을 촉발함으로써 사회를 도덕적 공황 상태에 빠뜨리는 과정을 분석하고자 한다. 4장에서는 퀴어 변화를 한없이 유예하는 국가기관의 무관심, 무능력, 무책임을 비판하고, 이에 맞서 퀴어 변화를 지금 여기에서 실현하려는 퀴어 집단의 움직임을 조명한다. 5장에서는 반퀴어 운동이 감정적이고 도덕적인 대중을 조직화하는 전략을 비판적으로 살피면서 반퀴어 문화정치학에 개입할 것이다. 6장에서는 차별과 폭력에 대항해서 정동적인 커뮤니티를 확장해나가는 퀴어 집단의 정치적 실천을 의미화하려고 한다. 마지막으로 7장에서는 퀴어 집단과 반퀴어 집단의 대결 구도가 만드는 경계의 작동을 읽어내고, 경계를 가로지르는 이들에게 주목하고자 한다.

삶의 자리 Sitz im Leben

　　　　　　　　지난 10년 동안 일어난 퀴어 상황의 변화는 내가 거쳐온 삶의 여정과도 관련이 있다. 나는 정의와 평화의 가치를 믿는 그리스도인이며 정치적으로는 퀴어 페미니스트이다. 나는 어렸을 때부터 보수 개신교회를 다녔다. 나는 교회에서 이 세계를 만드신 하나님은 좋은 분이라는 것, 나를 향한 하나님의 특별한 계획이 있다는 것, 기도를 하면 듣고 응답하시는 분이 계시다는 것, 인간은 모두 죄인이지만 예수님의 사랑으로 구원을 받았다는 것을 배웠다. 내게 교회는 삶의 의미와 방향을 알려준 곳이었고, 때로는 마음 편히 쉴 수 있는 쉼터였다.

　한편 나는 어린 시절부터 내가 남자를 좋아한다는 사실을 알고 있었다. 내게 남자를 향한 설렘과 두근거림은 무척이나 자연스러운 것이었기에 성적 지향을 받아들이는 데 커다란 어려움은 없었다. 주변 친구들에게 커밍아웃을 했을 때도 친구들은 대체로 내 이야기에 귀를 기울여주었다. 온라인 퀴어 커뮤니티에서 만난 멋있는 형들과 이야기하는 일도, 또래 퀴어 친구들과 어울리는 일도 즐거웠다. 청소년 시기에 참여한 퀴어 커뮤니티는 퀴어 당사자로 살아가는 법을 알려준 소중하고 따뜻한 공간이었다.

내게 교회생활과 퀴어 커뮤니티 활동은 모순되는 경험이 아니었다. 동성애가 올바르지 않다는 이야기는 가끔씩 들었지만 예수님은 내 모습 그대로를 사랑하신다는 믿음이 있었다. 퀴어 커뮤니티에도 교회를 열심히 다니는 사람들이 있었다. 주일학교 교사나 성가대원으로 섬기는 사람, 적대적인 교회 분위기 때문에 힘들어하는 사람, 퀴어 친화적인 신학을 안내해주는 사람이 내 곁에 있었다. 정체성을 탐색하는 과정에서 신뢰하고 의지할 수 있는 사람들을 만났다는 점에서 나는 운이 매우 좋은 편이었다.

고등학교에 다니기 시작하면서 교회에 가는 일도, 커뮤니티 활동을 하는 일도 우선순위에서 밀려났다. 아침 7시에 학교에 가서 밤 11시에 집으로 돌아오는 일정을 소화하는 것만으로도 충분히 지쳤기 때문이다. 나는 학교생활에 거의 적응하지 못했고 친구들과의 관계마저 어그러져버렸다. 무력감과 우울감이 커져갈 때 생각난 건 신앙 공동체였다. 교회생활을 다시 시작했고 세례도 받았다. 다행히 학교생활의 어려움도 점차 풀리게 되었다. 이와 같은 변화는 내게 감사 제목이었고, 하루를 기도와 묵상, 찬양과 예배로 보냈다. 하나님의 음성을 듣거나 기도 중에 환상을 보는 신비체험도 이 시기에 했다.

신앙은 어느새 삶의 제일 중요한 부분이 되었다. 나는 대학교 신입생 환영회 자리에서 "그리스도인으로서 비전을 갖고 대학에 왔다"고 소개해서 사람들을 당황스럽게 만들기도 했다. 정교회나 천주교에는 구원이 없다고 생각했으며, "음주와 흡연은 신앙의 척도가 아니라 건강의 척도"라는 선교단체 선배의 말에 시험에 들 정도로 보수적이었다. 학내 성소수자 동아리에서 번역한 책에 "죄는 미워하되 죄인은 사랑하라"고 말하는 그리스도인에게 "고마워요. 그런데 나는 그러한 사랑 없이도 살 수 있어요"라고 답하는 내용[8]이 나온 것을 보고 '나한테는 이 사랑이 중요한데?'라고 생각하고 책을 덮었던 적도 있다.

친구가 "교회를 다니는 건지, 대학을 다니는 건지 모르겠다"고 말할 만큼 나의 대학생활은 종교생활로 가득 차 있었다. 선교단체 세 곳에서 훈련을 받았고, 학내 선교단체, 기도모임, 교회모임으로 이루어진 기독학생 연합회 활동에도 참여했다. 물론 활동이 수월했던 것만은 아니었다. 한번은 학교 총여학생회에서 레즈비언 문화제를 개최했는데 "동성애를 옹호하는 총여학생회를 없애야 한다"는 이야기를 자주 들을 수 있었다. 당시 대학에서는 자위 행위와 혼전 성관계를 성적 음란으로, 요가를 경계해야 하는 힌두교 명상 훈련으로 규정하는 근본주의적 신앙 교육이 주류를 이루고 있었다.

보수적인 환경에서 퀴어 그리스도인으로서의 나의 위치는 끊임없이 도전을 받았다. 성적 지향과 그리스도교 신앙에 대한 고민이 깊어지던 시기, 내게 지역교회와 선교단체는 신앙의 성장을 돕는 곳이 아니라 오히려 방해하는 곳이었다. 신앙 공동체는 주어진

답에 질문을 던지는 사람이 아니라 정해진 결론을 의심 없이 따르는 사람을 원했다. 퀴어 이슈에 대해 안전하고 자유롭게 이야기할 수 있는 자리는 상상하기 어려웠다. 이 시기에 내가 만난 신앙의 동료들은 한 손에는 퀴어 변화에 대한 적대감을, 다른 한 손에는 퀴어 당사자에 대한 동정심을 갖고 있었다. 결국 나는 성적 지향을 비롯한 여러 문제로 인해 몇몇 신앙 공동체를 떠나야 했다.

내가 참여했던 공동체가 모두 종교적인 생활규범에만 집중했던 것은 아니었다. 보수적인 신앙에 기초해서 교회개혁과 사회참여에 나서는 독특한 선교단체도 있었다. 촛불집회가 한창일 때는 다 같이 광화문으로 향했고, 용산참사 진상규명과 책임자 처벌을 위한 운동에도 함께했다. 쌍용자동차 노동자 투쟁에 연대했고 4대강 사업에 반대하는 캠페인을 벌이기도 했다. 사회참여적 선교단체 활동은 그리스도교 신앙이 훨씬 깊고 넓다는 사실을 알려주었고, 불평등한 현실에 저항하는 정치적 책임감을 기를 수 있도록 도와주었다.

내가 선교단체 사람들에게 커밍아웃을 했을 때, 또는 선교단체 사람들이 암묵적으로 내가 퀴어 당사자라는 사실을 알고 있었을 때, 다행히도 물리적 폭력이나 전환치료 강요, 단체 탈퇴 권고 같은 일은 일어나지 않았다. 하지만 그곳에서도 퀴어 이슈는 금기이거나 무관심의 영역에 속했다. 신앙의 현장성을 강조하는 곳이었음에도 선교단체는 차별과 폭력으로 고통스러워하는 퀴어 집단과 어떠한 연대도 시도하지 않았다. 사람들은 내가 퀴어 이슈를 언급하는 것을 원치 않았고, 나 역시 퀴어 논의를 가급적 삼가고는 했다. 내게 선교단체는 잠시 추위를 버티게 해주는 모닥불이 피어오른 곳에 가까웠다.[9]

보수적인 신앙과 진보적인 사회참여를 함께 끌고 가고자 했던 선교단체를 거치면서 나는 단순히 이질적인 것을 합치는 방식으로는 진정한 변화를 이루기 어렵다는 것을 깨달았다. 본질이라고 여겨지는 것을 정직하게 검토할 수 있는 진술함 없이, 낯선 곳으로 기꺼이 나아갈 수 있는 용기 없이 익숙한 답을 되풀이하는 것은 아무 의미가 없었다. 나는 '하나님 나라의 가치에 동의한다면 성적 지향은 굳이 문제 삼지 않겠다'는 짐짓 포용적인 태도에 맞서 퀴어 경험으로, 퀴어 위치에서 하나님 나라 운동, 더 나아가서 그리스도교 신앙을 조명해보겠다고 마음먹었다.

나는 기존과는 다른 성서 해석, 교회 전통, 현장 활동을 찾아 나섰다. 보수 복음주의와 구분되는 진보적인 신학 담론을 접했고, 고백과 선포 중심의 개신교회 전통에서 벗어나 전례적인 예배 공동체를 경험했다. 비슷한 시기에 입학한 대학원에서는 현 체제를 거슬러 읽는 비판적인 관점과 힘 있는 언어를 배울 수 있었다. 보수적인 신앙 공동체에서 활동한 퀴어 당사자로서의 내 경험은 문화연구, 페미니스트 정치학, 퀴어 이론을 이해하는 데 중요한 자원이 되었다. 그간 어디에도 속하지 못했다는 나의 쓸쓸함과 불안감이 여러 경계를 넘나드는 '내부에 있는 외부인outsider within'이 겪는 자연스러운 느

낌이라는 사실을 대학원을 다니면서 깨달을 수 있었다.[10]

지난 10년간 사회 전반에서 달뜨게 이루어진 퀴어 논쟁과 투쟁을 거치며 나는 내가 누구와 함께 있는지, 누구를 상대하고 있는지, 어디를 향해 가는지, 어디로부터 멀어졌는지 되돌아보게 되었다. 오랜 기간 헌신했던 지역교회에서 반퀴어 활동가를 초청해서 특강을 열었던 일, 함께 마음을 나누었던 공동체의 지체가 반퀴어 단체에서 활동했던 일, 신앙의 동료라고 생각했던 사람이 나를 아웃팅했던 일 등은 나로 하여금 한국사회에서 퀴어 이슈를 둘러싸고 도대체 어떠한 일이 벌어지고 있는지 탐구하도록 이끌었다. 그리고 그 과정에서 나를 신뢰하고 지지하는 친구들, "가만히 있으라"고 명령하는 세계에서 '떠들고 설치고 말하는' 연구자들과 활동가들, 끊임없이 나중으로 미뤄지는 상황에서 감히 "지금 당장"을 외치는 퀴어한 존재들을 만날 수 있었다.

이 책은 내가 여러 시공간을 거치면서 몸으로 익힌 이야기를 풀어낸 여행기다. 나는 삶이라는 여정을 떠난 여행자로서 지도 없이 나의 길을 만들어왔다. 우연처럼 찾아온 낯선 이와의 만남이 여행의 방향을 완전히 뒤바꾸어놓기도 했고, 익숙했던 길이 나를 전혀 생소한 곳으로 안내하기도 했다. 지나간 시간이 새긴 흔적과 동료 여행자들이 남긴 기록은 나로 하여금 기분 좋은 설렘을 따라 경계를 가로지르는 여행자가 될 수 있도록 도와주었다. 다양한 세계에 머무는 여행을 통해 나는 스스로를, 친밀한 타인을, 그리고 이

세계를 조금씩 변화시켜왔다.[11]

또한 이 책은 다양한 공동체에서 습득한 언어로 빚어낸 다국어 서적이기도 하다. 퀴어 이슈를 둘러싼 논쟁과 투쟁이 활발하게 이루어지는 사회적 장을 파악하기 위해서는 사람들의 다채로운 언어와 문화를 이해하는 과정이 필요하다. 낯선 언어를 해석하고 이질적인 문화를 번역하는 작업은 각자의 이야기에 위치를 부여하고 서로 다른 이야기가 교차하는 지점을 포착하는 일을 뜻한다. 운이 좋게도 나는 다양한 사람들이 퀴어 이슈를 놓고 만나게 된 현재의 지형을 읽는 데 필요한 문화적 역량cultural literacy을 여러 공동체를 경험하면서 기를 수 있었다.

나는 다양한 퀴어 현장에 참여하면서 여행자와 번역자라는 정체성을 기억하고자 노력했다. 매일 새로운 사건이 발생하고 수많은 지식과 정보가 유통되는 역동적인 퀴어 현장 속에서 나는 수도 없이 길을 잃고는 했다. 평행선을 그리며 고조되는 갈등을 지켜보면서 움츠러들기도 했고 복합적인 현상을 맞갖게 담아낼 수 있는 개념을 찾느라 곳곳을 헤매기도 했다. 그때마다 주눅 들지 않고 다시금 걸음을 내딛는 여행자의 경쾌함과 참신하고 빛나는 문장을 만들어가는 번역자의 도전의식을 떠올렸다. 이 책이 지난 10년 동안 내가 만나고 헤어졌던 이들에게, 퀴어 한국을 여행하고 번역하는 이들에게, 아직 멀리 있는, 그러나 이미 다가온 새로운 세계를 만들어가는 이들에게 가닿을 수 있기를 기대해본다.

공동의 저자들

이 책은 수많은 사람들의 지지와 응원 속에서 완성될 수 있었다. 시위에서, 예배에서, 축제에서 만난 이들과의 생동감 넘치는 대화와 강렬한 교감은 나로 하여금 현장연구에 푹 빠져들도록 만들었다. 퀴어 현재를 살아가는 사람들이 직접 겪은 삶의 경험은 어지럽고 혼란스러워 보이는 퀴어 상황을 이해하는 데 길잡이가 되어주었다. 특히 23명의 연구 참여자에게 고마움을 전하고 싶다. 참여자들이 들려준 소중한 이야기 덕분에 이 모든 일이 시작되고 마무리될 수 있었다. 책을 쓰다가 쉽게 풀리지 않는 순간을 맞이할 때면 참여자들과의 인터뷰를 다시 읽으면서 생각을 정리했다. 참여자들의 통찰력 있는 해석과 다정한 격려는 작업을 진행하는 내내 큰 힘이 되었다. 참여자들과 함께 웃고 울면서 이야기를 나눈 시간이 이 책에 오롯이 담겨 있다.

서투르고 부족한 연구자가 성장할 수 있도록 도와주신 선생님들께도 감사드린다. 엄살이 심한 제자를 다독여주시고 사회적으로 의미 있는 지식을 생산하는 일의 가치를 알려주신 김현미 선생님, 퀴어 페미니스트 정치학이 지닌 아름다움과 힘, 희열과 감동을 전해주신 지혜 선생님, 비판적 연구자가 갖추어야 하는 겸손한 태도를 일러주신 방연상 선생님, 성찰적인 페미니스트 연구자가 된다는 것의 의미를 깨닫게 해주신 나임윤경 선생님, 시간성과 감정에 대한 섬세한 독해를 이끌어주신 김영옥 선생님, 정답을 제시하기보다 질문을 풍성하게 만드는 연구가 무엇인지 보여주신 우주현 선생님과 김순남 선생님께 진심으로 감사드린다.

4년의 시간 동안 '살았던' 문화학과 공동체는 내게 의지할 수 있는 출처가 되어주었다. 문화학과 동료들과 함께한 지적이고 정동적인 여정은 지금도 마음 한 편에 남아 있다. 성실한 연구자가 되어야겠다는 다짐을 하게 만드는 루인과 같은 시기에 학교생활을 할 수 있었던 것은 행운이었다. 퀴어하고 영적인 에너지를 나누는 수수는 삶의 노래가 실어 나르는 깊은 울림을 들려주었다. 서로의 이야기에 공명하는 즐거움을 알려준 문화학과 동료들에게 감사를 전한다. 텍스트를 콘—텍스트로 풀어낸 '해리포터' 세미나 친구들, 지혜와 용기를 나눠준 여성주의 연구살롱 '나비' 활동가들, 퀴어 지식을 공적인 논의로 확장시키는 교육플랫폼 '이탈' 활동가들, 환대와 돌봄의 '오류동 퀴어세미나' 동료들의 격려와 도전이 나를 지금까지 이끌어주었다. 서로가 서로에게 이유가 되었던 순간을 공유한 신앙 공동체 '1103'의 몇몇 지체들은 이 책의 좋은 독자가 되어줄 것이다.

어느새 15년을 함께한 김윤민, 상냥한 관찰자가 되어준 연금술사, 힘들었던 시기에 기댈 언덕이었던 우혜심 선생님과 정찬형 선생님, 구원하는 그리스도인·경계를 걷는 그리스도인의 이야기를 들려주신 유상신 신부님과 주낙현 신부님, 해맑은 미소로 맞아주시는 유점자 선생님, 윤홍구 선생님, 최혜숙 선생님께도 감사드린다. 야무지게 하루하루를 살아간 예쁜이, 먼 길을 찾아와주었던 꾀봉과 라라, 최선을 다하는 삶의 태도를 알려준 스텔라, 말없이 믿고 맡겨준 정 선생님의 흔적을 살며시 되짚어본다. 한없는 인내심으로 기다리고 꼼꼼한 코멘트를 더해준 김주원 편집자와 강정원 편집자의 부단한 노동 덕분에 이 책의 마침표를 찍을 수 있었다. 손때 묻은 글에 담긴 따스한 기운이 잘 전해지기를 기대한다.

어느 오전의 화동에서 마주한 빛, 하늘, 바람이 포기하려던 나를 붙잡아주었다. 좋은 추억을 나눌 수 있어서 행복했던 햄요리와 햄볶음, 새벽 4시의 고양이들이 그립다. 본 적 없는 풍경을 함께 마주할 수 있어서, 서로를 부르고 서로에게 응답한 그날의 인연을 간직할 수 있어서 다행이었다. 천천히 후회 없이 흐르는 시간을 살아간 세한고 친구들과 새로운 계절을 맞이한 미경, 수현, 용준을 응원한다. 더불어 작업을 마무리할 때까지 무사히 버텨준 10년 차 노트북에게도 경의를 표한다.

마지막으로 세 명의 친구에게 특별히 고마움을 전하고 싶다. 아름은 내게 '최고의 무기'가 지닌 힘을 아낌없이 가르쳐주었다. 그동안 많은 글이 그러했듯이 이 책에도 아름의 흔적이 담겨 있다. 고통스러운 시간을 같이 견디고 살아낸 아름에게 감사한다. 모임의 공동 기획자이자 신앙의 좋은 동료인 한나는 지난한 지식 생산 노동을 함께해나가며 기꺼이 자기 곁을 내주었다. 슬럼프 때문에 한없이 무기력해졌을 때 "열심히 싸우고 있다"는 말을 건네준 덕분에 기운을 차릴 수 있었다. '이국적 순간'을 만들어나가는 즐거움은 앞으로도 삶의 활력이 될 것이다. 나의 불안과 고민, 열정과 기쁨을 친밀하게 헤아려주는 불가피는 나의 좌표였다. 불가피처럼 서로에게 위로와 도전이 되는 친구가 있다는 사실은 내게 늘 자랑이었다. 언젠가 나에게 들려주었던 말처럼 "내가 계속 인용하는 너, 마주봄과 공명이 가능한 너"에게 이 책을 전하고 싶다.

> "이것은 우리의 실망과 실패이며
> 우리가 입은 상처이며 우리가 일으킨 슬픔입니다.
> 주님의 성령으로 이것이 우리를 위한
> 생명의 빵과 구원의 잔이며
> 주님의 몸과 피가 되게 하소서."[12]

2018년 여름,

새로운 세계가 가까이 왔음을 두려움 없이 선포한

성 세례자 요한 탄생 축일에

시우

1장

반퀴어 운동,
위기에 빠진 교회의 그림자

보수 개신교회의 반퀴어 운동을 이해하기 위해서는 먼저 교회의 내부 사정을 알아야 한다. 독실한 개신교 신자인 서린을 만난 것도 그 때문이었다. 서린은 모태신앙으로 20년 넘게 개신교회를 다녔다. 개신교 재단의 고등학교를 다니는 동안 기도모임에 참석했고, 대학교에서는 보수적인 선교단체에서 활동했다. 교회에 다니지 않는 가족과의 갈등으로 힘든 시기도 있었지만 신앙생활을 소홀히 하지는 않았다. 신앙이 점점 깊어지면서 서린은 개인적인 믿음뿐 아니라 개신교인의 사회적 책임에 대해서도 관심을 가지게 되었다. 집에서 멀리 떨어진 곳이었음에도 교회개혁 운동에 참여하는 목회자가 섬기는 교회에 출석하기도 했다.

서린은 퀴어 이슈와 관련해서 다소 독특한 경험을 한 적이 있다. 고등학교 때부터 함께 신앙생활을 한 친구가 동성애자라고 커밍아웃을 한 것이다. 조금 남다르다고 생각했을 뿐, 동성애자일 거라고 생각해본 적이 없었던 친구의 커밍아웃 이후, 퀴어 이슈가 새삼 가깝게 느껴지기 시작했다. 그리고 몇 년 후, 서린이 몸담은 선교단체의 구성원 중 한 명이 탈동성애자라는 것을 알게 되었다. 그는 선교단체 수련회에서 자신이 과거에 동성애자였지만 하나님을 만나고 난 뒤로 변화되었다는 간증을 했다. 성적 지향이 선천적으로 결정된다고 막연하게 생각했던 서린은 머릿속이 복잡해졌다.

퀴어 이슈를 둘러싼 논쟁이 갈수록 거세지면서 서린이 참여한 교회의 단체대화방에도 다양한 반퀴어 메시지가 공유되었다. 퀴어 문화축제 반대 서명을 독려하거나, HIV 감염인의 삶을 끔찍하게 묘사하거나, 탈동성애 운동을 소개하는 글이 꾸준히 전해졌다. 하지만 서린은 특정한 방식으로 선별된 메시지를 넘어서 퀴어 현장을 직접 경험하고 싶었다. 그러던 중에 친구의 제안으로 퀴어문화축제에 처음으로 참여하게 되었다. 몇몇 축제 참가자의 신체 노출을 선정적으로 보도하는 기사를 접하면서 축제에 대해 부정적인 입장을 갖고 있던 서린은 축제에 다양한 모습의 사람들이 참가한다는 사실을 깨달았다.

서린은 여전히 탐색 중이다. 퀴어 집단을 정죄하기보다 사랑으로 포용해야 한다고 생각하지만 퀴어 집단을 죄인이라고 비난하는 사람도 이해할 수 있다. 차별금지법은 제정되어야 하지만 교회 안에서 나오는 거친 발언은 어쩔 수 없다고 생각한다. 반퀴어 입장을 지닌 개신교인과는 소통이 쉽지 않고, 퀴어 변화를 지지하는 개신교인은 찾기가 힘들다. 퀴어 이슈에 대한 고민은 계속되지만 그렇다고 쉽게 정리되지 않는 문제를 끈질기게 붙잡을 만큼의 관심은 없고, 다른 개신교인의 생각이 궁금하지만 편하게 대화를 나눌 수 있는 사람도 없다.

서린의 사례는 청년 개신교인의 일반적인 모습을 잘 보여준다.

퀴어 이슈에 대한 사회적 관심이 조금씩 높아지는 변화를 경험하면서 청년 개신교인은 신앙인으로서 나름의 입장을 정해야 한다는 인식을 갖게 된다. 그러나 문제는 생각보다 까다롭다. 넘쳐나는 퀴어 관련 정보를 해석할 수 있는 훈련을 받은 적도, 퀴어 이슈를 터놓고 이야기해본 적도 없기 때문이다. 차별과 혐오는 올바르지 않다고 생각하지만, 동시에 죄는 죄라고 분명하게 선언해야 한다고 믿는다. 퀴어문화축제 반대 집회에 나가자는 권유도 불편하고 퀴어 집단과 연대하자는 제안도 꺼림칙하기만 하다. 결국 퀴어 이슈에 대한 판단을 멈추거나 '어쨌든 퀴어 집단은 죄인'이라는 주장으로 되돌아오게 된다. 도대체 왜 퀴어 이슈는 개신교인에게 이토록 뜨거운 감자가 되었을까?

반퀴어 운동의 등장 배경

보수 개신교회의 반퀴어 운동을 이해하는 한 가지 방법은 개신교의 교리를 살펴보는 것이다. 그리스도교 신학은 성서, 교회 전통, 이성, 경험, 역사, 문화 등으로 구성되는데, 보수 개신교회에서는 특히 성서의 몇몇 구절에 대한 해석

는 사람 등이 개신교회 안에서 공존하고 있다. "그리스도인은 퀴어 변화에 반대한다"는 주장은 반퀴어 활동가의 논리일 뿐, 퀴어 이슈를 마주하는 방식은 교회 안팎에서 다양하게 나타나고 있다.

교리에만 초점을 맞춘 설명의 세 번째 문제점은 반퀴어 운동이 왜 지금 시점에 등장하게 되었는지에 대해 대답하지 못한다는 것이다. 흔히 반퀴어 운동이 조직화된 이유를 퀴어 집단의 가시화에서 찾고는 한다. 본래부터 퀴어 집단에 대해 적대감을 가지고 있던 보수 개신교회가 퀴어 집단이 사회적으로 가시화되자 위기감을 느끼고 반퀴어 운동에 나서기 시작했다는 해석이다. 물론 사회적 소수자 집단이 '발견'되는 일이 소수자 집단에 대한 차별과 폭력으로 이어지는 경우도 있지만, 보수 개신교회가 자신의 기준에 어긋난다고 판단한 모든 이슈에 열정적으로 개입하는 것은 아니라는 점에서 이와 같은 설명은 반퀴어 운동을 자연발생적인 것처럼 묘사할 우려가 있다.

반퀴어 운동이 조직화된 이유를 보다 정확히 알기 위해서는 보수 개신교회의 내부 상황에 주목할 필요가 있다. 보수 개신교회가 오랫동안 퀴어 이슈에 대해 적대적인 '입장'을 갖고 있었다고 할 때, 퀴어 집단을 대하는 '태도'가 바뀌게 된 계기를 찾아야 한다. 보수 개신교회의 반퀴어 운동을 이해하는 단서는 개신교회의 위기다. 현재 반퀴어 운동은 교회 위기를 극복하려는 일종의 영적 각성 운동이자 교회개혁 운동으로 기능하고 있다. 위기에 빠진 교회에 드리워진 그림자는 퀴어 이슈를 현명하게 풀어낼 수 있는 교회 내 공론장을 파괴하고, 차별과 폭력을 정당화하는 반퀴어 운동을 촉진시킨다. 개신교회의 구조적 위기가 반퀴어 운동의 조직화로 이어지는 과정을 좀 더 자세히 살펴보자.

성장의 위기, 영성의 위기

정직하게 말하자면, 한국 개신교회가 앞으로 살아남을 수 있을지 여부는 불투명하다. 위기는 중소형교회부터 초대형교회까지, 청소년 세대부터 중장년 세대까지, 농어촌 지역부터 도시 지역까지 고루 나타나고 있다. 개신교회를 압박하고 있는 구조적 위기는 이미 심각한 상황이다. 교회 밖에서는 물론이고 교회 안에서도 한국교회가 위기에 처했다는 진단은 20년 넘게 이어져왔다. 하지만 위기를 촉발시킨 다양한 원인은 해결되지 않은 채 그대로 남아 있다. 위기가 장기화되면서, 개신교회가 회복 불가능한 상태에 처한 것은 아닌지 조심스럽게 추측해보는 이들마저 등장했다.

개신교회의 위기를 가장 잘 보여주는 지표는 개신교인의 감소다. 10년마다 이루어지는 인구주택총조사 종교 부분 통계에 따르면, 개신교인은 1985년부터 1995년까지 227만 명 정도 늘었던 것에 비해 1995년부터 2005년까지 14만 명이 줄었다. 특히 청년 세대의 교회 이탈 현상은 심각한 상태에 이르렀다. 20~30대 개신교인은 334만 명(1995년)에서 276만 명(2005년)으로, 다시 241만(2015년)으로 줄어, 20년 동안 100만 명 가까이 감소했다.[1] 청년들은 '헬조선'에서 살아남기 위해 하루하루를 버티고 있는데도 교회에서는 이들이 겪는 다양한 문제를 외면한 채 이들을 중장년 이상 세대의 편리한 신앙생활을 보조하는 인적 자원으로만 취급하고 있기 때문이다.

이에 개신교 신앙은 유지하지만 개신교회는 다니지 않는 '가나안 성도'의 비율이 점차 높아지고 있다. '(교회에) 안 나가'를 역순으로 표현한 가나안 성도는 제도교회 밖에서 신앙생활을 하는 이들로서, 천주교회에서 '쉬는 교우' 또는 '냉담자'라고 불리는 이들과 비슷하다. 예배에 주기적으로 참여하고 헌금을 하는 등록신자의 수가 두드러지게 감소하는 상황에서 개신교인이 체감하는 위기감은 고조되고 있다. 2015년 인구주택총조사에서 개신교인이 100만 명가량 늘어났다는 사실(862만→968만 명)에 개신교계가 오히려 놀랐던 이유는 바로 이 때문이다. 오랜 기간 고대하던 신자 수 1위의 종교가 되었음에도 정작 개신교회 내부에서는 불안감이 깊어지고 있다.

그러나 위기 속에서도 개신교 계열 신학교의 규모는 커지고 목사 안수를 받는 신학생은 늘고 있다. 목회학 석사과정 졸업생의 극소수만이 안정적인 사역지를 구할 수 있다는 것은 대형교회의 영향력이 커진다는 뜻이기도 하다. 교회를 개척하는 목회자도 열악한 처지로 내몰리기는 마찬가지다. 새롭게 신자가 되는 이들에 비해서 목회자가 되는 이들이 훨씬 많다 보니 목회자 간 경쟁은 치열해지고 오로지 교회 성장에만 몰두하는 경향이 강화된다. 중소형교회의 신자들이 안정적인 재정, 체계적인 훈련 프로그램, 쾌적한 시설, 세련된 건물, 익명의 교회생활 등을 강점으로 내세우는 대형교회로 수평이동하면서 대형교회의 헤게모니는 확장된다. 늘어난 채무를 감당하지 못하고 파산에 이른 교회가 곳곳에서 등장하는 시대, 소수의 대형교회만이 생존하면서 교회 생태계의 다양성과 지속 가능성이 파괴된 시대가 찾아온 것이다.

그렇다면 개신교인들은 왜 교회를 떠나는 것일까? 그리고 비개신교인들은 왜 교회를 찾지 않는 것일까? 이유는 간단하다. 개신교회가 많은 사람들에게 매력적이지도, 대안적이지도 않은 곳으로 여겨지기 때문이다. 보수 개신교회는 '우리가 살고 있는 이 세계보다 더 중요한 세계가 있다'는 초월적 가치체계를 제시하는 데 실패했다. 세속적 성공이 '하나님께 영광을 돌리는 일'이 될 때 가난한 사람, 좌절한 사람, 아픈 사람, 외로운 사람 등 고통을 겪는 대부분의 사람은 교회에서 환영받지 못한다. 결혼 여부, 나이, 성별, 직업, 출신 지역, 헌금 액수 등에 따라서 교회 내 직분이 결정되고 발언권이 달라지는 일은 결코 소수 교회만의 예외적인 현상이 아니다.

'예수천국 불신지옥'으로 대표되는 독선주의에 대한 반발도 거센 편이다. 다양한 종교가 존재하고 종교를 가지지 않은 인구가 과반을 차지하는 사회에서 개신교회는 공격적인 전도와 배타적인 선교를 고수해왔다. 이웃 종교와 평화롭게 공존하려는 노력이 적은 것은 물론이고, 개신교 이외의 다른 그리스도교 공동체에 대한 이해역시 부족하다. 그간 2007년 탈레반 한국인 납치 사건, 2010년 봉은사 땅 밟기 기도 사건, 2014년 프란치스코 교황 방한 반대 운동, 2015년 할랄식품 전용단지 반대 시위 등 수많은 사건과 사고에 연루되었음에도 개신교회 안에서는 이 모든 일이 '신앙을 부끄러워하지 않는 행동'으로 여겨지고는 했다.

노골적으로 권력을 추구하고 기득권을 옹호하는 악습도 계속되고 있다. 2007년 제17대 대선 때는 "이명박 장로를 안 찍는 사람은 생명책에서 지워버리겠다"는 발언이 교회 안에서 서슴없이 나왔고, 2016년 탄핵 정국에서는 보수 개신교인들이 태극기 집회에 대거 참가했다. 세월호 참사 희생자를 추모하는 노란 리본을 달았다는 이유로 교인들을 교회에서 쫓아내고, 목회자의 부정부패를 문제 삼은 교인들에게 출교 처분을 내리는 일도 있었다. 이른바 교계 지도자로 불리는 이들이 교회와 신학교를 사유화하여 자본축적의 수단으로 이용하고, 개신교 계열 교육기관, 기업, 사회복지시설에서 일하는 노동자에게 '갑질'을 저지르는 일이 여전히 벌어지고 있다.

　　이 밖에도 교회세습, 금권선거, 목회자 성범죄, 무리한 교회 건축, 설교 표절, 헌금 횡령 등 개신교회를 다녀야 하는 이유보다 떠나야 하는 이유가 갈수록 많아지고 있다. 뼈를 깎는 개혁이 필요하다는 주장이 교회 안팎에서 들려옴에도 "교회는 세상 속에서 언제나 위기를 겪어왔다"는 무책임한 낙관주의가 정직한 현실인식을 방해하고 있다. 개신교회가 철저히 자신의 이해관계에만 집중하는 동안 한국사회에서 개신교회를 신뢰하는 이들은 5명 중 1명밖에 남지 않았다.[2] 개신교회 최후의 날을 알리는 시계가 존재한다면, 시계는 자정에서 그리 멀리 떨어지지 않은 시각을 가리키고 있을 것이다.

위기, 그것은 아무것도 아니다?

　　　　　　　　물론 여러 개신교인들은 교회가 위기에 처해 있다는 사실을 인정한다. 개신교회를 향한 따끔한 조언을 경청하면서 교회를 변화시키기 위해 애쓰는 이들도 존재한다. 그럼에도 좀처럼 상황이 개선되지 않는 것은 위기를 '하나님께서 한국교회에 주신 시험'으로 이해하면서 보수적인 신앙을 지켜나가는 것을 통해 위기를 극복하자는 주장이 힘을 얻고 있기 때문이다. 교회의 위기를 극복해야 한다는 다그침은 개인의 종교적 각성만을 촉구할 뿐, 위기를 구조적 차원에서 조명하는 비판적인 관점도, 교회가 감당해야 하는 사회적 책임에 대한 진지한 고민도 수반하지 않고 있다.

위기 담론이 20년 동안 지속되면서 개신교회 곳곳에서는 일종의 더 나은 그리스도인 되기 프로젝트가 활발하게 진행되었다. 위기를 진단하는 서적이 쏟아지고 교회의 부흥을 염원하는 기도회, 사경회, 찬양 집회가 넘쳐났다. 개신교인들은 효과적인 전도 프로그램을 도입하고 다양한 제자훈련 과정을 운영하면 성장의 위기를 뛰어넘을 수 있다고 믿었다. 보수적 신앙에 기초한 기독교 세계관 운동, 제자도 교육, 단기선교, 해외 아웃리치 등을 통해서 영성의 위기를 극복할 수 있다고 생각했다. 교회의 부족한 모습을 반성하고 몇 가지 문제를 고쳐나가는 연단의 과정을 거치면 개신교회가 다시 한번 도약할 수 있을 것이라는 기대가 커져갔다.

그러나 이 프로젝트는 위기 극복과 관련된 상품 시장을 개척하는 데는 성공했지만, 위기 해결에는 별다른 도움이 되지 못했다. 위기가 구조적 원인 때문에 발생했는데도 해결책을 개인이나 조직 단위에서 찾고 있으니 어쩌면 실패는 예정된 것이었는지도 모른다. 교회의 위기를 하나님께서 주신 시험으로 해석할 때, 개신교인에게 필요한 것은 흔들리지 않는 신념으로 무장하고 하나님과의 관계에 집중하는 일이다. 결과적으로 교회의 구조적 부정의를 바로잡는 일, 보수적인 신앙을 새롭게 하는 일, 사회정의를 실현하기 위해 싸우는 일은 뒷전으로 밀려나버리고 만다.

현재 통용되고 있는 위기 극복 담론을 한 마디로 정리하자면, '교회를 교회답게, 예배를 예배답게'로 수렴된다. 때로는 '성장주의에서 벗어나자' '의사결정 과정을 평등하게 만들자' '선한 영향력을 발휘하자' 등 나름대로 성찰적인 메시지가 확산되기도 한다. 하지만 교회다운 것이 무엇인지, 예배다운 것이 어떤 것인지 살펴보는 깊이 있는 토론이 이루어지지 않을 때, 교회와 예배의 변화를 촉구하는 외침은 공허한 구호에 그치고 만다. 자본의 질서가 모든 것을 압도하는 사회, 소수자에 대한 차별과 폭력이 끊이지 않는 사회, "이게 사는 건가"라는 말이 절로 나오는 사회에서 그리스도인으로 산다는 것은 어떤 의미인지, 정의와 평화의 하나님 나라는 어떻게 만들어갈 것인지, 다른 사람들과 어떻게 공존할 것인지 질문하는 작업이 뒤따르지 않는 것이다.

현재 개신교회가 위기를 해결하지 못하는 이유는 위기에 대한 경각심이 부족하거나 위기를 극복하려는 의지가 약하기 때문이 아니다. 그보다는 위기를 진단하는 방식이 지나치게 개인적이고 보수적이며 종교적이라는 데 핵심적인 이유가 있다. 많은 수의 개신교인은 그동안 보수 개신교회를 구성해온 신학, 교리, 교회 운영 방식을 바꾸고 싶어 하지 않는다. 구조적 위기를 해결하기 위해서는 전면적인 개혁이 필요함에도 위기를 익숙한 방식으로, 적은 비용을 들여서 타개하려는 것이다. 구조에 대해서 이야기하지 않고 권력관계를 재배치하지 않는 교회 위기 극복 프로젝트는 실패할 수밖에 없다.

영적 전쟁의 서막

여기서 반퀴어 운동과 관련하여 주목해야 할 점은 교회 위기 극복 담론이 개혁하는 주체, 각성된 주체, 타협하지 않는 주체를 만들어낸다는 것이다. 현재 교회의 기본에 충실하자는 주장은 신앙의 근본으로 돌아가자는 운동을 추동하고 있다. 위기를 개인의 종교적 실천으로 돌파할 수 있다는 담론은 위기의 시대를 살아가는 개신교인에게 자신감과 행동력을 부여한다. 스스로를 겸허하게 되돌아보고 반성하기보다 오히려 보수적인 신앙에 보다 충실해야 한다는 확고한 믿음과 위기 해결에 적극적으로 나서야 한다는 참여의식을 갖도록 하는 것이다. 즉 올바른 신앙을 가진 구별된 그리스도인으로 살면서 교회의 부흥을 이루겠다는 열망이 강화되는 과정에서 공격적이고 배타적인 영적 각성 운동이 전개된다.

영적 각성 운동에서 적대의 대상으로 지목된 것은 크게 세 가지다. 첫 번째는 정통이 아니라고 간주된 신학이다. 영적 각성 운동은 불교나 이슬람교와 같은 이웃 종교는 물론이고 근본주의적 성향의 개신교를 제외한 다른 그리스도교 공동체를 그릇된 신앙으로 간주한다. 교회개혁 500주년을 기념하는 시기에 교회에서 요가와 마술을 금지하고, 동성애자의 신학교 입학을 불허하며, 심지어는 퀴어 신학 서적의 번역을 트집 잡아 다른 교단의 목회자를 이단으로 몰아세우는 일이 발생한 것은 우연이 아니다. 이러한 사건들은 참된 신앙과 분명한 원칙에 따라 비정통적인 신학을 물리침으로써 교회를 정화하겠다는 의지를 표명한 것으로 이해할 수 있다.

두 번째는 반사회적이라는 낙인이 찍힌 집단이다. 보수 개신교회는 미국과의 관계, 자본주의에 대한 인식, 북한 체제에 대한 평가를 기준으로 특정 집단을 반사회적이라고 규정하는 악명 높은 습관을 고치지 못했다. 노동 조건을 개선하기 위해 투쟁에 나선 노동자, 사회 변화를 요구하는 집회에 참가한 시민, 차별과 폭력에 저항해온 소수자들은 보수 개신교회에 의해서 '좌파 빨갱이'로 매도된다. 영적 각성 운동에 참여하는 개신교인은 낙인찍힌 집단을 배제하고 공격하는 일을 신앙적 실천으로 합리화하면서 신뢰와 호혜성을 기초로 구성되는 사회적 연대를 파괴한다.

세 번째는 비규범적이라고 여겨지는 문화다. 보수 개신교회는 건전한 문화와 불온한 문화, 영적인 문화와 세속적인 문화를 구분하는 이분법에 근거해서 복합적인 사회 현상을 단순하게 설명해왔다. 전자와 후자를 가르는 기준 중 하나는 보수적인 성적 규범에 부합하는지 여부다. 다시 말해서 이성애 가족질서를 정점에 위치시키고 다양한 문화를 등급화·위계화하는 것이다. 이 기준에 따르면, 고정된 성역할에 도전하는 문화, 다양한 형태의 성적 친밀성을 존중하는 문화, 성적 자기결정권을 존중하는 문화는 왜곡된 세속 문화로 폄하된다.

흥미롭게도 퀴어 집단은 이 세 가지 범주에 모두 맞닿아 있다. 먼저 보수 개신교회는 퀴어 집단을 창조질서라는 대원칙에서 벗어난 존재로 간주한다. 성서는 온 우주가 하느님의 사랑을 듬뿍 받은 곳이라는 창조의 이야기를 전하지만, 보수 개신교회는 성서를 젠더와 섹슈얼리티에 대한 규범집으로 오독한다. 이에 퀴어 집단은 하나님의 숨결이 깃든 소중한 존재가 아니라 하나님께서 증오하시는 죄악에 물든 존재로 규정된다. 성서의 주된 관심이 사회적·경제적·생태적 정의를 실현하고 평화를 이루는 일에 있음에도 보수 개신교회는 퀴어 집단이 제기하는 정의와 평화의 문제를 신학적으로 기각한다.

또한 퀴어 집단은 사회질서를 흐트러뜨리고 '선량한 성적 도덕관념'에 반하는 반사회적인 집단으로 정의된다. 대표적으로 '종북게이'라는 표현은 퀴어 집단을 반사회성과 연결시키는 기획을 잘 보여준다. 청소년을 혼란에 빠뜨리는 집단("동성애 조장하는 학생 인권조례 폐지하라"), 질병을 퍼뜨리는 집단("흡연은 폐암을, 동성애는 에이즈를"), 국가의 안전을 해치는 집단("동성애 허용하면 군 기강 무너지고 에이즈 확산되며 김정일만 좋아한다"), 사회를 전복시키려는 음모를 꾸미는 집단("동성애자와 좌빨 사이의 더러운 커넥션")이라는 꼬리표가 퀴어 집단에 따라붙는다.

마지막으로 퀴어 집단은 이성애 가족질서에 어긋나는 이들로 묘사된다. 퀴어 집단은 인간이 여성 또는 남성으로 태어나지 않는다는 점, 이성애가 인간의 보편적인 성적 지향이 아니라는 점, 성별 정체성, 성별 표현, 성적 지향이 얼마간 유동적이라는 점, 이성애 제도와 가족질서의 결합이 우연적이라는 점, 규범을 완벽하게 체현한 존재란 없다는 점을 상기시킨다. 이성애 가족질서를 신앙의 본질로 삼는 보수 개신교회는 퀴어 집단을 교회의 세계관에 도전하고 창조질서를 거스르는 이들로 단죄한다. 결과적으로 퀴어 집단은 공존해야 하는 동료 시민이 아니라 몰아내야 하는 문제 집단이 된다.

지금까지의 논의를 다음과 같이 정리해볼 수 있다. 보수 개신교회의 구조적 위기는 위기를 해결하려는 움직임을 촉진시킨다. 구조적 원인을 검토하지 않는 상황에서 위기 극복의 방법으로 선택된 영적 각성 운동은 일종의 예언자적 정체성과 사명감을 갖춘 주체를 탄생시킨다. 단호한 입장, 적대적 태도, 높은 수준의 행동력을 지닌 이들은 비정통적인 신학을 물리치고 반사회적인 존재를 공격하며 비규범적인 문화를 없애는 일에 앞장선다. 이 과정에서 종교적으로는 그리스도의 적대자, 사회적으로는 반사회적 집단, 문화적으로는 타락과 문란의 상징으로 의미화된 퀴어 집단에 맞서는 영적 전쟁이 발생하게 된다.[3]

도덕적 공황의 시대

반퀴어 집단은 퀴어문화축제를 '동성애광란축제'로 부르고 포괄적 차별금지법을 '종교차별법'으로 명명하면서 퀴어 집단에 낙인을 찍고 사회적 공포를 조장하는 데 매진한다. 사회학자 스탠리 코언Stanley Cohen은 특정한 상황, 사건, 인물, 집단을 사회적 위협으로 지목하고, 이를 해결한다는 명목으로 도덕적 진단과 처방을 내리는 보수 정치학을 가리켜 '도덕적 공황moral panic'이라고 설명한다.[4] 도덕적 공황은 간단히 말해 '세상에 어떻게 이런 일이 일어날 수 있지?'와 같은 감각을 일으키는 것이다.

불안과 분노를 먹고 자라는 도덕적 공황은 다음과 같은 위기의식을 불러일으킨다. "대낮에 동성연애자들이 서울광장에서 성행위를 연상시키는 춤을 췄단 말이야?" "들었어? 우리 동네에 청소년 성소수자 상담소가 만들어진대. 집값 떨어지면 어쩌려고 그러는지 몰라." "성도 여러분, 차별금지법이 제정되면 한국교회는 다 죽습니다!" 도덕적 공황이 불어닥치는 시대에는 사회적 위기에 대처한다는 명분에 기대어 위기의 원인으로 지목된 집단에 대한 공격과 처벌이 정당화된다. 이들이 기준에 미달된 존재, 보호할 가치가 없는 존재, 오염된 존재이자 사회를 오염시키는 존재로 여겨지기 때문이다.

보수 개신교회의 반퀴어 운동은 도덕적 공황의 대표적인 사례라고 할 수 있다. 개신교회는 가족, 국가, 군대, 학교와 같은 근대사회의 공적 기구가 비정통적인 신학, 반사회적인 집단, 비규범적인 문화로 인해 위기에 처해 있다는 담론을 유포한다. 이 담론에 의하면, 가족의 가치가 위협받는 이유, 국가 안보와 군대 기강이 흔들리는 이유, 학교 폭력과 청소년 자살이 늘어나는 이유, 교회가 제 역할을 다하지 못하고 있는 이유는 모두 퀴어 집단 때문이다. 개신교회는 사회가 통제할 수 없을 정도로 급속하게 변화하고 있다는 두려움을 확산시키면서 개신교인이 사회를 올바른 방향으로 이끌어야 한다고 주장한다.

흥미롭게도 반퀴어 운동은 퀴어 집단을 죄인으로 만드는 것보다 퀴어 집단이 사회 변화를 요구하도록 '방관한' 개신교인의 각성을 촉구하는 데 더욱 집중하고 있다. '미리 막아낼 수 있었을 텐데'라는 죄책감은 반퀴어 운동을 추동하는 주요한 연료로 쓰인다. 퀴어 변화를 막아야 하는 책임을 갖는다는 점에서 개신교인은 문제 해결의 당사자가 되고, 막아낼 수 있는 역량을 갖고 있다는 점에서 개신교회의 권력은 문제 해결의 도구가 된다. 비록 지금까지는 개신 교인이 퀴어 변화를 대항해야 하는 문제로 파악하지 못했지만, 영적인 분별력을 갖추어서 퀴어 집단의 음모를 파악한다면 퀴어 변화를 막을 수 있다는 논리가 완성되는 것이다.

반퀴어 운동은 각성된 주체, 다시 말해서 더 이상 가만있지 않겠다고 결단한 주체를 만들어낸다. 이들은 퀴어 집단과 관련이 있는 국내 정책을 찾아내 담당 기관에 항의하는 일부터 외국에서 전개되는 반퀴어 운동의 전략을 참조하는 일까지 퀴어 변화에 대응하는 다양한 활동을 진행한다. 또한 퀴어 이슈를 개신교회와는 직접적인 상관이 없는 일이라고 생각하거나 인권과 다양성의 문제로 여기는 사람들을 설득하면서 퀴어 집단을 사회적으로 고립시키기 위해 노력한다. 종교적 사명감과 정치적 행동력이 서로 맞물리면서 반퀴어 운동이 활성화되는 것이다.

반퀴어 담론을 전파하는 예배와 기도회는 반퀴어 운동이 가진 종교적 특성을 선명하게 보여준다. 예배와 기도회라는 형식은 퀴어 이슈를 정치와 구별되는 종교의 영역에 위치시킨다. 또한 종교 행사는 교단, 나이, 성별, 소속, 지위 등과 무관하게 다양한 사람들이 함께할 수 있다는 점에서 참여의 문턱을 낮추는 효과 역시 가져온다. 집회나 시위 현장이 부담스럽거나 건조한 분위기의 기자회견장이 낯선 개신교인에게 예배와 기도회라는 형식은 심리적 거리감과 감정적 불편함을 줄여준다. 결과적으로 어디까지가 정치적인 것이고 어디까지가 종교적인 것인지 구분하는 일은 점점 어려워진다.

정치적인 것과
종교적인 것의 뒤엉킴

개신교회의 정교분리 원칙이 모호하게 적용된다는 사실은 개신교인 연후의 체험담에서도 확인할 수 있다. 연후는 어린 시절부터 다닌 교회에 꾸준히 출석하고 있다. 교회에 이런저런 불만도 있지만 오랜 기간 한결같은 모습을 유지하는 교회에 안정감을 느낄 때도 있다. 연후는 그동안 교회에서 특정 정치인을 지지하는 설교를 들어본 적도, 어떤 제도나 정책에 대한 교회의 공식 입장을 접해본 적도 없다고 했다. 하지만 퀴어 이슈의 경우는 조금 달랐다. 퀴어문화축제 기간이 다가오자 반퀴어 메시지가 교회의 단체대화방을 통해서 전달되었고, 예배당 앞에는 차별금지법 반대 서명 용지가 놓였다.

연후는 교회가 퀴어 이슈에 민감하게 반응하는 모습을 지켜보면서 성스러운 것과 세속적인 것을 분리해야 한다는 논리가 적용되는 사안과 그렇지 않은 사안이 있다는 점을 새삼 깨달았다고 말했다. 사회참여적 개신교 단체에서 활동한 연후가 사회정의를 위해서 신앙의 동료들과 노력했던 이야기를 꺼내면 "그건 너무 정치적인 주제인 것 같다"는 반응이 돌아오고는 했다. 그러던 교회가 반퀴어 운동에 동참하자 연후는 실망감을 나타냈다.

퀴어문화축제 개최 반대 서명을 하는 것은 신앙적 실천으로 평가하고, 사회적 약자와 연대하는 것은 정치적인 일이라고 비난하는 장면은 개신교회의 정교분리 원칙이 정치 참여 자체의 문제가 아니라 입장의 문제라는 것을 보여준다. 보수 개신교회가 지향하는 가치에 부합하는 정치적 입장은 신앙적 실천으로 해석되지만, 부합하지 않는 경우에는 신앙적 실천도 '정치적인 주제'로 평가절하되는 것이다. 반퀴어 운동은 정치적인 영역과 종교적인 영역을 임의적으로 단속하면서 보수 개신교회의 이해관계를 반영하는 이슈에만 선택적으로 개입하고 있다.

이와 같은 경향은 세월호 참사를 대하는 개신교회의 태도에서 명시적으로 나타났다. 반퀴어 운동이 전국적으로 확산된 2014년은 세월호 참사가 발생한 해이기도 했다. 보수 개신교회는 교단 차원에서 퀴어 행사와 관련 정책에 대한 반대 서명을 독려하면서도 세월호 참사 진상규명과 책임자 처벌을 요구하는 서명은 '정치적'이라는 이유로 외면했다. 그러나 어떤 면에서 세월호 참사는 개신교회에게 있어 퀴어문화축제나 차별금지법보다 큰 의미를 지니는 사건이었다. 세월호 참사가 발생한 시점은 예수의 고난을 묵상하는 성주간Holy Week이었고, 세월호 참사 이후에 맞은 첫 번째 일요일은 그리스도교의 최대 축일인 부활주일이었다. 개신교 주요 교단이 모두 참여한 2014년 한국교회 부활절연합예배에서는 세월호 참사 희생자와 유가족을 위한 특별기도 순서가 마련되기도 했다.

하지만 몇몇 보수 개신교인들에게 사회적 고통을 위로하는 일은 관심 밖의 문제였다. 오히려 몇몇 개신교 목회자가 부적절한 발언으로 물의를 일으키기도 했다. "가난한 집 아이들이 수학여행을 경주 불국사로 가면 될 일이지, 왜 제주도로 배를 타고 가다 이런 사단이 빚어졌는지 모르겠다"(한국기독교총연합회 부회장 조광작 목사),[5] "국민 정서가 미개하다는 발언이 잘못된 말이긴 하지만 틀린 말은 아니다"(사랑의교회 오정현 목사),[6] "하나님이 세월호를 침몰시켜서 국민들에게 기회를 준 것이다"(명성교회 김삼환 목사)[7]라는 망언이 잇따랐다.

보수 개신교회는 세월호 참사 희생자를 애도하는 일에도 편을 따져 물었다. 2014년 8월에 한국을 방문한 프란치스코 교황은 "인간의 고통 앞에 중립은 없다"고 이야기하며 방한 기간 동안 세월호 참사의 아픔을 함께 나눈다는 뜻에서 노란 리본을 달았다. 교황의 행보에 대한 긍정적 평가가 오가는 상황에서 몇몇 반퀴어 집단은 천주교를 "기독교의 탈을 쓴 우상 종교"라고 비난하는 시위를 벌이기도 했다.[8] 교황의 방한 이후에 대한예수교장로회 합동 측에서는 천주교의 영세를 인정하지 않기로 결의하면서 천주교를 이단시하는 모습을 보이기도 했다.

심지어 세월호 참사 추모가 반퀴어 활동의 수단으로 쓰이는 경우도 있었다. 세월호 참사 이후 두 달 정도 지난 시점에 개최된 2014년 서울퀴어문화축제에는 노란 리본을 단 참가자가 많았다. 서대문구청은 "세월호 참사 관련 국가적 추모 분위기"를 구실로 행사 1주일 전에 장소 승인을 불현듯이 취소했지만, 퀴어문화축제는 세월호 참사 희생자에 대한 묵념으로 시작되었고 행사장에는 세월호 특별법 제정을 촉구하는 서명 부스가 차려졌다. 퀴어문화축제에 참가한 여러 퀴어 단체들은 세월호 유가족과 꾸준히 연대하면서 존엄하고 안전하게 살 수 있는 사회를 만들기 위해 함께 투쟁했다.

같은 날, 반퀴어 단체도 퀴어문화축제 행사장 바로 옆에서 '세월호 참사 희생자 추모 콘서트'라는 이름의 행사를 열었다. 그러나 사실 이 콘서트는 '동성애 집회 반대'를 목적으로 개최된 것이었다. 퀴어퍼레이드 경로 중간에서 반퀴어 집회를 여는 것을 통해 행진을 가로막으려는 계획을 둘러대기 위해서 세월호 참사 추모를 명목으로 내걸었을 뿐이었다. 콘서트가 끝난 후 사회를 맡았던 청년 개신교인은 "세월호 참사의 피해자와 유가족분들에게 너무 부끄럽고 자책감이 든다"며 사죄의 글을 썼는데, 그의 말에 따르면 반퀴어 활동가는 "축제 참가자들의 기세에 밀리면 안 되니 축구 응원구호("대~한민국!")를 외쳐달라"고 요구하기까지 했다.[9]

이처럼 반퀴어 운동은 정치적인 것과 종교적인 것을 대비시키면서도 반퀴어 주장을 관철시키기 위해 두 영역을 오가며 전략적으로 움직이고 있다. 모호하게 뒤섞인 정치적 행동주의와 종교적 신념은 상승작용을 일으키며 반퀴어 운동의 저변을 확장시키고 있다. 반퀴어 운동이 특히 위험한 이유 중 하나는 퀴어 집단에 대한 물리적 공격과 조직화된 적대를 종교의 이름으로 정당화하고, 퀴어 집단을 겨냥해서 폭력을 가하는 이들을 바람직한 그리스도인으로 격상시킨다는 점이다. 이 과정에서 상대에게 고통을 주는 행동도, 거짓과 기만으로 일관하는 태도도 교회 공동체의 인정을 받는다면 얼마든지 용인될 수 있다는 왜곡된 인식이 생기게 된다.

이와 같은 믿음은 크게 두 가지 문제를 야기한다. 하나는 퀴어 이슈에 대해 고민하는 개신교인에게 일종의 참조가 된다는 것이다. '저렇게까지 하는 건 아닌 것 같다'는 부정적 평가로 이어지는 경우도 있지만, '저렇게까지 열심히 싸우는 건 무언가 까닭이 있는 게 아닐까?'라며 판단을 유보하게 만들기도 한다. 다른 하나는 퀴어 적대와 혐오를 방치하는 이들이 정치적 책임을 잊게 된다는 것이다. 퀴어 논쟁과 투쟁이 치열하게 벌어지는 상황에서 어느 쪽의 편도 들지 않는다는 사실만으로 사회적 평등을 실현해야 하는 정치적 책임이 면제되는 것은 아니다. 퀴어 집단에 가해지는 차별과 폭력은 구조적 부정의로서 모든 이들이 연루되어 있는 문제이기 때문이다. 거친 행동을 감행하는 '극단적인' 개신교인에게만 주목하다가 오히려 차별과 폭력을 묵인하고 방치해온 역사를 되풀이할 수도 있다.

공론장의 부재

　　　　　　　　　　　물론 보수 개신교회에서 반퀴어 운동에 대대적으로 나선다고 하더라도 모든 보수 개신교인들이 동참하는 것은 아니다. 충돌이 발생하는 퀴어 현장에는 강렬한 적대감을 지닌 개신교인이 대부분이지만, 반퀴어 집단에게 불편함을 느끼는 개신교인도 적지 않다. 반퀴어 집단의 주장에 동의하기는 하지만 물리적 폭력은 잘못되었다고 비판하는 이들도 있고, 퀴어 이슈에 대한 신학적 입장을 보류하고 퀴어 집단과 대화해야 한다고 생각하는 이들도 있다. 퀴어 이슈로 논쟁을 벌이기 전에 교회의 문제를 해결하는 데 집중하자는 목소리도 커지고 있다.

　　퀴어 이슈를 둘러싼 다양한 입장이 혼재하는 상황에서도 적대와 혐오가 누그러들지 않는 이유는 개신교회 내부에 서로 생각을 나누고 논의를 진전시킬 수 있는 공적인 공간이 부재하기 때문이다. 퀴어 집단에 대한 뜬소문이 빠르게 퍼지는 것과는 달리, 퀴어 이슈에 대해 경합하는 의견을 조율하고 퀴어 집단이 제기하는 논의를 진지하게 마주하는 일은 드문 편이다. 퀴어 이슈를 섬세하게 살피기 위해 필요한 정보, 신학적인 성찰, 윤리적인 고민, 생산적인 토론,

비판적인 접근이 부족한 현실에서 퀴어 이슈는 개신교인에게 여전히 낯설고 민감한 주제로 남겨져 있다.

퀴어 이슈와 같이 복합적인 문제를 다루기 어려워하는 데는 보수 개신교회의 문화적 특성 또한 반영되어 있다. 보수 개신교회는 의심하지 않는 신앙, 흔들리지 않는 신앙, 타협하지 않는 신앙을 참된 신앙으로 정의해왔다. 어떤 일이 아직 실현되지 않았지만 그렇게 되기를 기대하는 마음을 뜻하는 "믿음으로 선포한다", 쉽지 않은 상황을 돌파하는 의지를 뜻하는 "믿음으로 도전한다" 등의 표현은 주관적 확신이 신앙의 진실성을 재는 척도로 쓰이는 경향을 잘 보여준다. 이른바 믿음으로 행동한 일이 상대방에게 어떠한 영향을 미쳤는지, 자신과 다른 삶의 모습을 지닌 사람들과 어떤 관계를 맺을 것인지에 대한 차분하고 정직한 물음은 간과되는 것이다.

보수 개신교인의 주관적 확신은 성서를 문자적으로 해석하는 과정을 통해서 정당화된다. 그러나 성서가 지닌 신학적·역사적 권위를 존중하는 것과 '모든 문제에 대한 유일하고 올바른 답변이 성서에 글자 그대로 쓰여 있다'고 믿는 것은 같지 않다. 신학자 마커스 J. 보그Marcus J. Borg가 밝힌 것처럼 성서문자주의는 전통이나 정통이 아니라 17세기 후반에 처음 등장하고 19세기 후반에 대중화된 텍스트 접근방식으로, 성서가 담고 있는 풍성한 의미를 단순화하고 궁극적으로는 왜곡해버린다.[10] 다채로운 의견이 아니라 하나의 정답에 몰두하고, 밀도 있는 고민이 아니라 신속한 판단을 추구하는 태도는 퀴어 적대와 혐오를 증폭시키는 연료가 된다.

　복음주의권 활동가 가별은 보수 개신교인이 퀴어 변화를 심각한 위기로 느끼는 이유를 '내면적 불일치와 갈등'으로 설명했다. 교회에서 이루어지는 일반적인 신앙 교육만으로는 퀴어 이슈를 이해하기 어려운데, 이때 겪는 내적 갈등이 외부로 투사된다는 것이다.

　여러 가지 검토가 필요한 복잡한 사안 앞에서 (개신교인은) 굉장히 무력해지죠. 즉각적으로 답이 나오는 문제, 그러니까 1번부터 5번 중에서 정답을 찾는 문제는 익숙해도 주관식으로 각자 설명하는 문제는 못 푼단 말이에요. (…) 저는 그리스도인이 퀴어 이슈를 접하면서 생기는 갈등에는 자기 스스로 풀어야 되는 부분이 많다고 생각해요. ─〈가별〉

　가별이 지적했듯이, 지금까지 개신교의 일반적인 신앙 교육은 열린 질문을 던지기보다 주어진 정답을 학습시키는 방식으로 진행되어왔다. 예컨대 대표적인 개신교 선교단체인 한국대학생선교회 ccc는 '우리 삶의 이유가 되는 분은 누구십니까?' '우리의 인생을 책임지시는 분은 누구십니까?' 등의 100가지 질문에 모두 '예수 그리스도'로 답하는 백문일답의 삶을 권하고 있다. 백문일답과 같은 문화적 양식은 삶의 우선순위를 재배열하고 자아의 통합성을 유지하도록 한다는 점에서 종교 일반의 특성에서 크게 벗어나지는 않는다. 그러나 질문을 정교하게 만들고 사유를 확장시키는 방식이 아니라 하나의 답으로 모든 것을 해결하려는 시도는 건설적인 논의를 봉쇄하는 효과를 발생시킨다.

복잡한 문제를 차근차근 풀어나가는 훈련이 부족한 상황에서 퀴어 이슈처럼 논쟁적인 사안을 마주했을 때, 보수 개신교인은 경직되기 쉽다. 현재 많은 개신교인은 퀴어 이슈가 던지는 도전적인 질문에 난감해하고 있다. 퀴어 집단이 사회적으로 가시화되는 변화에 혼란스럽지만, 퀴어 집단에 대한 노골적인 적대와 혐오는 잘못된 것 같다고 느낀다. 그러나 그렇다고 해서 일련의 흐름을 마냥 지켜볼 수도 없다는 불안 때문에 당혹감이 앞서게 된다. 이들은 반퀴어 집단과 신학적 입장을 공유하면서도 퀴어 집단에 대한 직접적인 폭력 행동과는 거리를 두고 싶어 하는 딜레마를 안고 있다.

이 과정에서 반퀴어 활동가는 길거리 전도자와 비슷한 방식으로 여겨진다. 보수 개신교인은 직설적으로 복음을 전파하는 행동을 중요하게 생각하기 때문에 길거리 전도자를 신앙적으로 비난하는 일은 좀처럼 없다. 하지만 오랜 기간 신뢰를 쌓아가는 과정을 강조하는 관계 전도가 주류가 된 상황에서 길거리 전도자의 일방적인 외침과 정제되지 않은 구호에 대한 반감도 큰 편이다. 반퀴어 활동가를 대할 때도 이와 유사한 패턴이 나타난다. 퀴어 집단을 정죄하는 반퀴어 운동에 신앙적 차원에서 동의하기에 활동 자체를 반대하기는 어렵지만, 반퀴어 집단의 공격적인 행동과 고압적인 태도에는 거부감을 느끼는 것이다. 즉 반퀴어 운동은 신앙적으로는 올바르지만 문화적으로는 부적절하다고 해석된다.

'잘못된 것은 잘못된 것'이라는 입장이 퀴어 이슈를 대하는 개신교인의 원칙이 될 때, 성서의 핵심 메시지인 무조건적 환대는 조건적 관용으로 바뀌기 쉽다. 민효의 사례는 이를 잘 보여준다. 동성애자인 민효는 50명 안팎의 개신교회에서 신앙생활을 한 적이 있다. 민효가 1년에 걸쳐서 모든 교인들에게 커밍아웃을 했을 때, 대다수의 교인들은 민효에게 우호적인 반응을 보였다. 민효의 존재에 어쩔 줄 몰라하던 목회자와는 다르게, 교인들은 '동성애자를 차별하고 정죄하는 예수님'이 아니라 '동성애자의 손을 잡는 예수님, 동성애자를 말없이 안아주는 예수님'에 대해 이야기했다. 커밍아웃은 민효가 교인들 모두와 소통하는 계기가 되었고, 이로 인해 민효는 교회에서 중요한 역할을 맡기도 했다.

그러나 민효는 교회생활을 하면서 조금씩 갈등을 경험하기 시작했다. 민효가 다니던 교회는 경제 사정이 어려운 학생을 위해 장학금을 지원하는 일에는 나섰지만 세월호 참사와 같은 사회 문제에 개입하는 일은 불편해했다. 한번은 민효가 교인들에게 퀴어 집단을 차별로부터 보호하는 정책에 대한 지지 서명을 요청한 적이 있었는데 교인들 대부분이 난색을 표했다. 민효는 "함께 밥도 먹고, 연인에 대해서 이야기도 나누는데, 법이나 제도에 대해 얘기할 때는 왜 돌아서는 것일까. 내가 뭘 잘못하고 있는 걸까"라는 생각이

들어 "혼란스러웠다"고 말했다. 민효는 교인들의 태도를 "네가 성소수자인 건 알겠지만 조용히 있어. 드러내지 마"라고 설명했다. 교인들은 민효에게 교회에 머물 수 있는 기회는 주었지만 민효에게 온전한 성원권membership은 주지 않았다. 결국 민효는 교회를 떠나야만 했다.

물론 보수 개신교회 내부에도 퀴어 이슈에 대해 다양한 고민을 하는 사람들이 있다. 이들은 퀴어 이슈에 대해 결론을 내리기보다 퀴어 집단이 겪는 차별과 폭력을 없애는 일에 집중하고, 때때로 퀴어 집단과 연대하면서 반퀴어 운동에 맞서고 있다. 2015년 서울 퀴어문화축제에서 만난 한 참가자는 자신이 반퀴어 운동에 앞장서는 선교단체에 소속되어 있다고 밝혔다. 그녀는 동성애가 죄일 수는 있지만, 교회가 소수자를 억압하는 일이 자신의 신앙적 양심에 부합하지 않기 때문에 축제에 처음으로 참가하게 되었다고 이야기했다. 그러고는 선교단체 동료들에게 축제 참가 사실을 알리지 않았다고 조심스럽게 덧붙였다. 이처럼 아직 구체적으로 조직화되지는 않았지만, 적대와 혐오에 대항하는 개별적인 실천은 개신교회 내부에서 계속 이어지고 있다.

퀴어 이슈에 대한 지식과 정보는 증가하지만 대화와 토론은 이루어지지 않고, 퀴어 집단에 대해 불편한 감정은 있지만 반퀴어 집단 또한 부담스럽고, 혼자서 고민을 해보지만 명쾌한 답을 얻지 못하는 상황에서 퀴어 이슈에 대한 피로감이 높아지기도 한다. 이 때문에 입장이 없는 것을 입장으로 삼는 이들, 논의가 어느 정도 진행될 때까지 판단을 유보하는 이들, 논쟁에 적극적으로 참여하기보다 멀찍이 지켜보는 이들이 출현한다. 서린의 이야기는 퀴어 이슈에 대한 보수 개신교인의 침묵을 이해하는 단서가 된다.

> 사람마다 신앙의 모습이 각각 다르잖아요. 저도 예전과 지금이 다르고요. 그래서 기독교인 단체대화방에 (반퀴어) 메시지가 올라오면 쥐 죽은 듯이 조용해요. 거기에 대해서 누가 "우리가 기독교인인데 사랑으로 해야 하지 않겠느냐"고 이야기하면 다른 사람이 반대 의견을 내고 서로 장문의 메시지를 주고받으면서 싸울 때도 있어요. 그런 일을 몇 번 겪다보니까 조용한 것 같아요. (…) 이런 걸 올리는 것을 지양한다고 해야 하나. [저자: 왜 지양하는 걸까요?] 너무 다르다는 걸 알고 있으니까요. 약간 다른 얘기지만 세월호 참사 같은 경우에도 진상규명을 위해서 적극적으로 운동하는 분들도 있고 "저렇게까지 해야 하나"라고 말하는 분들도 있잖아요. 생각이 아예 다른 거죠. 마찬가지로 퀴어 이슈에 대해서는 다들 언급을 안 하는 분위기가 있어요. —〈서린〉

서린의 경험은 개신교인이 퀴어 이슈를 마주하는 방식에는 적극적인 대면만이 아니라 의도적인 외면 또한 있다는 점을 알려준다. 개인이 나름대로 정리된 입장을 갖고 있더라도 이를 표출하는 일은 삼가는 것이다. 반퀴어 메시지가 단체대화방에 올라왔을 때 침묵이 흐르는 이유는 메시지에 전적으로 동의하기 때문이 아니라 생산적인 대화가 불가능하다고 판단한 사람들이 토론을 거부하기 때문이다. 더욱이 신앙 공동체의 화합을 강조하는 분위기 속에서 갈등과 긴장을 일으키는 논쟁적 주제는 자연스럽게 피하게 된다.

이와 같은 침묵은 보수 개신교회가 주도하는 반퀴어 운동이 과도하게 두드러지는 현상을 발생시킨다. 반퀴어 메시지는 꺼려지기는 해도 신앙의 이름으로 공유할 수 있지만 퀴어 친화적인 메시지는 아예 전해질 수조차 없기 때문이다. 비판적 공론장의 부재로 인해 퀴어 이슈를 입체적으로 조명하는 일은 어려워지고, 반퀴어 운동에 맞서는 집단이 개신교회 내부에서 나올 수 있는 가능성은 줄어들게 된다. 결과적으로 교회 위기가 반퀴어 운동의 조직화로 연결되는 흐름은 거세진다.

반퀴어 운동의 조직화를 막기 위해서는 보수 개신교회가 겪는 위기를 구조적 차원에서 살피고, 안전하고 자유롭게 이야기할 수 있는 공론장을 만드는 일이 절실히 필요하다. 공론장의 활성화가 모든 문제를 해결하는 것은 아니지만, 각기 다른 의견과 진솔한 고민을 나누면서 서로가 부딪히는 과정은 반퀴어 운동을 약화시키는데 중요한 역할을 할 수 있다. 사회적 소수자에 대한 차별과 폭력을 신앙적 행동으로 미화하는 일에 반대하는 이들, 소수자가 경험하는 고통을 함께 나누고 다양성과 공존의 가치를 존중하는 이들의 주장이 더욱 힘 있게 전해져야 한다.

반퀴어 운동을 넘어서는 과정에는 보수 개신교회 내부의 차이를 살피는 작업 역시 필요하다. 보수 개신교회와 퀴어 이슈가 만나는 방식이 다양하다는 점을 드러내는 일은 반퀴어 운동을 상대화하고 퀴어 이슈를 둘러싼 해석체계를 재구성할 수 있는 잠재력을 지니고 있기 때문이다. 이어진 장에서는 단단하게 결속된 것처럼 보이는 반퀴어 운동에 균열이 있다는 사실, 보수 개신교회 내부에 비판적인 집단이 존재해왔다는 사실, 퀴어 집단의 곁에서 반퀴어 운동에 대항하는 그리스도인이 나타나고 있다는 사실에 주목하면서 퀴어 변화의 가능성을 모색해보고자 한다.

2장

보수 개신교회
내부의 차이들

성공회 교회에 다니면서 인상적이었던 모습 중 하나는 세계의 모든 성공회 소속 교회에서 같은 성서 본문을 마주한다는 점이었다. 성공회와 같은 전례적 공동체에 속한 이들은 매일 정해진 텍스트에 따라 기도를 드리고(성무일도) 매주 주어진 말씀을 나누면서(전례독서) 공동체의 역사성·보편성·통일성을 경험하게 된다.

반면 개신교회에서는 주로 목회자가 설교 본문을 선택하기 때문에 같은 교단, 같은 지역, 심지어 같은 지역교회라고 하더라도 다른 성서 본문을 접하게 된다. 여기에는 주어진 상황에 따라 성서 본문을 유연하게 살펴볼 수 있다는 장점도 있지만, 구성원 사이의 일치를 확인하기 어렵고 자의적인 성서 해석이 이루어질 수 있다는 단점도 있다. 그래서 개신교회에서는 큐티Quiet Time와 같은 말씀 묵상 훈련을 별도로 진행하는 경우가 많다.

설교를 중심으로 예배가 구성되는 개신교회에서 공동체 구성원이 접하는 성서 본문이 서로 다르다는 점은 개신교회의 구심력이 크지 않음을 상징적으로 보여준다. 개신교인이 자신과 다른 지역교회를 다니고 있는 개신교인과 동일한 신앙 공동체의 일원이라는 사실을 확인할 수 있는 연결 고리가 마땅히 없는 것이다. 몇몇 개신교단체가 초교파적으로 활동하고 있지만, 아직까지 개신교회 전반에서는 개별 교회를 신앙생활의 영토로 삼는 개교회주의가 강력하게 작동하고 있다. 누구든지 자신이 개신교회의 구성원임을 주장할 수 있지만 누구도 개신교회를 아우르는 대표성을 갖기 어려운 현실에서 '한국교회' '교계 지도자' '1000만 성도'와 같은 표현은 신자 개개인이 실질적으로 체감하는 언어가 되기 어렵다.

개신교회의 내부 지형이 입체적이라는 점은 반퀴어 운동을 살펴볼 때도 중요하게 고려해야 하는 특징이다. 차이와 균열, 틈새와 간극에 주목하는 일은 '한국교회'를 내걸고 등장한 반퀴어 집단이 구체적으로 누구를 대표하는지, 반퀴어 운동은 어떠한 집단으로 구성되어 있는지, 보수 개신교회 내부에서 반퀴어 운동에 맞설 수 있는 가능성은 어디에서 찾을 수 있는지 등을 질문하는 작업으로 이어진다. 이 장에서는 반퀴어 운동 내부의 차이, 사회참여적 복음주의권의 정치적 위치, 적대와 혐오에 맞서는 그리스도인의 움직임을 분석하면서 변화의 실마리를 찾고자 한다.

따로 또 같이
: 반동성애와 탈동성애

　　　　　　　　　　　　　　　사회학자 던 문Dawne Moon은 그리스도교와 유대교가 동성애를 이해하는 방식을 적대적 입장부터 우호적 입장까지 여섯 가지로 분류한다.[1] 여섯 가지 입장은 크게 부정적 입장, 중도적 입장, 긍정적 입장으로 나누어진다. 부정적 입장에는 '하느님은 동성애자를 미워한다'와 '죄는 미워하되 죄인은 사랑하라'가 속하고, 중도적 입장에는 '굳이 이야기하지 않을래요'와 '어쩔 수 없는 문제라고 생각해요'가 속하며, 긍정적 입장에는 '하느님의 선물'과 '거룩한 부르심'이 속한다. 문의 분류는 친동성애와 반동성애라는 두 가지 상반된 입장을 넘어서 그리스도교와 유대교 내부에 다양한 견해가 존재한다는 점을 드러낸다.

표 1. 동성애에 대한 그리스도교와 유대교의 입장[2]

부정적 입장	하느님은 동성애자를 미워한다
	죄는 미워하되 죄인은 사랑하라
중도적 입장	굳이 이야기하지 않을래요
	어쩔 수 없는 문제라고 생각해요
긍정적 입장	하느님의 선물
	거룩한 부르심

문의 논의는 한국의 반퀴어 지형을 이해하는 데도 도움을 준다. 동성애 이슈에 한정해서 살펴볼 때, 반퀴어 운동에 나서는 단체는 반동성애 집단과 탈동성애 집단으로 나눌 수 있다. 문의 분류를 참조하자면, 반동성애 집단은 가장 부정적인 입장인 '하느님은 동성애자를 미워한다'에 가깝고, 탈동성애 집단은 그보다는 덜 부정적인 입장인 '죄는 미워하되 죄인은 사랑하라'에 가깝다.

반동성애 집단은 동성애를 죄로 규정하면서 동성애자를 성적 타락에 빠진 존재로 묘사한다. 경우에 따라 사회적 문제를 일으키는 동성애와 돌봄과 구원의 대상인 동성애자를 나누기도 하지만, 이들에게 중요한 것은 동성애자 개인을 변화시키는 일이 아니라 사회적으로 '동성애 확산'을 막는 일이다. 반면 탈동성애 집단은 동성애자를 죄인이라고 정죄하는 것보다 '동성애자가 동성애에서 벗어날 수 있도록 돕는 것이 최선'이라고 주장한다. 이들 역시 동성애자의 권리를 보장하는 정책에는 반대하지만, 동성애자를 비난하는 교회의 모습 또한 올바르지 않다고 힘주어 이야기한다.

반동성애 집단과 탈동성애 집단이 완벽하게 구별된다고 말하기는 어렵다. 반동성애 집단이 탈동성애를 하나의 대안으로 제시하는 경우도 있고, 탈동성애 집단이 반동성애 집단과 함께 집회를 여는 경우도 있다. 반동성애 활동가가 이른바 동성애 치유를 강조하기도 하고, 탈동성애 활동가가 "동성애자를 사회에서 격리시켜야 한다"는 혐오발언을 하기도 한다. 두 집단 모두 동성에 대한 성적 지향과 동성 간 성적 친밀성을 부정적으로 이해하고, 동성애자의 법적 보호와 문화적 인정에 반대한다는 점에서 넓은 의미로는 반동성애 집단으로 부를 수 있다. 하지만 이 글에서는 전적인 배제를 주장하는 반동성애 집단과 조건적 포용을 제안하는 탈동성애 집단을 분석적 차원에서 구분하려고 한다.

2015년 6월 9일, 서울퀴어문화축제 개막식 당일은 반동성애 집단과 탈동성애 집단 사이의 차이가 분명하게 드러난 날이었다. 다양한 반퀴어 단체들은 개막식 장소인 서울광장 주변에서 제각기 행사를 벌였다. 퀴어문화축제 개최에 반대한다는 점에서는 공통점을 갖고 있었지만, 개별 단체마다 축제에 반대하는 구체적인 이유도 달랐고 행사의 성격이나 분위기도 상이했다. 이들은 서로 어울리기보다 각자의 활동에 집중했다.

예를 들어 반동성애 집단으로 분류되는 예수재단은 6월 9일 새벽 5시부터 밤 12시까지 하루 종일 서울광장 주변에서 기도회와 예배를 진행했다. 예수재단은 스스로를 구약성서의 인물 기드온에 비유했는데, 기드온은 300명의 정예 병사를 이끌어 압도적인 숫자의 적군을 물리친 영웅이다(판관기 6~8장). 이와 같은 비유는 사회적 소수자인 퀴어 집단이 사실 강한 권력을 지닌 기득권층이고, 반퀴어 개신교인이 퀴어 집단에 의해서 억압을 받는 약자인 것처럼 묘사하는 전략이라고 할 수 있다. 다른 한편으로는 '세상 사람들도 지탄하는 일을 회개하지 않는' 주류 개신교회와의 단절을 선언하고 소수의 인원으로 반퀴어 운동에 앞장서겠다는 다짐을 드러낸 것으로도 해석할 수 있다.

반면 같은 날 서울광장에서 얼마 떨어지지 않은 청계광장에서는 탈동성애인권기독교협의회에서 주최한 제2회 홀리 페스티벌 개막식이 열렸다. 중장년층을 중심으로 다소 거칠고 투박하게 꾸려지는 반동성애 집회와는 달리, 탈동성애 집회는 젊은 사회자의 세련된 진행으로 시작되었다. 뮤지컬 배우가 노래를 부르거나 청년들이 역동적인 춤 공연을 선보이는 등 탈동성애 집회는 상대적으로 경쾌하고 명랑한 분위기 속에서 이루어졌다. 사회자는 "사람을 변화시키기 위해서 필요한 건 정죄가 아니라 사랑과 관심"이라고 이야기하면서 동성애자를 대하는 교회의 태도가 바뀌어야 한다는 점을 강조했다.

집회에서 부르는 노래에도 차이가 있었다. 예수재단은 반동성애 집회에서 〈마귀들과 싸울지라〉와 〈죄에서 자유를 얻게 함은〉이라는 찬송가를 불렀다. 두 찬송가 모두 그리스도인을 영적 전쟁에 참여한 군인으로 묘사하는데, 예수재단은 동성애라는 죄와의 싸움에서 이길 수 있는 유일한 방법이 예수라는 메시지를 두 노래를 통해서 전달했다.

마귀들과 싸울지라 죄악 벗은 형제여 / 담대하게 싸울지라 저기 악한 적병과 / 심판날과 멸망의 날 네가 섰는 눈앞에 곧 다가오리

라 / 영광 영광 할렐루야 영광 영광 할렐루야 / 영광 영광 할렐루
야 곧 승리하리라.[3]   -〈마귀들과 싸울지라〉 1절

죄에서 자유를 얻게 함은 보혈의 능력 주의 보혈 / 시험을 이기는
승리되니 참 놀라운 능력이로다. // 육체의 정욕을 이길 힘은 보혈
의 능력 주의 보혈 / 정결한 마음을 얻게 하니 참 놀라운 능력이
로다.[4]   -〈죄에서 자유를 얻게 함은〉 1절, 2절 (후렴 제외)

두 찬송가 가사에는 선과 악의 명확한 대립과 승리의 약속이
담겨 있다. (1) 마귀, 죄악, 적군 병사, 육체의 정욕을 이기는 (2) 정
결한 마음을 갖고 보혈(예수님이 십자가에서 흘린 피)의 힘에 기대
어 (3) 심판날과 멸망의 날에 (4) 형제들이 담대하게 싸우면 (5) 마
침내 승리한다는 것이다. 이 메시지를 구체적인 상황에 적용해보면,
(1) 음란하고 사악한 퀴어 집단을 물리치는 (2) 순수한 신앙으로 무
장하고 (3) 퀴어문화축제 기간에 (4) 개신교인들이 용감하게 싸우
면 (5) 영적 승리를 얻게 될 것이라는 내용으로 번역할 수 있다. 영
적 각성 운동이 생산한 전투적인 주체의 모습은 선호하는 찬송가
에서도 발견된다.
　이와 대조적으로 탈동성애 집회에서는 주로 잔잔하고 차
분한 노래가 울려 퍼졌다. 어쿠스틱 기타를 연주하며 밥 딜런의
〈Blowin' in the Wind〉를 부르는 사람부터 피아노 반주에 맞춰

카리나 파산의 〈Slow Motion〉을 부르는 사람까지, 교회를 다니지 않는 사람들에게도 친숙하게 다가갈 수 있는 대중적인 공연이 펼쳐졌다. 개중에는 신앙적인 메시지를 보다 뚜렷하게 전하는 이들도 있었는데, 그중 한 팀이 〈내 길 더 잘 아시니You know better than I〉라는 노래를 선택했다. 사회자는 이들의 공연에 "(동성애자의) 성 정체성이 올바르게 회복될 수 있도록 응원하는 마음"이 담겨 있다고 이야기했다.

> 길을 안다고 그렇게 생각했죠 다 이해할 수 없지만 그 길을 따랐죠 / 하지만 이곳 절망의 창살 안에 주 내 맘의 문을 열 때 진실을 깨닫죠 / 주는 다 아시죠 나의 길을 / 내 삶을 다 맡깁니다 내 길 더 잘 아시니 // 해답도 모르는 시험문제처럼 주님의 뜻을 찾지만 다 알 수 없었죠 / 시험의 세월이 내게 준 한 가지 다 이해하지 못해도 주 신뢰하는 것 / 내 주는 다 아시죠 나의 길을 / 내 삶을 다 맡깁니다 내 길 더 잘 아시니[5]   −〈내 길 더 잘 아시니〉 1절, 2절

이 노래는 영화 〈이집트 왕자 2: 요셉 이야기〉(2000)의 주제가로서 주인공 요셉이 부당한 이유로 감옥에 갇혔을 때 부른 곡이다. 구약성서의 인물인 요셉은 형제들에 의해 노예로 팔려가 억울한 고난을 겪지만 결국에는 하느님의 계획을 성취하는 위대한 인물로 그려진다. 일반적으로 요셉은 예수를 닮은 인물로 여겨진다. 제자 무

리와 군중에게 배신을 당하고 십자가에서 처형당하지만 마침내 온전한 구원을 이루어낸 예수의 삶과 요셉의 삶이 포개지기 때문이다. 탈동성애자의 삶이 요셉과 예수가 겪은 고통과 연결되면서 탈동성애는 종교적 투쟁의 의미를 획득한다. 세속적 관점에서 보면 탈동성애가 부질없고 불가능한 일인 것 같지만, 신앙적 관점에서는 올바르고 가능한 일이라는 메시지인 셈이다. 반동성애 집회가 영적 전쟁에 참여하는 그리스도인의 공격적 면모를 부각한다면, 탈동성애 집회는 고난을 감내하는 그리스도인의 순종과 겸손에 주목한다.

강렬한 구호를 외치는 반동성애 집단이 거리의 정치학에서 우위를 점유하고 있다면, 탈동성애 집단은 주류 개신교회의 정서와 통하는 지점이 있다. 탈동성애 운동은 이웃에 대한 사랑을 강조하는 개신교 교리와 어우러지면서 동성애를 종교적으로 비난하면서도 동성애자에 대한 관용을 주장할 수 있는 여지를 만든다. 원색적 표현으로 상대를 폄하하기보다 비교적 정제된 언어로 관용을 이야기하는 탈동성애 운동은 직접적인 감정 표출을 삼가는 중산층의 성향과도 잘 맞는다. 개인이 가진 불편함을 그대로 드러내지 않더라도 퀴어 집단과 적절한 거리를 유지할 수 있도록 돕는 것이다.

반퀴어 운동 내부에서 담론, 인적 네트워크, 자원 활용 등에 차이가 나타나면서 반동성애 집단과 탈동성애자 집단 사이의 경계는 점점 선명해지고 있다. 두 집단은 서로 연대하는 일에 적극적이지 않으며 상대의 활동을 인정하지 않을 때도 있다. 반동성애 활동가는 탈동성애 활동가가 성적 타락에 대한 하나님의 엄중한 경고를 사람들이 듣기 좋게 희석시키고 있다고 비난하고, 탈동성애 활동가는 반동성애 활동가가 동성애 이슈를 자신의 정치적 입지를 확장하는 수단으로 이용하고 있다고 힐난한다. 퀴어 상황을 이해하는 데 있어서 반퀴어 운동 내부의 지형을 파악하는 일은 갈수록 중요해지고 있다.

반퀴어 행사장에서 쫓겨난 반퀴어 활동가

2014년 10월 2일, 서울시민 인권헌장 제정에 반대하는 기자회견이 청계광장 근처에서 개최됐다. 서울시민 인권헌장은 서울시민이 누려야 할 인권의 가치와 규범을 담은 정책으로 박원순 시장의 공약 사항이기도 했다. 그러나 '건강한 사회를 위한 국민연대' '바른 성문화를 위한 국민연합' '참교육어머니 전국모임' 등 244개 단체는 인권헌장에 성별 정체성과 성적 지향에 근거한 차별금지 조항 및 사상과 의사표현의 자유 보장 조항이 포함된다는 이유로 인권헌장이 "동성애 합법화 프로젝트의 일환"이라고 성토했다.[6]

기자회견에는 300여 명 정도가 참가했는데, 수도권 외 지역에서 버스를 대절해서 온 사람들도 있었다. 오전 중에 비가 내려서 갑자기 추워진 데다가 바람도 거세게 불었지만, 참가자들은 "동성애자 증가·AIDS 확산·100% 국민혈세·세금폭탄" "시장님께서 친동성애?"라는 문구가 쓰인 피켓을 들고서 1시간 넘게 서 있었다. 기자회견은 개신교 예배와 같은 분위기에서 진행되었다. 인권헌장 폐기의 이유를 성서 본문에서 찾거나 "인권헌장은 폐기될지어다"와 같은 기도 투의 표현을 쓰는 발언자도 있었다.

개신교 예배가 그러하듯이 누구나 올 수 있었지만 모두가 환영받지는 않았다. 기자회견장에서 우연히 동료 퀴어 활동가를 만났는데, 그녀를 알아본 기자회견 참가자들이 수군거리기 시작했다. 무대를 향해서 피켓을 들고 있던 한 참가자는 방향을 바꾸어 나와 동료 활동가를 향해서 반퀴어 메시지를 들어 보였다. 몇몇 참가자들이 우리에게 손가락질을 하며 모욕적인 발언을 하자 동료 활동가가 분노했고, 이로 인해 언쟁이 발생하기도 했다. 다툼이 벌어지는 동안 주변에서 아무 말 없이 경멸의 눈길을 보내는 참가자도 있었다.

한 가지 흥미로운 점은 '동성애 반대'를 주장하는 몇몇 개신교인들 역시 환영받지 못했다는 사실이다. 이들은 다른 참가자와 마찬가지로 차별금지 조항이 인권헌장에 명시되는 것을 원치 않았다. 개중에는 "누구든지 여인과 교합하듯 남자와 교합하면 둘 다 가증한 일을 행함인즉 반드시 죽일지니 그 피가 자기에게로 돌아가리라"(레위기 20장 13절, 개역한글)라는 성서 구절이 크게 적힌 현수막을 든 사람도 있었고, 'Jesus Messiah(구원자 예수)'가 적힌 빨간 십자가를 들고서 "예수천국 불신지옥"을 외치는 사람도 있었다. 그러나 기자회견 참가자들은 기자회견장은 종교적인 이야기를 하는 곳이 아니라는 이유로 이들에게 나가줄 것을 요구했다.

요구에 항의하던 이들은 결국 기자회견장에서 50m 정도 떨어진 곳에서 따로 집회를 열었다. 이들은 광화문광장에 있는 세월호 농성장을 향해서 '세월호 특별법 웬 말이냐? 전국민이 특별법 반대한다. 종북세력들 북한으로 가라!'는 글귀가 실린 현수막을 펼쳐들었다. 발언 중간에는 "주 예수를 믿으라. 오직 예수"와 같은 원색적인 복음 전파도 더해졌다. 경찰이 마이크 사용을 제지해서 세월호 농성장까지 구호가 생생하게 전해지지는 않았지만 '대한민국은 하나님의 나라. 국민들은 현 정부를 지지하라'는 문구는 세종대로 사거리를 오고 가는 많은 이들의 시선을 사로잡았다.[7]

횡단보도를 사이에 두고 나타난 두 개의 현장은 반퀴어 운동에 나선 이들이 단일한 집단이 아니라는 점을 알려준다. 각자의 네트워크를 형성한 반퀴어 단체들은 서로 다른 정체성과 의제를 갖고 활동하고 있다. 필요에 따라 주류 개신교회와의 연합을 모색하는 단체도 있고, 주류 교회가 이미 타락했다는 이유로 독자노선을 유지하는 단체도 있다. 보수 성향의 시민단체와 연대하거나 특정 정당을 지지하는 경우도 있고, 퀴어 이슈 외에 다른 문제에 개입하는 것을 부담스러워하는 경우도 있다. 퀴어 활동가 의찬은 반퀴어 집단 내부에서 차이가 드러나는 현상을 시장의 확대로 설명했다. 정치적 입장이나 신학적 관점의 차이로 인해서 다투는 경우도 있지만, 이해관계를 둘러싼 경쟁 역시 치열해졌다는 것이다.

> (반퀴어 운동을) 자신의 정체성, 사회적 지위, 생계활동비를 벌어들이는 통로로 삼는 사람들이 훨씬 늘어났다고 생각해요. (⋯) 판이 커져 있는 상태인 거죠. (⋯) 차별금지법을 무산시키기 위해서 많은 사람들의 관심을 끌어냈기 때문에 그 사람들에게 새로운 무언가를 계속 제공해야 되는 거예요. 불길을 살리기 위한 장작이 필요한 셈이죠.　　　　　　　　　　　　　　　　　　　　 -〈의찬〉

의찬에 따르면, 퀴어 이슈를 둘러싼 논쟁과 투쟁에 사람들의 관심이 집중되고 다양한 자원이 모이게 되면서 반퀴어 운동을 통해 자신의 신앙적·정치적·경제적 이해를 충족하려는 단체들 또한 생겨나기 시작한다. 이에 각각의 단체는 보다 많은 주목을 받기 위해 다양한 전략을 활용하게 된다. 예컨대 노골적인 표현으로 퀴어 집단을 비난하면서 단체의 보수성을 드러내거나 새로운 프레임을 선점해서 운동의 주도권을 확보하거나 다른 반퀴어 활동가가 모방하기 어려운 특성과 자질을 갖추는 등 각자의 차별성을 드러내기 위해 노력하는 것이다.

반퀴어 집단 내부에서 헤게모니 경쟁이 발생하는 상황은 퀴어 논의를 과장된 수사와 거친 언어가 난무하는 추문으로 만들 우려가 있다. 누가 보수 개신교인의 지지를 가장 많이 모으는지, 누가 퀴어 집단에게 가장 심한 모욕을 주는지, 누가 퀴어 관련 소식을 가장 신속하게 입수하는지만이 중요하게 다루어질 때, 퀴어 집단과 평화로운 공존을 모색하는 윤리적 고민이나 규범과 정상성에 도전하는 정치적 움직임은 뒷전으로 밀려나게 된다. 반퀴어 단체 사이에서 종교적 입장과 경제적 이해관계에 따른 이합집산이 나타나는 현상은 반퀴어 운동을 이해하는 데 섬세한 접근이 필요하다는 사실을 알려준다.

깊은 침묵
: 사회참여적 복음주의권

보수 개신교회의 위기는 반퀴어 집단이 등장하는 배경이었지만, 동시에 교회개혁을 추구하는 집단이 탄생하는 계기이기도 했다. 흔히 사회참여적 복음주의권 혹은 개혁적 보수라고 불리는 이들은 제도적 민주화가 달성된 1980년대 후반부터 보수 개신교회 내부에서 새로운 흐름을 만들어내기 시작했다. 사회참여적 복음주의권은 보수 개신교회가 기복신앙과 성장주의에 몰두해서 사회 문제를 외면해왔음을 비판하면서 그리스도인의 공적 책임에 대한 논의를 이끌어냈다. 이 과정에서 설립된 대표적인 단체로는 기독교윤리실천운동(1987), 복음과상황(1991), 새벽이슬(1997), 뉴스앤조이(2000), 성서한국(2002), 교회개혁실천연대(2002) 등이 있다(괄호 안은 창립 연도).

사회참여적 복음주의권의 등장은 현대 선교신학의 전환과도 밀접한 연관이 있다. 기존의 선교 패러다임에서 교회는 하느님과 세상을 연결하는 중간자로서 세상에 하느님의 뜻을 전달하는 곳이었다. 이때 선교는 교회나 선교단체가 특정 지역에서 회중을 모으고 사람들을 개종시키며 사업을 확장하는 일과 동의어로 이해되고는 했다. 이를 '하느님-교회-세상' 패러다임이라고 부른다. 그러나 삼위일체 하느님께서 세상에서 직접 활동하시고 그 일에 교회가 참여한다는 '하느님의 선교Missio Dei' 개념이 제안되면서 선교의 패러다임은 '하느님-세상-교회'로 전환된다. 교회는 더 이상 선교를 독점할 수 없게 되었고, 세상은 하느님께서 일하시는 현장으로 그 의미가 바뀌었다.[8]

'하느님의 선교' 개념을 적극적으로 펼친 이들은 그리스도교의 일치와 연합을 추구하는 에큐메니컬 운동ecumenical movement의 활동가들이었다. 에큐메니컬 운동은 선교가 정의롭고 평화로운 사회, 창조질서가 보존되는 사회를 실현해가는 과정이어야 한다는 비전을 제시했다. 또한 선교의 궁극적 목표라고 여겨지던 구원을 영적 지배와 사회적 부정의, 경제적 빈곤과 정치적 탄압으로 고통받는 이들을 해방시키는 하느님의 능력으로 재해석했다. 2013년 부산에서 총회를 개최한 세계교회협의회는 에큐메니컬 운동에서 핵심적 역할을 맡고 있다.

한편 상대적으로 보수적인 입장을 지닌 복음주의자들은 에큐메니컬 운동이 하느님의 주권, 구원자로서의 예수, 성서의 권위, 인간의 죄악된 본성 등의 주제를 충분히 다루지 않는다는 이유로 독자적인 운동을 꾸려나갔다. 이들은 전통적 의미의 복음 전파와 에큐메니컬 운동이 신학적 의제로 빚어낸 사회적 책임을 조화시키기 위한 고민을 이어갔다. 그리고 마침내 복음주의자들은 1974년 스위스 로잔에서 제1회 세계복음화국제대회를 열고 복음 전파와 사회적 책임이 그리스도인이 지켜야 할 동등한 의무라고 선언했다.

그럼에도 복음주의자들은 교회가 가장 주요하게 해야 하는 일이 복음 전파라고 선을 그었다. 그 결과 '사회적 책임을 다하지 않는 복음 전파는 부족하지만, 복음 전파를 하지 않는 사회적 책임은 잘못됐다'는 논리를 가능하게 만들었다. 이렇게 복음주의 선교신학을 보수적으로 규정하려는 움직임에 대항해서 그간 선교지로만 여겨지던 라틴아메리카, 아시아, 아프리카 지역의 신학자들을 중심으로 비판이 제기되기도 했다.[9] 복음 전파 주요성의 원칙은 복음주의자들이 기존의 선교신학을 근본적으로 재구성하기보다 복음 전파를

밑바탕으로 삼고 거기에 사회적 책임을 더하는 방식을 택하였음을
보여준다.

사회참여적 복음주의권이 그리스도인의 사회적 책임을 강조하
면서도 보수적 신앙을 견지한다는 점은 퀴어 이슈를 다루는 이들
의 방식이 경직되어 있다는 점을 암시한다. 지난 20여 년간 이어진
한국의 복음주의 운동은 비슷한 시기에 정치적 쟁점으로 떠오른
퀴어 이슈를 무시해왔다. 다양한 사회적 이슈에 개입하고 주변화된
이들과 함께 투쟁해온 복음주의권은 구조적 차별과 폭력으로 인해
고통받는 퀴어 집단과는 연대하지 않았다. 퀴어 집단을 창조질서에
위배되는 존재라고 판단했기 때문이다.

그동안 복음주의권은 '동성애를 긍정하지는 않지만 동성애자
를 따뜻하게 맞이하는 교회'를 지향하는 수준에서 퀴어 이슈를 대
했다.[10] 복음주의권은 에큐메니컬 운동과도 함께하지 않고 반퀴어
집단과도 얼마간 거리를 둔 채 마치 관찰자처럼 퀴어 상황을 지켜
봐왔다. 결국 반퀴어 운동은 별다른 어려움 없이 보수 개신교회 전
반으로 확대될 수 있었다. 보수 개신교회 내부에서 개혁 운동을 전
개해온 집단이 침묵하면서 자연스럽게 반퀴어 운동에 대표성과 정
당성이 부여되었기 때문이다.

그리스도교 계열의 시민단체에서 활동하는 우재는 복음주의권
이 퀴어 이슈를 마주하는 방식을 강하게 비판했다. 복음주의권은
반퀴어 운동에 나서는 보수 개신교회의 모습이 탐탁지 않으면서도

신학적인 차원에서 이들과 차이를 드러내는 데 실패했기 때문에 퀴어 이슈에 대해서 '최대한 답을 미루는 전략적인 입장'을 취하고 있다는 것이다. 퀴어 이슈를 죄와 연결시키는 신학적 해석이 확고한 상황에서 복음주의권은 퀴어 이슈와의 만남을 통해 복음주의 신학을 되돌아보거나 복음주의권 내부의 다양한 의견을 살피기보다 퀴어 논쟁을 가급적 회피하고 있다. 복음주의권 활동가 은솔도 우재와 비슷한 맥락을 짚었다.

> 예를 들어서 어떤 성소수자가 복음주의권 활동가에게 커밍아웃했을 때, "그래도 당신은 죄인이다"라고 얘기할 사람은 제 생각에 거의 없는 것 같아요. 죄인이라고 생각하더라도 다른 방식으로 이야기를 풀어갈 거고, 대부분은 충분히 지지해줄 거라고 보거든요. 그런데 공적인 자리에서 자기의 입장을 발표했을 때는 뭔가 매도된다거나 극단적으로 반대하는 사람과 부딪힐 수 있는 상황이 있는 거죠. 아무도 얘기를 꺼내지 않고 쉬쉬하는 듯한 조심스러운 분위기도 있고요. 그럴 때 먼저 의견을 표명하게 되면 헤어날 수 없는 전쟁에 휘말리게 될까봐 조심스럽다는 이야기를 많이 들었어요. 사실 저도 어떤 면에서는 비슷하고요.　　　　　-〈은솔〉

은솔은 퀴어 이슈를 대하는 복음주의권의 지배적인 정서를 '조심스러움'이라고 설명했다. 비공식적인 자리에서는 활동가들이 서로 생각을 주고받기도 하지만, 단체 차원에서 공식적인 입장을 내는 일은 쉽지 않다는 것이다. 퀴어 이슈가 복음주의권 안에서 첨예한 논쟁을 불러일으킬 불씨가 될 수 있기 때문이다. 우호적 입장은 우호적 입장대로, 적대적 태도는 적대적 태도대로 문제가 되면서 활동가들은 구체적인 의견을 밝히는 일을 삼가게 된다. 은솔은 어떠한 이야기를 꺼내도 "그래서 동성애에 대해서 어떻게 생각하느냐"는 질문을 받게 되는 상황이 안타깝다면서 덤덤하게 대화할 수 있는 분위기가 만들어졌으면 좋겠다는 기대를 내비쳤다.

복음주의권이 머뭇거리는 또 다른 이유는 보수 개신교회와의 관계를 중요하게 생각하기 때문이다. 복음주의권은 다양한 활동을 통해 선교의 의미를 풍성하게 만들었지만, 이와 동시에 사회적 책임 논의에 낯선 보수 개신교회의 현실을 고려하고 에큐메니컬 운동과의 거리 역시 유지해야 했다. 따라서 복음주의권은 보수적인 신앙을 새롭게 구성하기보다 기존의 언어로 풀어낼 수 있는 주제를 익숙한 방식으로 다뤄왔다. 예컨대 교회세습에 반대하는 기도회를 열 수는 있지만, 차별금지법 제정 운동에 참여하기는 어려운 것이다. 결국 복음주의권은 더 나은 보수, 더 합리적인 보수, 더 성경적인 보수를 추구하면서 소수자 집단과의 연대를 교리 문제로 환원하게 된다.

하지만 복음주의권이 그간 도전적인 주제를 회피하지 않았다는 사실을 기억할 필요가 있다. 많은 보수 개신교회는 교회의 부조리를 고발하고 그리스도인의 사회참여를 강조하는 복음주의권을 불편해한다. 그럼에도 복음주의권은 강연, 기도회, 세미나, 시위, 예배, 토론회 등 다양한 방식으로 교회와 사회의 문제에 개입해왔다. 퀴어 이슈에 대한 상대적인 침묵은 복음주의권이 보수 개신교회와의 관계에서 발생할 수 있는 어려움을 감내할 만큼 퀴어 이슈를 중요한 의제로 판단하지 않는다는 점, 혹은 그러한 갈등을 다룰 만한 역량이 부족하다는 점을 알려준다. 복음주의권 단체에서 활동한 연후는 복음주의자들이 정치적 부담감을 해석하는 방식에 차이가 있다고 이야기했다.

> (복음주의자들은) 성소수자 이슈에 대해 입장을 표명하는 일을 빠져나올 수 없는 전쟁터에 나가는 것처럼 생각하는 것 같아요. 그래도 성소수자 이슈를 다뤄야 하는 곳이 사회선교 진영일 텐데 여전히 "그건 아직 때가 아닌 것 같다"고 말하는 사람들이 많더라고요. (…) 솔직히 말해서 다른 사회적 이슈를 다룬다고 해서 그게 치열하지 않은 건 아니고 그것도 전쟁터에 나간 것처럼 지난하고 힘든 과정인데, 유독 성소수자 이슈에 대해서는 '아직 주저된다'는 입장을 가진 사람들이 대부분이었어요.　　　　　　　 -⟨연후⟩

연후가 지적한 것처럼 복음주의자들에게 '전쟁터'는 퀴어 이슈와 같이 사회적 논란이 크게 발생한 주제에만 국한되지 않는다. 연후가 소속된 단체는 진보적인 활동에 나선다는 이유로 주변의 보수 개신교 단체로부터 '빨갱이' 혹은 이단으로 폄하되기도 했다. 우재가 활동하는 단체의 경우에는 세월호 참사 진상규명과 책임자 처벌을 위해 노력한다는 이유로 몇몇 회원이 정치적 편향성을 문제 삼아 탈퇴한 적도 있었다. 그러나 외부에서 공격이 잇따르고 내부에서 비난 여론이 생겼다고 해서 활동을 중단한 단체는 거의 없었다. 이와 같은 사례는 복음주의권이 단지 정치적 부담감 때문에 퀴어 이슈에 대해 침묵하는 게 아님을 보여준다. 복음주의자들에게 퀴어 이슈는 험난한 전쟁터라기보다 마치 방 안에 있는 코끼리처럼 모두가 알고는 있지만 아무도 말하지 않는 문제에 가깝다.

연구를 진행하는 동안 퀴어 현장에서 복음주의권 단체를 마주한 적은 없었다. 소수의 복음주의권 활동가들이 퀴어 현장에 개별적으로 참여하는 경우는 있었지만, 단체 차원에서 연대를 모색하는 일은 아직까지 일어나지 않았다. 심지어 퀴어 집단에 대한 차별과 폭력은 올바르지 않으며 퀴어 집단을 동등한 사회 구성원으로 존중해야 한다는 최소한의 원칙마저도 분명하게 제안하지 못하고 있다. 하지만 복음주의자들에게 퀴어 이슈는 강 건너 불구경하듯이 무관심하게 방관할 수 있는 주제가 아니다. 보수 개신교회가 신앙을 명분으로 내세워 사회적 소수자를 고통 속으로 몰아넣고 있기 때문이다. 지금 퀴어 이슈는 복음주의자들에게 복음주의의 신학과 윤리, 역사와 문화에 대해 정직하면서도 심도 있는 대답을 요청하고 있다.

개신교회의 위기는 반퀴어 운동이 조직화되는 계기가 되었고, 복음주의권의 침묵은 반퀴어 운동이 확산되는 배경이 되었다. 지난 세대의 복음주의자들이 '하느님의 선교' 개념을 나름의 방식으로 풀어냈던 것처럼, 현세대의 복음주의자들은 퀴어 이슈가 던지는 중요한 질문에 책임감 있게 응답할 필요가 있다. 퀴어 이슈는 교회개혁을 이루어가는 과정에서 무시해도 상관없는 사안이 아니라 함께 고민해야 할 정치적 의제이기 때문이다. 퀴어 논쟁이 고조될수록 복음주의권의 고민은 점점 깊어지고 있다.

더디지만, 늦지 않게

보수 개신교회가 반퀴어 운동을 그만두고 진정한 의미의 교회개혁 운동에 나설 가능성은 적다. 반퀴어 운동이 보수 개신교회의 구조적 위기에서 비롯된 만큼, 퀴어 상황이 바뀌기 위해서는 개신교회의 구조적 변화가 뒤따라야 하기 때문이다. 그러나 작지만 소중한 변화는 계속되고 있다. 그중에서 주목할 만한 변화는 보수 개신교인들이 퀴어 이슈에 대해 관심을 보이기 시작했다는 점이다. 여전히 진지한 고민보다는 선정적인 추문이 많지만, 자신과 관련이 없다고 여기던 이슈에 주의를 기울이는 일은 침묵을 깨고 새로운 논의를 이끌어갈 수 있는 잠재력을 지닌다. 은솔은 친구의 사례에서 변화의 실마리를 발견한다.

> 신학대학원에 다니고 있는 친구가 있는데, 2014년 즈음만 해도 동성애를 죄라고 선언해야 된다고 얘기하던 친구였거든요. 근데 이 친구가 요즘에는 다른 입장을 내놓더라고요. (…) 그 친구가 바뀌는 모습을 보면서 많은 교인들이 반대쪽에 치우쳤던 것에서 조금씩 옮겨오고 있다는 느낌을 받았어요. '동성애자를 정죄해서는 안 된다. 동성애자를 비난하거나 차별해선 안 된다.' 거기에 괄호 열고 '동성애가 죄라 하더라도' '동성애는 죄지만' 같은 말이 붙을 수도 있지만요.   -〈은솔〉

반퀴어 집단이 퀴어 집단을 물리적으로 공격했던 2014년 서울과 대구의 퀴어문화축제는 보수 개신교인들이 퀴어 이슈를 정면에서 마주하게 된 결정적인 사건이었다. 퀴어문화축제를 전후로 다양한 의견이 경합하는 과정에서 보수 개신교인들은 그간 막연하게 부정적 입장을 갖고 있던 퀴어 이슈에 대해 자신의 입장을 정리해보게 된다. 주로 반퀴어 운동을 정당화하는 담론을 접하는 경우가 많지만, 그렇다고 항상 적대감이 증폭되는 것만은 아니다. 적대와 혐오로 달뜬 감정을 추스르고 깊이 고민해보거나 직접 퀴어 현장에 참여해서 어떤 일이 벌어지고 있는지 지켜보는 이들도 조금씩 나타나기 때문이다.

앞서 언급한 은솔의 친구는 퀴어 집단을 종교적으로 비난하는 것보다 개신교인들의 고압적인 태도를 바꾸는 것이 더 중요하다고 생각을 바꾸었다. 반퀴어 활동가들이 보인 거칠고 원색적인 혐오에 거부감을 느끼던 중에 퀴어 이슈를 둘러싼 다양한 의견을 접하면서 퀴어 이슈에 대한 인식이 변화한 것이다. 은솔은 친구가 태도를 바꾼 것을 환영하면서 사역자로 활동하는 친구에게 "교회에 퀴어 당사자가 온다면 어떻게 할 것이냐"고 물어보았다. 그는 "이런 질문은 처음 받아보았다"라고 하면서 "소외감을 느끼지 않도록 교회가 맞이해야 한다"고 대답했다.

보수 개신교회에서 유통되는 퀴어 논의는 동성애가 죄인지 아닌지 가리는 수준에 머물러 있다. 물론 한국에서는 신학이 아닌 분야에서도 퀴어 관점이 사회를 분석하는 중요한 인식론과 방법론으로 인정받지 못하고 있지만, 현대 그리스도교 신학과 퀴어 연구 사이에 활발한 대화가 이루어진다는 것을 고려하면 죄의 문제에만 몰두하는 보수 개신교회는 새 포도주에 걸맞지 않는 낡은 가죽 부대(마태오의 복음서 9장 17절)를 포기하지 못하고 있는 셈이다. 여기에는 이미 교회 내에 존재하는 퀴어 당사자들을 인정하지 않는 현실도 반영되어 있다. 은솔은 친구에게 적절한 질문을 던짐으로써 퀴어 이슈를 다루는 지배적인 문법을 바꾸어냈다.

다만 은솔이 지적한 대로 퀴어 집단을 비난하거나 차별해서는 안 된다고 하는 입장에도 죄와 관련한 문제는 여전히 남아 있다. 공격적 행동이나 적대적 태도가 누그러드는 것은 반가운 일이지만, 인식과 판단의 영역까지 이어지지 않는 변화는 제한적일 수밖에 없다. 신념에 근거한 행동을 강조하는 개신교회 문화에서 죄를 미워해야 한다는 원칙은 원수마저 사랑해야 한다는 가르침보다 더 큰 영향력을 발휘하기도 한다. 더불어 죄의 문제에 비판적으로 개입하지 않은 채 관용만을 강조하는 논리는 반퀴어 운동의 한 갈래인 탈동성애 정치학과 만나게 될 가능성이 있다. 퀴어 집단을 신앙적으로 정죄하는 문제가 풀릴 때에야 비로소 실질적인 연대가 이루어질 수 있을 것이다.

보수 개신교회의 반퀴어 정서와는 다르게 에큐메니컬 운동에 참여하는 몇몇 그리스도교 단체들은 반퀴어 정치학에 맞서는 다양한 활동을 전개해왔다. 대표적으로 2007년 차별금지법 투쟁을 거치며 생겨난 '차별없는 세상을 위한 기독인 연대(現 물꼬기)'는 교회 내의 차별 문제에 개입하고 퀴어 그리스도인의 경험을 의미화하면서 퀴어 커뮤니티와 그리스도교가 뜻깊게 만나는 일에 힘쓰고 있다. 차별과 폭력에 맞서는 움직임 역시 가속화되고 있다. 2014년 서울퀴어문화축제에서는 '퀴어와 함께하는 그리스도인' 부스가 마련되어 온전한 환대와 따뜻한 기쁨을 나누는 시간을 가졌다. 2015년 국제 성소수자 혐오 반대의 날에는 퀴어 친화적인 성직자들이 보수 개신교회의 적대와 혐오에 맞서 "순교할 각오로 끝까지 싸울 것"을 천명하기도 했다.

그중에서도 2015년 서울퀴어문화축제 부스 행사 당일에 진행된 '평화의 인간 띠잇기'는 인상적인 시도였다. 퀴어문화축제 참가자들을 반퀴어 집단으로부터 보호하기 위한 인간 띠잇기에는 114개의 범종교계 시민단체가 참여했고 1200여 명의 지지 서명이 모였다. 인간 띠잇기는 종교의 이름으로 행해지는 차별에 반대하는 입장을 공적으로 표명함으로써 보수 개신교인을 포함한 종교인들에게 또 다른 선택지를 제시한다는 점에서 중요한 의미를 지닌다. 배제와 주변화를 넘어서 퀴어 집단과 공존할 수 있는 여러 방식을 살펴보는 일은 특히 종교생활을 하는 퀴어 당사자에게 큰 힘이 된다.

물론 낙관적인 전망을 가지기에는 아직 이르다. 에큐메니컬 활동가 유건은 교회와 사회가 같은 속도로 변화하지는 않을 것이라며 신중한 입장을 보였다. 성찰적인 개신교인들이 조금씩 늘어나고 있지만, 개신교회 전체가 바뀌기까지는 시간이 필요하다는 것이다. 유건은 오히려 교회가 변하지 않으면 안 되는 '발화점'에 가까워질수록 반퀴어 운동이 더욱 확산될 수도 있다고 내다보았다. 그래서 지금 당장 원하는 결실을 얻기 어렵더라도 장기적인 계획을 가지고 다채로운 노력을 기울어야 한다고 강조했다. 반퀴어 운동이 거센 만큼 앞으로 개신교회가 겪게 될 변화 또한 크고 중대할 것이기 때문이다.

현재 확인할 수 있는 개신교회의 구조적 변화는 미미한 편이다. 동성애에 '찬성'하거나 '동조'하는 행위를 한 목회자를 처벌하는 교단이 있는가 하면, 동성애자를 교회에서 추방해도 된다고 선언한 교단도 있다. 개신교 여러 교단 중에서 진보적이라고 평가되는 한국기독교장로회도 사정은 크게 다르지 않다. 기독교장로회의 교회와 사회위원회는 2015년 교단 총회에서 퀴어 그리스도인을 위한 목회지침 연구안을 헌의했지만 332명 총대 중에서 258명의 반대로 무산되고 말았다. "성소수자에 대한 연구가 필요하다면 신학연구소에서 조용히 하라"는 한 총대의 발언은 진보적 성향의 교단에서도 퀴어 이슈가 공적 의제로 받아들여지지 않는다는 점을 알려준다.[11]

보수 개신교회를 다니는 서린 역시 사회 전반이 바뀔 것이라고 예측하면서도 교회의 변화에 대해서는 회의적인 편이었다. 그러면서도 서린은 개신교회가 어쩔 수 없이 변화에 동참하는 것이 아니라 변화를 이끌어가기를 바라고 있었다. 서린의 기대와는 달리 보수 개신교회는 비정통적 신학, 반사회적 집단, 비규범적 문화에 대한 공격을 통해서 구조적 위기를 회피하기에 바쁘다. 지금과 같은 경향이 계속된다고 할 때, 보수 개신교회는 퀴어 이슈를 둘러싼 갈등을 건설적으로 풀어가는 역할을 맡기보다 서린의 말처럼 '최후의 벽'으로 남을지도 모른다.

그러나 성서는 벽을 쌓는 일이 아니라 다리를 놓는 일에 대해 이야기한다. 예수의 십자가 사건을 통해 서로 원수가 되었던 모든 것이 사라지고 하느님의 한 가족이 될 수 있었기 때문이다(에페소인들에게 보낸 편지 2장 14~22절). 특히 "담을 헐어버렸다"(14절)는 표현은 십자가 사건이 '우리'와 '그들'을 구분 짓는 경계를 무너뜨렸다는 사실을 알려준다. 하느님과 사람과 자연이 화해하고 평화를 이룬 십자가 사건의 의미를 기억할 때, 보수 개신교회가 퀴어 변화를 막는 최후의 벽이 된다는 것은 자기모순이다. 개신교회가 당면한 위기에 맞서 교회다운 모습을 회복하려고 한다면, 퀴어 변화를 적대와 혐오로 대응할 것이 아니라 반성과 성찰의 기회로 삼아야 할 것이다.

반퀴어 운동은 개신교회의 위기를 해결하기 위한 하나의 기획으로 채택되었지만, 역설적으로 교회의 위기를 심화시키고 있다. 많은 개신교인은 성찰과 식별, 대화와 토론의 부재 속에서 반퀴어 흐름에 휩쓸리고 있고, 보수 개신교회 내부에서 비판적 운동을 펼쳐온 복음주의권은 퀴어 이슈에 침묵함으로써 결과적으로 반퀴어 운동에 힘을 실어주고 있다. 반퀴어 운동을 전개하는 단체들은 종교적 입장과 경제적 이해관계의 차이로 인해 따로 또 같이 행동하고, 퀴어 집단과 연대하는 그리스도인들은 고통받는 이들과 함께 울고 함께 기뻐하면서 힘든 시기를 살아내고 있다. 이 다채로운 움직임이 어떻게 귀결될지는 확실하지 않다. 다만 퀴어 이슈에 대한 입장과 태도를 전면적으로 바꾸지 않는 한, 보수 개신교회의 구조적 위기는 해결될 수 없다는 사실만큼은 분명하다.

신학자 샐리 맥페이그Sallie McFague는 하느님께서 사랑하시는 모든 만물의 연인이 되기를 거절하고 나르시시즘에 빠지는 일이야말로 죄악이라고 설명한 바 있다.[12] 하느님의 관심이 특별한 개인을 구출해내는 것이 아니라 죽음과 멸종의 위협에 놓인 우주 전체를 구원하고 온전하게 만드는 데 있기 때문이다.[13] 맥페이그의 이야기는 교회개혁 500주년을 기념하는 한국의 보수 개신교회가 무엇을 놓치고 있는지 분명하게 알려준다. 보수 개신교회가 진정으로 새로워지기 위해서는 퀴어한 존재를 처벌하고 저주하는 일을 그치고, 퀴어한 존재를 통하여, 퀴어한 존재와 함께, 퀴어한 존재 안에서 일어나는 변화를 느낄 수 있어야 한다. 예수께서 자신의 삶으로 보여주셨던 것처럼 새로운 길은 경계를 가로지르는 도전에서부터 시작되는 법이다(히브리인들에게 보낸 편지 10장 19~20절).

3장

퀴어 아포칼립스

퀴어 이슈를 둘러싼 논의를 자세히 살펴보면 시간과 관련된 표현이 자주 등장한다는 것을 알 수 있다. '한국에서 동성결혼 법제화는 너무 이른 것 같다' '군형법 제92조의6 폐지에 대한 사회적 합의가 아직 마련되지 않았다'처럼 퀴어 변화를 이야기하기에는 시기상조라는 입장이 있는가 하면, '퀴어문화축제에 수만 명이 모이는 시대에 아직도 차별금지법이 없다' '내 주변의 퀴어 친구들만 이미 수십 명이 넘는데, 왜 성소수자가 세상에 존재하지 않는 것처럼 생각하는지 모르겠다' 등 변화의 시기는 무르익었지만 그 속도가 느리다는 입장도 있다. 퀴어 이슈에 대한 경험과 감각의 차이가 시간과 속도의 차이로 표현되는 것이다.

그동안 퀴어 이슈에 대한 한국사회의 전반적인 인식은 꾸준히 바뀌어왔다. 일례로 동성애에 대한 국가별 인식을 살펴본 2013년 퓨 연구센터Pew Research Center 조사에 따르면, 한국은 '사회가 동성애를 포용해야 한다'라는 명제에 동의한 응답자 비율이 가장 빠르게 증가한 나라였다.[1] 동의를 표한 응답자 비율은 2007년 18%에서 2013년 39%로 높아졌는데, 증가율을 기준으로 한국을 뒤이은 나라(2위 미국 11% 상승, 3위 스페인 10% 상승)와 상당한 격차가 존재한다. 긍정적인 답변을 한 응답자의 절대적인 수치는 중간에 머물러 있지만(2013년 기준으로 전체 39개국 중 21위) 역동적인 변화가 일어나고 있다는 사실을 확인할 수 있다.

물론 미래를 속단하기는 어렵다. 퀴어 우호적인 분위기가 형성되는 속도에 비해서 퀴어 적대가 조직되는 속도가 더 빠르기 때문이다. 퀴어 집단이 소비자 집단이나 유권자 집단처럼 의사결정 과정에 영향을 미칠 수 있을 정도로 충분히 결속된 것도 아니다. 퀴어 이슈에 대한 사회적 이해 수준 또한 낮은 편이다. 성소수자, 성적 소수자, 퀴어, LGBTAIQ와 같은 용어를 접해보지 못한 사람이 다수를 차지하고, 퀴어를 동성애자를 지칭하는 또 다른 표현으로 알고 있는 사람도 많다. 사회적 인지도를 갖춘 퀴어 인물은 좀처럼 늘지 않고, 퀴어 당사자와 친밀한 관계를 맺고 있는 사람들 역시 소수에 머물러 있다.

복합적인 현실 속에서 앞으로 퀴어 상황이 어떻게 변화할 것인지에 대한 견해는 저마다 다르다. 주로 북미와 서유럽의 현재(혹은 과거)를 한국의 가까운 미래로 예견하는 이들이 있는가 하면, 한국은 아직 갈 길이 멀다고 생각하는 이들도 있다. 북미와 서유럽의 현재를 한국의 미래로 상상하는 경우에도 그러한 변화를 적극적으로 환영하는 이들이 있는가 하면, 강경하게 반대하는 이들도 있다. 더 나은 미래를 위해 퀴어 권리를 지지해야 한다고 주장하는 이들도 있고, 더 나은 미래를 위해 퀴어 집단을 몰아내야 한다고 외치는 이들도 있다. 이처럼 퀴어 논의는 한국사회가 지금 어디에 있는지, 어떤 미래를 추구하고 있는지, 지향하는 미래를 실현하기 위해서 어떻게 해야 하는지에 대해 질문을 던진다.

현재 제시된 미래는 크게 세 가지가 있다. 먼저 보수 개신교회를 배경으로 하는 반퀴어 집단은 한국의 미래를 미국의 현재에서 찾으면서, 퀴어 가시성이 높아지고 동성결혼 법제화가 이루어진 미국을 부정적인 사례로 해석하고 있다. 시간적 관점에서 볼 때, 반퀴어 운동은 한국교회의 양적 성장으로 대표되는 위대한 과거와 미국교회의 패배로 대표되는 비참한 미래 사이에서 '대안적인' 시공간을 만들어내는 정치학이라고 할 수 있다. 반퀴어 집단은 미국을 반면교사로 삼아 퀴어 변화를 막아내고 거룩한 통일한국을 건국함으로써 '더 나은 미국' 혹은 '새로운 미국'이 되고 싶어 한다.

둘째로 국가기관의 경우, 퀴어 이슈에 대한 논의가 진전되는 변화를 감지하면서도 퀴어 이슈를 미래에 다루어야 할 주제로 치부하고 정책 결정을 유예한다. 퀴어 집단에 대한 차별을 금지하는 제도나 평등을 보장하기 위한 다양한 정책을 마련하는 일이 지금 감당해야 하는 정치적 책임이 아니라 나중에 다른 누군가가 처리할 행정 업무로 연기되는 것이다. 국가기관은 '퀴어 이슈에 대한 사회적 합의가 아직 충분하지 않다'는 이유를 대면서 퀴어 집단의 요구를 외면한다. 결과적으로 국가기관은 차별과 폭력을 영속화하려는 반퀴어 집단과 공모 관계를 맺게 된다.

마지막으로 퀴어 집단은 반퀴어 집단의 공격과 국가기관의 무책임한 태도에 맞서 의미 있는 변화를 만들어내기 위해 노력한다. 한쪽에서는 변화를 기대하는 열망이 모이고 있지만 다른 한쪽에서는 퀴어 집단이 겪는 열악한 현실이 계속되는 상황에서 퀴어 활동가들은 변화의 주도권을 확보하기 위해 분투한다. 이들은 퀴어 이슈를 공적인 의제로 만들어가면서 시민사회 영역에서 연대를 확장하고 커뮤니티 역량을 강화하는 일에 힘쓰고 있다. 이 과정에서 미국을 포함한 외국의 퀴어 상황과 한국의 다른 소수자 운동은 중요한 참조가 된다.

퀴어 논쟁에 참여하는 여러 주체들은 각자가 추구하는 미래를 실현하기 위해 다양한 전략을 구사하면서 시간을 둘러싼 의미 투쟁을 벌인다. 퀴어 이슈가 시간성, 특히 미래와 관련된 것으로 이해되는 경향은 퀴어 변화를 가속화하기도 하고 현 체제를 재생산하기도 한다. 시간적 관점에서 퀴어 상황을 조명하는 일은 각각의 주체가 과거, 현재, 미래를 해석하는 시간적 인식을 탐색하는 과정이자 퀴어 이슈가 던지는 도전적인 질문이 이 세계를 어떻게, 얼마만큼 바꿀 수 있는지 살펴보는 작업으로 이어진다. 이 글에서는 반퀴어 집단이 외치는 퀴어 종말론을 분석하면서 부정적인 미래가 담고 있는 퀴어한 가능성을 모색해보고자 한다.

반미 개신교의 탄생

2015년 6월 28일, 제16회 서울 퀴어문화축제 부스 행사가 열린 서울광장 맞은편에서는 '동성애조장 중단촉구 교단연합예배 및 국민대회'가 진행되었다. 행사를 주관한 한국교회동성애대책위원회는 한국기독교총연합회를 비롯한 개신교 연합단체 5개와 22개 교단이 모여서 만든 단체였다. 이들은 퀴어문화축제를 "우리 사회 가치관을 무너뜨리고 자녀의 장래와 생명을 위태롭게 할 수 있는 매우 위험한 사태"로 규정하면서 "결코 좌시하지 않을 것"이라고 엄포를 놓았다. 개신교회가 사회적 이슈에 대해 통일된 의견을 가지고 교단을 초월한 연합 활동에 나서는 일은 2000년대 중반 사립학교법 재개정 반대 운동 이후로 좀처럼 나타나지 않았다는 점에서 이례적인 현상이었다.

대책위원회에서는 퀴어퍼레이드 당일을 '동성애 반대 설교 주일'로 선포하고 수도권 지역의 모든 교회로 하여금 축제 반대 집회에 참가할 것을 독려했다. 주최 측 추산 1만 명의 개신교인이 모인 집회에서는 행사 순서지와 함께 다양한 선전문이 배포되었다. 집회 참가자들은 '동성애 조장 반대'라는 구호가 쓰인 햇빛 가리개를 머리에 쓰고 '행복 = 아빠 + 엄마 + 아이들'이라는 글귀가 적힌 풍선을 손에 들었다. '동성애자들의 AIDS 치료를 갈망합니다' 'AIDS 환자 치료비 지원으로 인한 막대한 세금 낭비'처럼 퀴어 집단을 병적이고 반사회적인 존재로 묘사하는 현수막도 눈에 띄었다.[2]

대부분의 반퀴어 선전문에 한국어와 영어가 병기된 점 역시 인상적이었다. '5000년 동안 아름다운 전통을 지켜온 한국을 동성애로 더럽히지 말라'고 경고하는 영어 선전문을 나눠주는 사람도 있었다. 반퀴어 집회는 한국사회뿐 아니라 국제사회, 특히 미국사회에 선명한 메시지를 던지는 자리였다. 참가자들 중에 부채춤을 추는 사람, 태극기를 흔드는 사람, 한복을 차려입은 사람 등이 있었던 것을 고려할 때, 반퀴어 집회는 이른바 한국적인 것을 전시함으로써 퀴어 오염을 정화하는 종교 의식이자 외국에서 밀려오는 퀴어 변화를 막겠다는 의지를 담은 국경 단속의 현장이었다.

당일 집회는 1부 인사말, 2부 예배, 3부 국민대회, 4부 '생명-가정-효 페스티벌'로 꾸려졌다. 2부 예배에서 설교를 맡은 최낙중 목사는 동성애를 "가정, 사회, 국가의 존망을 위태롭게 만드는 일"이자 "창조주 하나님께 반역하는 죄"라고 소리 높여 비난했다. 그는 동성 간 성적 실천을 형사 처벌하는 우간다의 사례를 언급하면서 요웨리 무세베니 대통령을 극찬했다. 그의 주장에 따르면, 우간다의 최대 원조국인 미국은 무세베니 대통령이 반동성애법에 서명할 경우에 연간 4억 달러 규모의 원조를 중단하겠다고 경고했다. 그럼에도 무세베니 대통령은 "우간다 국민들을 살리는 길은 미국의 원조가 아니라 하나님의 말씀대로 사는 것"이라고 믿고 법에 서명했다는 것이다.[3]

그는 우간다의 사례를 긍정적으로 소개한 반면, 집회 이틀 전에 동성결혼이 기본권의 영역에 속한다고 판결한 미국 연방대법원은 강하게 비난했다. 보수 개신교회가 오랜 기간 친미 성향을 보여왔고 아프리카의 여러 국가를 저개발된 선교지로 생각해왔던 역사를 떠올려보면, 설교의 내용은 다소 의아하게 들린다. 더욱이 무세베니 대통령은 장기독재, 대량학살, 인종청소, 전시 성폭력 등으로 국제사회에서 악명이 높다는 점에서 우간다의 사례를 인용한 설교에 대해 보수 개신교회 내부에서 비판이 제기되기도 했다.[4]

미국과 우간다를 대비시키는 설교를 이해하기 위해서는 한 가지 사실을 기억할 필요가 있다. 한국의 보수 개신교회가 오랫동안 미국에 우호적 입장을 가진 것은 분명하지만, 미국을 항상 바람직한 모델로만 평가하지는 않았다는 점이다. 한국의 개신교인에게 미국은 신앙의 자유를 찾아 '신대륙'으로 건너간 청교도가 세운 믿음의 땅으로 여겨지지만, 동시에 물질만능주의, 성적 문란, 인본주의 등으로 인해 영적인 능력을 상실한 곳으로도 알려져 있다. 동성결혼이 법제화되고, 자신이 일치감을 느끼는 성별에 따른 문화적 인정과 법적 지위를 요구할 수 있으며, 학교에서 퀴어 이슈에 대해 자유롭게 이야기할 수 있(다고 재현되)는 미국은 한국 개신교회 내에서 이미 타락한 나라로 묘사된다.

한국의 보수 개신교회는 미국의 사례를 임의적으로 취사선택해서 활용해왔다. 한편으로 한국의 보수 개신교회는 대형교회를 중심으로 미국식 성장주의를 적극적으로 받아들인다. 보수적 가치를 옹호하는 텔레비전 전도자, 자기계발 담론과 치유 담론을 전파하는 세련된 목회자, 문화전쟁을 일으키고 제도정치에 영향력을 발휘하는 개신교 우파 등의 미국식 모델은 한국 개신교회에 빠르게 흡수되었다. 미국식 성장주의를 반영하는 릭 워렌의 『목적이 이끄는 삶』과 조엘 오스틴의 『긍정의 힘』은 한국의 개신교인들 사이에서 선풍적인 인기를 끌었다.[5]

분과학문으로서 신학 역시 미국의 지배적인 영향력 아래에 놓여 있다. 미국의 몇몇 신학교에서 대학원 한국어 과정을 운영할 만큼 수많은 신학생과 목회자들이 미국으로 유학을 다녀왔다. 한국에서 얼마간의 과정을 이수하고 미국에서 짧은 기간 연수를 받으면 미국 신학대학교 박사학위를 취득할 수 있는 제도 또한 마련되어 있다. '비행기를 타고 미국에 다녀오기만 하면 박사학위를 받는다'는 의미에서 '비행기 박사'라는 별칭이 생길 정도였다. 그마저도 학위논문 대필과 표절 문제가 심각해서 저명한 목회자들이 사회적 물의를 일으키기도 했다.[6]

하지만 다른 한편으로 미국사회가 겪은 반전평화운동, 히피 문화, 페미니스트 물결, 퀴어 집단의 가시화 등은 '영적 패배'의 대표적인 예로 소개되었다. '공립학교에서 진화론을 가르치고 기도 시간을 없애면서 미국이 세속화되는 시대에 한국교회가 깨어 기도해야 한다'는 주장이 개신교회 내부에서 활발하게 유통되었다. 특히 19세기 후반부터 언더우드Horace Grant Underwood 선교사를 통해 한국 개신교회와 밀접한 관계를 맺고 있는 미국장로교PCUSA가 2011년 동성애자 목사, 장로, 집사 안수를 허용하고, 2015년 결혼의 정의를 '두 사람 사이의 특별한 헌신'으로 바꾸면서 한국 개신교회의 불안감이 고조되었다. 신학대학원에 다니는 정겸은 미국장로교의 결정이 한국 개신교회에도 영향을 미쳤다고 이야기했다.

동성애자 목사 안수와 관련된 문제로 여러 곳에서 큰 논쟁이 있었는데, 얼마 전에는 미국장로교에서 한바탕 난리가 났어요. 미국장로교에 속한 한인교회들은 교단의 결정을 도무지 받아들일 수 없다면서 반발하기도 했고요. 제 친구도 미국의 보수적인 신학교에서 목회학 석사과정을 밟고 있는데 친구가 다니는 신학교가 독립교단이라서 졸업할 때 목사 안수를 받을 교단을 선택해야 하거든요. 제 친구도, 친구 아버지도 장로교 출신이지만 갈등이 된다고 하더라고요. 친구 입장에서는 미국장로교가 너무 급진적인 거죠.

–〈정겸〉

정겸이 언급한 친구의 사례는 미국의 변화가 한국의 보수 개신교회 목회자들에게 있어 위기를 체감하는 일종의 계기가 되었음을 알려준다. 자신과 자신의 아버지가 소속된 교단을 섣불리 선택하지 못할 정도로 개별 목회자들은 퀴어 이슈를 민감한 사안으로 느끼고 있다. 미국장로교의 결정에 반대한 몇몇 한인교회는 목회자 연금, 선교 분담금, 교회 재산 등 여러 문제가 얽혀 있음에도 교인 대다수의 지지를 받고 교단을 탈퇴하기도 했다.[7]

미국교회와 사회가 퀴어 차별적인 정책을 점차 바꾸어나가면서 한국의 보수 개신교회는 미국을 선망과 동경의 대상이 아니라 실망과 비난의 대상으로 여기게 된다. 미국의 사례를 거부해야 하는 미래, 가까이해서는 안 되는 미래, 두려운 미래로 의미화하는 것이다. 일례로 2014년부터 미국을 포함한 여러 외국 대사관이 퀴어문화축제에 참가하기로 결정하자 몇몇 반퀴어 단체는 대사관 앞에서 항의 시위를 벌이기도 했다. 반대 시위에서 나온 구호나 성명서에 쓰인 표현을 살펴보면, 대사관의 선택을 존중하면서도 한국의 특수성을 강조하는 모습을 공통적으로 확인할 수 있다.

한국은 전통적으로 미국의 우방이다. 특히 기독교는 '반미운동'이 한창일 때에도 미국과의 우방관계를 중요시하였다.[8]

−〈2014년 한국교회언론회〉

저희는 미국과 유럽 나라들의 높은 수준의 민주주의와 도덕성, 그리고 북한과 중국에 의한 6·25 한국전에 참여하여 지원해준 데 대하여 최고의 감사와 존경을 표합니다.[9]

-〈2015년 동성애문제대책위원회〉

두 단체의 성명서에서 미국과 유럽은 지금의 한국이 존재할 수 있도록 도와준 나라로 그려진다. 여기서 퀴어 집단은 한국 개신교회와 미국·유럽 간의 친밀한 관계를 해치는 사악한 존재로 묘사된다. 한국교회언론회는 퀴어 활동가들을 "반미 운동에 앞장서는 진보·좌파"로 규정하면서 미국 대사관이 "반미 운동 세력과 뜻을 같이하면 안 된다"라고 못 박았다. 성명서에는 미국을 일종의 은인의 나라로 여기는 보수 개신교회의 지배적인 성향이 그대로 반영되어 있다. 하지만 동시에 퀴어문화축제에 참가하기로 한 대사관의 결정은 잘못되었다는 반대 의견이 뒤따랐다.

한국 문화 아름답다. 게이 문화 강요 말라.
미국 조기유학길은 동성애 자녀 양성의 길인가[10]

-〈2014년 건강한 사회를 위한 국민연대〉

우리나라 대다수의 국민들이 거부감을 가지고 있는 퀴어문화축제 퍼레이드에 미국, 독일, 프랑스 대사관이 참여하고 부스를 설치하는 등 이를 지지하는 태도를 취한 것은 윤리 문제에 대한 국가 불

간섭의 원칙에 반하는 것으로서 우리나라의 문화와 정서를 고려
하여 이러한 태도는 시정되어야 할 것이다.[11]

-〈2014년 세계성시화운동본부 및 한국기독교공공정책협의회〉

모든 나라는 각자 고유의 윤리와 문화를 지닙니다. 따라서 다른
나라의 윤리와 문화를 존중하여야 하고, 어떤 나라도 남의 나라
에 자기 나라의 윤리와 문화를 강요하여서는 안 될 것입니다. (…)
우리는 미국과 유럽 등 13개국에게 저희 문화와 윤리를 강요할
생각은 추호도 없습니다. 같은 이유로 우리들은 미국과 유럽 등
13개국 대사관이 우리들에게 여러분의 성문화를 따르도록 간섭
하지 않기를 바랍니다.　　　　　　　－〈2015년 동성애문제대책위원회〉

　반퀴어 단체는 퀴어 이슈에 대한 부정적 견해가 한국사회에서
주류라고 강조하면서 외국 대사관의 퀴어문화축제 참가를 한국의
'문화와 정서'에 맞지 않는 일이라고 주장한다. 하지만 이들 단체가
보수 개신교회를 배경으로 하고 있다는 점을 기억해보면, 한국의
전통과 문화적 특수성을 높게 평가하는 모습은 다소 부자연스러워
보인다.
　개신교의 토착화 과정을 감안한다 해도 개신교가 한국에 소개
된 지는 130여 년밖에 되지 않았고, 전통적인 풍속과 의례에 대해
비판적 입장을 견지해왔기 때문이다. 반퀴어 단체는 한국의 전통과

역사에 호소하는 전략을 통해 퀴어 변화를 '근본 없는' 현상으로 만드는 일에 앞장서고 있다.

반퀴어 내셔널리즘

보수 개신교회가 묘사하는 내용과 다르게 미국은 여전히 성별 정체성과 성적 지향에 따른 차별이 심한 곳이자 퀴어 이슈를 둘러싼 갈등이 많이 벌어지는 곳이다. 1960년대를 기점으로 폭발적으로 성장한 페미니즘 운동과 1966년 콤프턴 카페테리아 항쟁Compton's Cafeteria riot 및 1969년 스톤월 항쟁 Stonewall riots은 공식적 차원의 LGBTI·퀴어 운동의 출발을 알렸지만, 1980년대 레이건 정부 출범 이후 빠른 속도로 보수화된 미국사회에서 퀴어 집단에 대한 공격은 계속되었다. 퀴어 커뮤니티는 HIV/AIDS 위기 시대를 거치면서 수많은 상실을 겪어야 했고 사회적 배제와 종교적 폭력에 무방비로 노출되었다. 차별적인 제도가 하나둘씩 바뀌고 있고 퀴어 가시성과 대표성이 점차 제고되고 있지만, 계급, 나이, 성별, 인종, 장애, 종교, 종족, 지역 등과 교차하는 퀴어 이슈는 현재까지도 충분히 다루어지지 않고 있다.

그럼에도 한국의 반퀴어 단체들은 미국을 일종의 퀴어 선진국으로 재현하면서 한국이 미국의 전철을 밟아서는 안 된다고 주장한다. 동성애조장 중단촉구 교단연합예배 및 국민대회에서 최낙중 목사는 "그동안 기독교 국가로 신뢰해온 미국은 촛대가 옮겨질 위험에 처해 있다"고 경고했다. 성서에서 촛대는 교회를 가리키며(요한의 묵시록 1장 20절), 촛대 위의 촛불은 '세상의 빛'으로 온 예수 그리스도를 뜻한다(요한의 복음서 8장 12절). 다시 말해서 촛대가 옮겨지는 일은 거룩한 임재가 사라진다는 의미로, 이를 반퀴어 맥락에서 해석해보자면 '처음에 지녔던 사랑'(요한의 묵시록 2장 4절)을 버리고 타락한 미국에 하나님께서 더 이상 머물지 않으며 미국을 위해 특별한 축복을 내리지 않는다는 메시지가 된다.

그렇다면 촛대는 어디로 옮겨지는 것일까? 성서는 촛대가 그 자리에서 치워진다고 설명하지만(요한의 묵시록 2장 5절), 복음의 서진西進 운동 혹은 백 투 예루살렘Back to Jerusalem 운동에서는 촛대가 서쪽으로 움직인다고 주장한다.[12] 이 운동은 성령이 예루살렘에서 서남아시아, 유럽, 아프리카, 아메리카 지역을 지나 아시아로 넘어가고 다시 예루살렘을 향해 움직이는데, 예루살렘이 '복음화'될 때 예수가 재림할 것이라는 믿음을 기초로 한다. 최낙중 목사의 촛대 이야기는 선교의 주도권이 미국에서 한국으로 옮겨질 것이며, 한국이 이를 지키기 위해서는 퀴어 이슈에 대한 적대적 입장을 분명하게 선포해야 한다는 뜻을 담고 있다. 이와 같은 인식은 다른 반퀴어 활동가의 이야기에서도 나타난다.

한국에서 동성애 차별금지법이 통과되느냐 안 되느냐는 전 세계의 관심사다. 선진국에서 일고 있는 동성애 바람이 한국에서 차단된다면, 우리의 조국은 전 세계를 동성애와 에이즈로부터 지키는 방파제 역할을 하게 될 것이다. 이제 한국은 동성애가 합법화되지 않은 성결한 선진 국가를 이루어 전 세계를 선도하는 윤리 선진국이 되어야 한다.[13]   -⟨이용희 교수(에스더기도운동)⟩

오늘날 우리 한국교회는 미국도 실패한 동성애 문제를 맡아야 할 사명을 갖고 있습니다. 어쩌면 우리 한국교회는 하나님의 최종 병기일지도 모릅니다. 한국이 무너지면 온 세계가 동성애 천국이 될 것이기 때문입니다.[14]

-⟨이요나 목사 외(탈동성애인권기독교협의회·홀리라이프)⟩

두 개의 인용문 모두 미국의 상황을 부정적으로 묘사하면서 한국 보수 개신교회의 "방파제 역할"을 강조하고 있다. 인용문에서 미국은 "에이즈"로 물든 "동성애 천국"으로 재현된다. 이에 선교의 주도권을 미국으로부터 넘겨받은 한국 개신교회가 반퀴어 운동을 벌이는 것은 "성결한 선진 국가"로 도약하고 "하나님의 최종 병기"로 쓰임받는 일로 격상된다. "전 세계를 선도하는 윤리 선진국"과 같은 표현은 그간 미국이 해왔던 임무, 즉 강력한 군사력과 보수 개신교 신앙을 가지고 전 세계 문제를 '해결'하는 사명을 한국이 떠맡아야 한다는 요청으로 읽을 수 있다.

반퀴어 활동가들은 미국교회가 '몰락'한 원인을 세속주의에서 찾았다. 최낙중 목사는 "믿음의 반석 위에 자유, 법, 교육, 도덕을 쌓았던 미국을 한때 동경했지만, 백악관이 동성애에 잠식된 이후에 기대를 버렸다"고 이야기했다. 세속적 성공을 신성한 축복으로 해석하는 성장주의가 지배적인 한국 개신교회에서 세속주의에 대한 반성이 일어나는 것은 의미 있는 일이다. 하지만 반퀴어 집단의 세속주의 비판은 자성의 움직임과는 거리가 멀다. 반퀴어 집단은 스스로를 퀴어 변화로 인한 사회의 세속화에 맞서야 할 책임이 있는 주체로 위치 지음으로써 거룩한 '우리'와 세속적인 '그들' 사이의 위계구도를 공고히 만들고자 한다. 바른 성문화를 위한 국민연합(이하 바성연)은 반퀴어 집단이 세속주의를 이해하는 전형적인 방식을 보여준다.

현재 한국사회의 성윤리는 심각한 위기를 맞이하고 있습니다. 미국과 유럽 국가들이 경제적으로 풍요롭게 살게 되면서 성적 타락이 일어났습니다. 포르노와 같은 음란물을 합법화하고 동성애를 정상이라고 인정하는 왜곡된 성문화가 확산되었습니다. 한국도 경제적인 풍요와 함께 미국과 유럽의 전철을 밟는 징후가 나타나고 있습니다. 성적인 타락은 결국 그 국가를 패망의 길로 인도합니다. 로마가 성적 타락으로 멸망한 것이 그 예인데, 현재 유럽도 성적 타락이 망국적 수준에 이르렀습니다. 한국은 결코 그러한 전철을 밟지 말아야 할 것입니다. <u>윤리적 가치를 준수하며 경제적인 축복을 지속적으로 누리는 나라가 되어야 합니다.</u>[15]

바성연은 경제적 풍요가 "성적 타락"을 일으키고 "왜곡된 성문화"를 확산시켜 국가를 "패망의 길"로 이끌 수 있다는 점을 경고한다. 그러나 흥미롭게도 바성연은 경제적 풍요 자체를 거부하기보다이를 지속적으로 누리는 방법을 모색한다. "성적 타락이 망국적 수준"에 이른 미국과 유럽을 닮지 않고 "윤리적 가치"를 지켜낼 수 있다면, 그에 대한 보상으로 주어지는 "경제적인 축복"을 즐기는 일은 문제가 되지 않는다는 것이다. 반퀴어 집단이 제기하는 세속적 가치에 대한 비판은 양적 팽창에 몰두해온 한국 개신교회의 성장주의를 긍정하고, "동성애를 정상이라고 인정"하지 않는 강하고 튼튼한 국가를 이상화함으로써 반퀴어 내셔널리즘을 강화한다.

여기서도 미국과 유럽은 한국이 반면교사로 삼아야 하는 사례로 제시된다. 차별금지법 제정이 10년 넘게 무산되고 동성 간 성적 실천을 처벌하는 형법이 존재하는 한국의 현실은 무시하고 미국과 유럽의 특정한 퀴어 상황을 강조하는 것은 보수 개신교인의 위기의식을 고취시키는 전략이라고 할 수 있다. '아직 한국에서 제도적 차원의 변화가 진행된 것은 아니지만, 미국과 유럽처럼 한국 역시 언제든지 성적 타락에 빠질 수 있다'는 주장은 보수 개신교인을 체제와 규범을 수호하는 파수꾼으로 호명한다. 세속주의에 대한 비판이 성장주의를 촉진시키는 아이러니한 상황에서 퀴어 집단은 공공의 적으로 지목된다.

불행이 만든 퀴어,
불행이 예정된 퀴어

퀴어 집단에 대한 사회적 인식이 긍정적으로 바뀌어가고 퀴어 의제가 공적인 장에서 논의되는 변화는 반퀴어 집단에게 불안과 위협으로 다가온다. 반퀴어 집단은 퀴어 집단에게 우호적인 분위기가 조성되는 것을 막기 위해서 퀴어 집단을 부정적인 기호와 연결시킨다. 반퀴어 담론에서 불행, 멸망, 죽음, 지옥, 타락과 같은 표현이 반복해서 등장하는 것도 바로 이 때문이다. '퀴어 집단은 본질적으로 반사회적이고 비규범적이며 통제 불가능하다'라는 담론은 퀴어 집단을 공격하고 차별하는 일에 정당성을 부여한다.

대표적인 예로 반퀴어 집단은 퀴어 집단을 성적 방종과 연관

짓는다. 예컨대 남성 동성애자는 무절제하게 성적 쾌락을 추구하다가 AIDS 합병증으로 사망하는 비극의 주인공으로, 바이섹슈얼은 성적 탐욕에 빠져 상대의 젠더를 가리지 않는 섹스 중독자로 묘사된다. 이와 같은 이미지에는 퀴어 집단이 의학적으로는 치료받아야 하는 환자이고, 종교적으로는 교만하고 불순한 죄인이며, 사법적으로는 처벌과 훈육이 필요한 범죄자라는 함의가 담겨 있다. 퀴어 집단은 성적 욕망을 통제하지 못해서 자신은 물론이고 가족, 사회, 미래를 파괴하는 반사회적 존재로 그려진다.[16]

물론 성적 비규범성을 문제화하는 반퀴어 운동의 전략이 그렇게 효과적이지만은 않다. 개신교회 내부의 성차별과 성폭력이 언론을 통해 심심찮게 보도되었기 때문이다. 성범죄를 저지른 목회자가 막대한 전별금을 받고 새로운 교회를 개척한 사례, 성폭력 피해자가 적절한 보호를 받지 못하고 교회를 떠나야 했던 사례, 여성에 대한 남성의 지배를 신학적으로 정당화하는 사례 등은 대중에게 이미 널리 알려져 있다. 성평등이 이루어지는 교회를 만들기 위해 노력해온 유건은 보수 개신교회가 퀴어 집단의 성적 비규범성을 구실로 반퀴어 운동에 나서는 일은 "자기 얼굴에 침 뱉기"에 지나지 않는다고 비판했다.

그러나 성을 둘러싼 논쟁으로 인해 반퀴어 집단이 겪는 자기모순의 부담보다 논쟁을 통해 얻는 정치적 이득이 더 크다는 점을 기억할 필요가 있다. 성속이분법에 비춰볼 때, 교회는 아무리 타락해도 변화의 가능성이 있는 공간으로 여겨진다. 이에 반해 근본적으로 반사회적이고 비규범적이며 통제 불가능한 존재로 폄하되는 퀴어 집단은 이미 구원에서 배제된 이들로 규정된다. 성윤리를 평가하는 기준이 애초부터 불공평하게 적용되기 때문에 목회자가 성범죄를 저지른 경우보다 퀴어 당사자가 자신의 모습을 긍정하는 일이 더 중대한 죄악으로 간주되는 것이다.

반퀴어 집단이 퀴어 집단을 반사회성, 성적 비규범성, 통제 불가능성과 연결시키는 경향은 크게 두 가지 의미를 담고 있다. 하나는 퀴어 당사자의 불행이 예정되어 있다는 메시지다. 퀴어함이 건강, 행복, 존경과 같은 가치의 반대편에 놓이면서, 불행했기 때문에 퀴어 당사자가 되었고 퀴어 당사자이기 때문에 불행할 수밖에 없다는 순환논리가 만들어진다. 다른 하나는 퀴어 집단을 관용하는 사회는 곧 붕괴될 것이라는 메시지다. 이는 더 나은 사회, 더 밝은 미래를 실현하기 위해서 퀴어 집단을 제거해야 함을 시사한다. 여기서는 이 두 가지 메시지를 '퀴어 불행 예정설'과 '사회 종말 예정설'로 부르려고 한다.

먼저 퀴어 집단을 지독한 불행에 시달리는 존재로 정의하는 '퀴어 불행 예정설'부터 살펴보자. 한국성과학연구협회는 동성애자의 삶이 불행으로 치달을 수밖에 없다는 내용의 선전문을 배포했다.[17] 선전문에 따르면, (남성) 동성애자는 "불결한" 항문섹스를 하기 때문에 "일반인이 걸리지 않는 질병"에 걸리기 쉽다. 동성애자가 알코올의존증 상태에 처할 확률은 일반인에 비해 2배, 자살률은 3배, HIV 감염 확률은 180배가 높고 수명은 25년에서 30년가량 짧다. 젊은 시절부터 질병으로 고통받는 동성애자는 "하루에도 열 번 이상 화장실을 가고 기저귀를 차야" 하는 미래를 맞이하게 된다. 이처럼 출처를 알 수 없는 정보를 과학적 사실인 듯 소개하는 반퀴어 텍스트는 꾸준히 유통되고 있다.

반퀴어 집단은 동성애가 비참한 결과를 초래한다는 것이야말로 선전문의 제목처럼 '동성애자들이 절대 말하지 않는 동성애의 불편한 진실'이라고 주장한다. 불행이 예정된 동성애를 옹호하고 미화하는 것은 동성애자를 죽음으로 내모는 일이기에 동성애를 정상이라고 인정하면 안 된다는 논리다. 퀴어 집단의 불행한 미래를 예언하고 해결책으로 탈동성애를 제시하는 것은 보수 개신교회의 전통적인 구원 서사와 유사하다. 전적으로 타락한 인간(동성애자)은 지옥(HIV 감염, 알코올의존증, 자살, 단명, 끔찍한 노년)에 갈 수밖에 없지만, 예수(탈동성애)를 통해 천국(이성애규범)에 도달할 수 있다는 서사가 바로 그것이다. '나는 더 이상 동성애자가 아니다'라고 외치는 탈동성애자의 선언은 '나는 더 이상 죄의 노예가 아니다'라고 이야기하는 거듭난born-again 개신교인의 고백과 겹쳐진다.

'퀴어 불행 예정설'을 주의 깊게 살펴보면 동성애가 불행의 원인인 동시에 결과가 된다는 점을 발견할 수 있다. 동성애자의 불행을 강조하는 이들은 주로 동성에 대한 성적 끌림이 환경적 요인에 의해서 후천적으로 생긴다고 주장한다. 모든 사람은 기본적으로 이성애자인데, 불행하게도 일련의 부정적인 상황을 겪은 사람들이 자신을 동성애자로 착각한다는 것이다. 예를 들어 (1) 부모와의 부적절한 유대 관계, 부모의 무관심과 같은 역기능적 가족 환경 (2) 우울증, 결혼에 대한 두려움처럼 부정적인 심리 상태 (3) 성적 학대, 언어폭력, 따돌림과 같은 피해 경험 등이 모두 동성애의 잠재적 원인으로 지목된다.[18] 동성애의 후천성을 규명하려는 시도는 동성애가 안정적이고 중립적인 성적 지향이 아니라 열악한 삶의 조건이 만들어내는 병리적 현상임을 전제로 한다.

불행한 환경에서 동성애자가 되는 것이든 동성애자로 살면서 불행하게 되는 것이든 동성애자는 결코 행복해질 수 없는 존재로 그려진다. 바람직한 삶에 대한 기준이 이성애규범에 근거해서 구성된 사회에서는 오직 이성애만이 행복의 가능성을 약속한다. 이로 인해 퀴어 연구자 우주현과 김순남이 지적한 것처럼 동성애자를 이성애자로 '되돌리려는' 일은 그로 하여금 인생의 진정한 행복을 누릴 수 있도록 하는 윤리적 실천으로 의미화된다.[19] 퀴어 집단에게 상스러운 욕설을 퍼붓는 일도, 오물을 투척하는 일도, 물리적 폭력을 서슴지 않는 일도 불행한 '그들'로 하여금 행복한 '우리'가 될 수 있도록 돕는 이타적 행동이 되는 것이다.

반퀴어 집단의 '퀴어 불행 예정설'에 맞서기 위해서는 퀴어 당사자의 다채로운 생애 서사가 보다 널리 알려져야 한다. 끝없는 불행과 고독한 죽음으로 점철된 반퀴어 서사는 퀴어 당사자의 복잡다단한 삶의 이야기를 왜곡한다. 퀴어 당사자는 이 세계에서 살아가는 수많은 이들과 마찬가지로, 때로는 실패로 인해 절망하기도 하고 때로는 원하던 바를 성취해서 기뻐하기도 한다. 소소하게 자신의 일상을 살아가는 모습, 사랑하는 이들과 즐거워하는 모습, 고통에 아파하고 상실에 슬퍼하는 모습, 사회를 조금 더 나은 곳으로 바꾸기 위해 노력하는 모습 등 소박하고 친근한 삶의 모습에 주목하는 일이야말로 퀴어 생애를 입체적으로 이해하는 시작이 될 것이다.

다만 퀴어 집단 '또한' 여느 누구 못지않게 행복할 수 있다고 주장하는 일은 또 다른 함정에 빠질 우려가 있다. 오히려 왜 특정한 위치에 놓인 이들의 생애 경험이 행복한 삶의 기준이 되어야 하는지 질문할 필요가 있다. 더불어 젊고 건강한 신체, 삶에 대한 굳은 의지와 높은 수준의 자긍심, 낭만적이고 안정적인 파트너십, 원가족原家族과 주변 친구들로부터의 폭넓은 지지, 튼튼한 물적 토대 등 까다롭고 제한적인 조건을 갖춘 소수의 퀴어 당사자에게만 행복할 권리와 자격을 부여하고, 가난하고 늙고 아프고 외로운 대다수의 사람들을 배제하는 행복의 정치학에 속지 말아야 한다.

'퀴어 불행 예정설'에 저항하는 일은 퀴어 불행을 거부하고 부인하는 것이 아니라 불행한 삶을 살고 있는 퀴어 당사자가 존재하며 이따금 불행을 기꺼이 선택하는 이들도 있음을 인정하는 것에서부터 시작할 수 있다. 퀴어 연구자 헤더 러브Heather Love는 동성 간 관계를 비극적으로 재현하는 지배 서사에 맞서 건강하고 행복한 삶을 강조하는 방식을 '감정적 순응주의emotional conformism'라고 비판한 바 있다.[20] 차별과 폭력이 심각한 사회에서 퀴어한 존재로 살아가면서 불행을 겪는 일이 예외적이지 않다면, 불행한 삶을 산다는 것이 무슨 의미인지 알려주는 '나쁜 역할 모델'이 필요하다는 주장이다.[21] 헤더의 표현을 빌리자면, 반퀴어 운동이 금지한 것은 행복할 권리가 아니라 '불행해질 수 있는 권리'이기 때문이다.[22]

미래를 부정하는 퀴어

이어서 '사회 종말 예정설'을 살펴보자. '사회 종말 예정설'을 퍼뜨리는 반퀴어 집단은 과장된 수사를 사용하여 퀴어 집단, 특히 남성 동성애자를 미래를 파괴하는 존재로 묘사한다. "동성애는 창조의 근본 질서를 무너뜨리고 인류의 멸망을 앞당기며 하나님의 심판을 초래하는 엄청난 죄악"(송춘길 로마가톨릭&교황정체알리기운동연대 대표),[23] "동성결혼은 생물학적인 질서를 파괴하며 인간사회의 전통적인 가치와 질서를 뒤흔드는 행위"(한국기독교총연합회)[24] 등의 표현은 퀴어 집단이 사회를 위협한다는 공포를 확산시키면서 도덕적 공황을 일으킨다.

반퀴어 집회에 자주 등장하는 '피땀 흘려 세운 나라 동성애로 무너진다'는 간명한 구호 역시 비슷한 맥락에서 이해할 수 있다.[25] 이 구호에는 경제적으로 번영한 나라를 직접 건설했다는 자부심이 담겨 있는데, 여기에 노동자의 투쟁이나 민주화의 역사는 포함되지 않는다. 국가와 개인을 동일시하는 서사 속에서 국가에 위협적인 존재는 개인의 안녕에도 해를 끼치는 존재로 간주된다. 따라서 위기에 처한 나라를 지키기 위해 반퀴어 운동에 나서는 일은 개인의 행복을 지키고 사회를 구원하며 국가의 미래를 밝히는 가치 있는 선택이 된다. 튼튼하고 풍요로운 국가를 기대하는 것, 특별히 선택된 민족임을 드러내는 것은 반퀴어 집회의 주요 상징물인 태극기, 성조기, 이스라엘 국기로 표현된다.

보수 개신교회는 퀴어 논쟁 이전에도 도덕적 공황을 정치적 방법론으로 삼았다. 대표적인 사례로 대중문화에 대한 강력한 비난을 꼽을 수 있다. 대중문화를 사탄의 계략으로 규정하면서 청소년들을 영적 타락에서 구해내야 한다고 주장한 1990년대의 책 『사탄은 마침내 대중문화를 선택했습니다』는 당시 개신교회에 센세이션을 불러일으켰다.[26] 이 책의 영향으로 뉴에이지, 록, 헤비메탈 장르의 음반을 버리거나 소각하는 일도 종종 발생했다. 가깝게는 2011년 서울에서 미국의 아티스트 레이디 가가의 콘서트가 개최되었을 때,

공연장 앞에서 방언으로 대적 기도를 하는 개신교인들도 있었다. 가별의 이야기는 보수 개신교회가 선악 이분법에 근거해서 반복적으로 문화전쟁을 일으켜왔음을 알려준다.

> 예전에 『록 음악의 사탄적 현상』이라는 책이 있었어요.[27] 그 책은 전적으로 미국적인 스토리거든요. 아이들이 록이나 헤비메탈 음악을 듣는 것에 대해서 부모들이 느끼는 두려움과 공포를 건드리는 거예요. 여기서 록 음악을 동성애로 바꿔놓으면 똑같은 메커니즘에서 (반퀴어) 내러티브가 형성되는 거죠. ─〈가별〉

가별은 록 음악에 대한 경계심과 동성애에 대한 적대감 사이에서 비슷한 점을 발견할 수 있다고 지적했다. 개신교회의 이분법적 세계관은 새로운 문화가 가져오는 창조적 불안을 '사탄의 역사'로 해석하면서 개신교인으로 하여금 보수적인 신앙으로 무장할 것을 요청한다. 개신교회는 불안과 두려움을 적극적으로 생산하는 한편, 이를 해소하는 방법을 함께 제공하는 이중 전략을 구사한다. 가별은 록 음악에 대한 불안보다 성적 타락에 대한 두려움이 큰 영향력을 발휘할 것이라고 이야기했다. 음악 장르에 대한 선호보다 이성애규범을 뒷받침하는 물적 토대와 문화적 의미체계가 더욱 강력하게 작동하기 때문이다.

한국의 보수 개신교회는 스스로를 성윤리의 수호자로 내세우면서 젠더와 섹슈얼리티 이슈를 관장하는 기관으로 자임해왔다. 그러나 젠더와 섹슈얼리티의 풍성한 영역을 올바른 성과 그릇된 성으로 단순하게 구분하면서, 성을 경유해서 발생하는 차별과 폭력 문제를 해결하는 데 실패했고 오히려 성적 다양성을 파괴하는 데 앞장섰다. 보수 개신교회가 젠더와 섹슈얼리티에 주목하게 된 데는 사람들이 교회 공간에 정기적으로 모인다는 점도 반영되어 있다. 사람들이 어울리는 과정에서 성적인 교류 또한 활성화되기에 교회는 보수적인 신학의 테두리 내에서 성적인 역동을 관리하려고 한다. 이에 이성연애 특강, 결혼 예비학교, 부부 상담과 같은 프로그램을 통해 제도화된 이성애 관계는 지지하는 한편, 성적 실험, 임신중지, 퀴어 친밀성 등에 대해서는 거부 입장을 분명히 했다.

　앞서 살펴본 동성애조장 중단촉구 교단연합예배 및 국민대회에서도 이분법적 대비가 두드러지게 나타났다. 1부에서 3부까지 퀴어 적대를 공식화하는 프로그램이 진행된 것과는 달리 4부에서는 '거룩한 자녀, 효도하는 삶, 행복한 가정'을 추구하는 '생명-가정-효 페스티벌'이 진행되었다. 4부는 임신중지 반대 캠페인('생명 토크')과 이성애 핵가족의 화목함을 강조하는 순서('가정, 기묘자의 전략')로 채워졌다. '동성애를 이기는 길은 건강한 가족의 모습을 많이 보여주는 것'이라는 취지에서였다. 이 행사는 퀴어 집단이 야기하는 문제(1~3부)가 이원젠더체계와 이성애규범의 재확인(4부)을 통해 해결될 수 있다는 주장을 상징적으로 드러냈다.

하지만 행복한 결혼생활, 아이 양육, 어르신 공경은 동성 간 관계에서도 가능하다는 점에서 이성애의 독점적 지위를 완벽하게 승인하는 것은 아니다. 퀴어 연구자 루인이 지적한 것처럼, 규범은 규범적 존재의 특징을 반영하는 것이 아니라 일종의 지향점으로서 규범에 도달하기 위해 끊임없이 노력하는 과정을 요청한다.[28] 규범적 존재는 비규범적 존재와 마찬가지로 지배규범을 학습하고 모방한다. 이 과정에서 지배규범을 비틀고 다르게 반복할 수 있는 순간이 찾아오기도 한다. 그러나 지배규범을 체화하는 규범적 존재의 노동이 은폐되면서 규범적 존재는 마치 태어날 때부터 규범을 몸에 익힌 것처럼 오인된다. 규범적 존재 역시 지배규범을 나름의 방식으로 수행함에도 규범적 존재의 수행은 유일하게 적법한 원본으로 간주되어 권위를 획득하는 것이다.

비규범적인 존재가 지배규범을 자신의 방식대로 수행했을 때 규범적 존재가 불안과 위협감을 느끼는 이유가 바로 여기에 있다. 비규범적 존재의 수행 자체가 기괴하고 이상하기 때문이 아니라 규범적 존재의 수행이 지닌 원본으로서의 권위에 도전하기 때문이다. 모두가 규범을 번역해내고 있다면 특정한 존재의 수행만이 올바른 것이라고 하기는 어렵다. 예컨대 2013년 김승환-김조광수 공개 동성결혼식에 대한 반퀴어 집단의 거센 비난은 동성결혼이 이성 간의 결합만을 인정하는 지배규범의 임의성을 폭로했기 때문이라고 해석할 수 있다. 감정적·성적·경제적 관계를 만들어가는 노동이 여성과 남성 사이에서만 가치를 발생시킨다고 판단하는 근거가 무엇인지 물었을 때, 반퀴어 집단은 "남자 며느리 NO! 여자 사위 NO!" 정도의 답변밖에 할 수 없는 것이다.

이에 반퀴어 집단은 퀴어 집단을 몰상식함, 반사회성, 부도덕, 비위생과 같은 기호와 연결시키면서 퀴어 집단이 규범을 체현할 자격을 갖추고 있지 않다고 주장한다. 이들은 퀴어 집단이 차별받아 마땅하다고 이야기하기보다 보호할 만한 소수자 집단이 아니라고 말함으로써 퀴어 집단을 비인간·비시민의 영역으로 추방시킨다. 퀴어 집단이 사회적 소수자라는 주장은 "자신을 약자로 둔갑시켜 부도덕한 성행위를 보장받으려는 '소수자 전략'에 불과"하다는 것이다.[29] 반퀴어 집단은 존엄한 삶을 열망하는 퀴어 집단이 보편적 인간이자 적법한 시민으로서의 자격을 갖췄는지 심사하는 고압적인 태도를 취하고 있다. 이들은 군인의 성적 자기결정권, 동성 간 성매매, 퀴어문화축제 신체노출, HIV/AIDS 등을 문제 삼으면서 퀴어 집단에게 성적 낙인을 찍는다. 규범성과 관련하여 반퀴어 집단이 만들어내는 이분법적 구도는 표 2와 같이 정리할 수 있다.

반퀴어 집단이 퀴어 집단을 비규범적인 종species으로 분류한다는 점을 고려할 때, 퀴어 집단을 긍정적으로 묘사하는 것만으로는 효과적인 저항이 이루어지기 어렵다. 반퀴어 집단이 규범을 둘러싼 전쟁을 일으키는 것은 규범적 가치를 체현한 퀴어 당사자가 실제로 존재하지 않기 때문이 아니다. 규범에 도달하는 데 실패한 특정 퀴

표 2. 반퀴어 담론의 이분법적 구도

규범	비규범
반퀴어 집단	퀴어 집단
가정	고립, 외로움
거룩함	죄악
국가	반체제, '종북'
사회	게토, '찜질방'
생명	죽음
아이	재생산 불가능성
행복	불행
효	계보 없음

어 당사자를 공격하는 것을 통해서 규범의 정당성을 주장하기 위해서다. 이원젠더체계와 이성애규범이 반드시 따라야 하는 것이라면, 규범으로부터 가까이 있는지 멀리 있는지 여부와는 상관없이 퀴어 집단은 본질적으로 부족한 존재로 규정된다.

퀴어 활동가 하윤은 퀴어 집단이 비규범성으로 인해 공격받는 시기일수록 퀴어 커뮤니티에 오가는 여러 이야기에 귀를 기울일 필요가 있다고 주장했다. 반퀴어 집단이 퀴어 생애에 대해 추문을 만들고 부정적인 여론을 형성한다면, 퀴어 운동은 구체적인 삶의 이야기를 토대로 대항 논의를 이끌어나가야 하기 때문이다. 하윤은 퀴어 논쟁에서 주도권을 확보하기 위해서는 퀴어 비규범성을 우회하기보다 정면으로 마주해야 한다고 힘주어 말했다. "상대가 구사하던 공격의 레퍼토리를 우리의 이야기로 가져오는 일"이 퀴어 운동의 중요한 과제라는 것이다.

　그러나 퀴어 비규범성을 정치적 자원으로 만드는 일은 결코 쉽지 않다. 지배규범이 지닌 매력과 통치력은 상당하다. 또한 사회적 소수자는 스스로를 존중하고 커뮤니티를 긍정하는 언어를 갖기 어려우며 열악한 물적 토대 위에서 살아가기 때문에, 지배규범을 따르지 않았을 때 가해지는 처벌과 제재에 취약하다. 이에 지배규범을 거스르는 전략보다 지배규범에 의존하는 방식이 사회 변화를 이루는 데 '현실적으로' 도움이 된다고 판단할 수도 있다. 현재 퀴어 커뮤니티 구성원들은 퀴어 특유의 문화와 삶의 양식을 만들어나가는 것(42.2%)보다 기존의 문화와 제도에 포함되는 것(57.8%)을 통한 평등의 실현을 선호한다.[30] 퀴어 활동가 재환은 퀴어 운동이 마주한 도전적인 상황을 지적했다.

　(반퀴어 집단이) 가장 약한 고리를 건드리고 있다는 생각을 많이 해요. (…) 기독교는 이미 사회에 존재하는 견고한 프레임을 적절하게 포장하고 재구성하고 있잖아요. 정체성에 대한 고민조차 인정하지 않는 사회 분위기나 AIDS를 바라보는 두려운 시선 같은 것에 기대면서요. 그런데 우리는 프레임 자체를 흔드는 일부터 상대에 대한 대응까지 해야 되는 거잖아요. 그런 면에서는 불리한 조건이죠. 불리한 조건이지만 계속 부딪히는 게 나쁘다고 생각하진 않아요. 끊임없이 이야기하는 과정이 어느 정도 지나면, 우리도 사

회적 설득력을 갖고 공공의 장에서 우리의 입장을 펼칠 수 있는 기회가 더 많이 생기지 않을까. 그렇게 생각하고 있어요.   ―〈재환〉

재환은 새로운 프레임을 만들어가는 일의 중요성과 어려움에 대해 이야기했다. 재환이 말한 것처럼, 반퀴어 집단은 "약한 고리"를 문제 삼는 것을 통해서 상대적으로 쉽게 헤게모니를 장악한다. 비규범성에 대한 비판은 사회 구성원의 동의를 이끌어내는 호소력을 갖고 있기 때문이다. 반면에 퀴어 정치학을 추구하는 이들은 차별과 폭력에 맞서는 직접적인 대응방법을 마련하는 일과 젠더와 섹슈얼리티에 대한 규범적 전제에 질문을 던지고 이를 새롭게 구성하는 일을 동시에 요청받는다. 자유와 평등, 인간 존엄성과 같은 근대적이상에 기대어 퀴어 집단 '또한' 보편적 인권과 시민으로서의 권리를 지닌다고 주장하는 일과 이원젠더체계나 이성애규범과 같이 젠더와 섹슈얼리티를 구획하는 근대 사회의 규범적 질서에 도전하는 일을 같이 해내야 하는 것이다. 각각의 과제도 만만치 않지만 서로 다른 과제를 함께 풀어나가는 과정은 더욱 고되다.

퀴어 연구자 리 에델만Lee Edelman은 규범과 비규범의 이분법을 뛰어넘고 지배적 프레임에서 이탈하기 위해서 전략적으로 규범과 비규범의 대립을 급진화하는 기획을 제안한다.[31] 퀴어 집단이 미래를 파괴한다는 주장에 반박하기보다 이를 전면에 내세움으로써 현체제에 복무하지 않는 방법을 모색하는 것이다. 반퀴어 집단은 이성애 가족질서를 세계의 근본으로 설정하고 퀴어 집단의 위협으로부터 미래를 수호하는 역할을 자처하고는 한다. 여기서 중요한 것이 바로 '아이the Child'다. 에델만에 따르면, 아이는 사회가 앞으로도 지속될 것이라는 믿음, 더 나은 미래가 펼쳐질 것이라는 바람이 표상된 기호다.[32] 지배규범과 사회질서의 영속성을 뜻하는 아이의 반대편에 퀴어the queer가 놓여 있다. 퀴어는 아이가 약속하는 미래를 멈추는 이들, 재생산을 통해서 미래가 이어질 것이라는 믿음reproductive futurism을 따르지 않는 이들이다.[33]

퀴어 집단을 반사회적 존재로 재현하는 반퀴어 정치학과 미래 없음을 노래하는 에델만의 논의는 언뜻 비슷해 보인다. 하지만 전자가 퀴어 변화로 인한 공포와 불안을 조장함으로써 결과적으로 현 체제를 긍정한다면, 후자는 아이가 가리키는 미래를 부정함으로써 새로운 세계를 만드는 가능성을 조명한다. 퀴어한 존재들은 모든 것이 완벽하게 질서를 갖춘 미래, 통제 불가능한 것도 예측 불가능한 것도 없는 미래, '그래, 이게 사람 사는 거지'를 되뇌게 만드는 미래를 거부한다. '특권을 지닌 소수의 사람들만을 보호하기 위해 구축된 시공간'[34]에서 벗어나서, 무례하고 갑작스러우며 거칠고 대담한 변화를 일으키는 퀴어 잠재력에 기대를 거는 것이다.

반퀴어 집단이 예견하는 세계의 종말은 퀴어한 존재들에게 짐작하지 못했던 기회가 될 수 있다. 행복한 가정이 참을 수 없이 지루한 이들, 계보가 없다는 사실이 자랑스러운 이들, 욕망을 내일로 유예하지 않는 이들, 내키는 대로 붙어먹는 이들, 태어난 대로 살지 않는 이들, 못생기고 뚱뚱하고 '팔리지 않는' 이들, 수치심과 죄책감에 절어 사는 이들, 생존 회로를 떠도는 이들에게 퀴어 아포칼립스는 퀴어 유토피아로 향하는 창조적인 모험의 또 다른 표현일지도 모른다. 불행이 예정된 존재, 종말이 예정된 사회, 승리가 예정된 규범이라는 반복된 예언에 더 이상 속을 이유는 없다. 퀴어 차별과 폭력을 넘어서기 위해서는 퀴어함으로 인해 파괴되는 현 체제와 결별하고 퀴어함이 창조하는 새로운 세계에 주목해야 한다.

4장

나중은 없다

2017년 2월 16일, 문재인 당시 더불어민주당 전 대표는 성평등을 주제로 한 토론회에서 "페미니스트 대통령이 되겠다"고 선언했다. "성별의 차이로 차별을 받아서는 안 된다는 확실한 신념"을 지녔다고 밝힌 문재인 전 대표는 성평등이 "인권의 핵심가치"라고 강조했다. 하지만 토론회 며칠 전, 문재인 전 대표는 한국기독교총연합회를 방문해서 차별금지법 제정에 반대하는 입장을 표명했다. 시간을 조금 더 거슬러 올라가보면 그의 입장이 후퇴했다는 것을 알 수 있다. 차별금지법을 둘러싼 논쟁이 한창이던 2007년, 그는 참여정부의 대통령 비서실장으로 활동하면서 차별금지법 제정을 추진하는 데 힘을 모았다. 2012년에 치러진 제18대 대통령 선거에서 차별금지법 제정을 공약으로 제시한 적도 있었다.

이에 퀴어 활동가를 비롯한 인권 활동가들은 토론회에서 문재인 전 대표를 향해 목소리를 높였다. 한 활동가는 "차별금지법에 반대하십니까? 저는 여성이고 동성애자인데 제 인권을 반으로 자를 수 있습니까? 제 평등권을 반반으로 자를 수 있느냐는 말입니다"라고 힘 있게 외쳤다. 그러나 문재인 전 대표는 "나중에 발언 기회를 드리겠다"며 대답을 회피했고 청중들은 "나중에! 나중에!"를 연호하면서 활동가의 절규를 묻어버렸다. 페미니스트 선언이 이루어지는 자리에서 사회적 소수자가 항의할 수밖에 없는 불평등한 현실은 지워진 채 '절차를 무시하고 행사를 방해하는 몰상식한 활동가들'이라는 낙인만이 남았다.

문재인 전 대표를 두둔하는 이들 중에는 사회적 공감대가 마련되지 않은 상황에서 제도를 마련하는 일은 '박근혜 정부 방식'이라고 비판하는 사람도 있었다. 심지어는 퀴어 활동가들이 그토록 절실하다면 '육우당처럼' 행동하는 사람은 왜 없는지 묻기도 했다. 육우당은 "나 같은 이들이 다시 생기지 않도록 동성애자의 차별을 없애는 데 힘써달라"는 유서를 남기고 퀴어 단체 사무실에서 스스로 목숨을 끊은 청소년 퀴어 활동가다. 2003년 육우당의 죽음 이후에도 안타까운 선택을 하는 퀴어 당사자들은 있었고, 퀴어 활동가들은 고통이 사라지기를 바라는 마음으로 투쟁해왔다. 그럼에도 퀴어 이슈는 계속해서 나중으로 밀려났다.

'나중에' 사건은 공적 영역에서 퀴어 이슈가 어떤 식으로 다루어지고 묵살되는지를 분명하게 보여준다. 현재까지 퀴어 논쟁과 관련된 정치인은 주로 민주당 계열로 분류되는 인사들이다. 2007년 차별금지법(참여정부), 2011년 서울시 학생인권조례(곽노현 교육감, 민주당 과반 시의회), 2013년 차별금지법(민주통합당), 2014년 서울시민 인권헌장(박원순 시장), 2015년 대전시 성평등 기본조례(권선택 시장, 더불어민주당 과반 시의회) 등 민주-진보 정치인은 그동안 퀴어 논쟁에 꾸준히 등장했다.

비슷한 패턴은 기초지방자치단체 차원에서도 발견할 수 있다. 2012년 '지금 이곳을 지나는 사람 열 명 중 한 명은 성소수자입니다'라는 문구가 쓰인 현수막 게재를 불허한 서울시 마포구청(박홍섭 구청장), 2014년 서울퀴어문화축제 장소 승인을 취소한 서울시 서대문구청(문석진 구청장), 2014년 청소년무지개와함께지원센터 사업 예산을 불용 처리한 서울시 성북구청(김영배 구청장), 2017년 퀴어여성 생활체육대회 체육관 대관 허가를 취소한 서울시 동대문구청(유덕열 구청장) 등의 사례는 공교롭게도 퀴어 집단과 민주당 소속 정치인 사이의 다툼이었다.

민주당 계열 정치인과의 갈등은 양가적인 의미를 갖는다. 보다 보수적인 입장을 취하는 정치인과 퀴어 이슈를 논의하기 어렵다는 점에서 반복되는 다툼은 정치적 협상의 과정으로 해석될 수 있다. 1987년 제도적 민주화를 통해 개인의 자유와 보편적 인권이 중요한 가치로 부상하고, 민주화 운동 이외의 여러 활동이 가능해진 정치적 변화는 퀴어 운동에도 큰 영향을 미쳤다. 민주당 계열 정치인에게 기대를 거는 이들은 계속되는 마찰을 퀴어 이슈가 주류화되는 과정에서 발생하는 자연스러운 현상이라고 주장한다.

반면에 어떤 사람들은 이를 민주 진영의 한계로 해석하기도 한다. 단적으로 2007년 차별금지법 투쟁 이래로 현재까지 민주당 계열 정치인이 퀴어 평등에 기여하는 정책을 적극적으로 추진한 사례는 찾기 어렵다. 물론 당론과는 상관없이 개별적 차원에서 퀴어 이슈에 관심을 갖거나 퀴어 집단과 연대한 소수의 정치인은 있었다. 다만 퀴어 이슈를 정책에 반영하는 데 필요한 정치적 여건이 마련되지 않았기 때문인지, 실질적인 변화를 만들어내는 데는 이르지 못했다. 역사학자 한봉석의 지적처럼, 반퀴어 집단이 퀴어 집단에 대한 적대와 혐오를 조장함으로써 인권과 민주주의 가치를 공격하는 상황에서 민주 진영은 뒷짐만 진 채 사회 전체를 보수화시키는 반퀴어 운동을 방관하고 있다.[1]

퀴어 활동가 하윤은 민주당 계열 정치인에게 퀴어 이슈가 선진적인 면모를 드러낼 수 있는 의제인 동시에 보수적인 유권자의 지지를 잃어버릴 수 있는 사안이기에 명확한 입장을 밝히기 어려울 것이라고 말했다. 하윤은 구체적인 사례로 2015년 서울퀴어퍼레이드 다음날에 당시 문재인 새정치민주연합 대표가 마크 리퍼트 주한 미국대사와 나눈 대화를 언급했다. 문재인 대표는 퀴어문화축제에 호의적이지 않은 사람이 많다는 점에서 정치인들이 부담을 느낀다고 이야기하면서 축제에 참가했던 리퍼트 대사에게 소감을 물은 적이 있다.[2]

2015년 서울퀴어문화축제에는 13개국 대사관에서 부스 행사를 진행했고, 노동당, 녹색당, 정의당 등 성소수자 관련 위원회가 꾸려진 정당도 참가했다. 하지만 정치적 지향을 막론하고 퀴어문화축제에 참가하거나 지지 의사를 표명한 민주 진영의 정치인은 거의 없었다. 퀴어 집단이 영향력 있는 유권자 집단으로 자리매김하지 못한 상황에서 보수적인 유권자들의 반감을 감수하고 나름의 의견을 내는 일은 쉽지 않다. 그렇지만 정치인과 같은 공적 존재의 침묵이 퀴어 적대가 조직화되는 움직임을 가속화한다는 사실을 기억할 필요가 있다. '차별과 폭력을 없애는 일은 나중에 해도 괜찮다'는 메시지는 말 그대로 사회적 소수자의 삶을 파괴한다.

사회적 합의라는 정언명령

2014년 서울시민 인권헌장을 둘러싼 다툼에서 사람들의 이목을 집중시켰던 박원순 시장의 발언 역시 같은 맥락에서 이해할 수 있다. 박원순 시장은 미국 샌프란시스코의 한 언론과 진행한 인터뷰에서 "동성결혼이 법제화되는 첫 번째 아시아 국가가 한국이었으면 한다"고 이야기한 적이 있다. 그의 발언은 동성애를 '조장'한다는 이유로 한국의 반퀴어 집단으로부터 강력한 비난을 받았다. 박원순 시장은 기사 내용이 와전되었다고 주장했고 서울시에서 설명 자료를 내기도 했다. 이 사건에서 주목해야 하는 지점은 박원순 시장이 동성결혼 법제화에 대해 갖고 있는 입장이 아니라 정치인으로서 퀴어 이슈를 대하는 태도다.

개인적으로 동성애자의 권리를 지지한다. 하지만 한국에서 개신교회의 힘은 무척 강하기에 정치인에게 쉬운 문제가 아니다. 인권이라는 보편적인 개념을 동성애자가 포함될 만큼 확장하는 일은 활동가들에게 달려 있다. 활동가들이 사람들을 설득하면 정치인들이 뒤따라갈 것이다. 지금 그런 과정에 있다.[3]

박원순 시장은 활동가와 정치인의 역할을 구분한다. 활동가는 변화를 이끌어내는 사람이고, 정치인은 변화된 의견을 제도와 정책에 담아내는 사람이라는 것이다. 물론 국가와 시장으로부터 상대적으로 독립적인 활동가와 다양한 이해관계로부터 자유롭지 않은 정치인, 특히 선출직 정치인의 위치는 다르다. 하지만 민주주의 사회에서 정치인은 비전과 목표를 제시하여 사람들을 설득하고 도전적인 과제를 해결할 책임을 갖는다. 활동가와 정치인이 일하는 방식은 다르지만, 공적인 책임은 정치인에게 훨씬 더 무겁게 주어지는 법이다.

특히 박원순 시장은 활동가 출신으로 시민사회 영역의 전폭적인 지지를 얻어 당선된 인물이다. 그는 '시민이 시장이다'라는 표어를 내걸고 시민참여형 사업을 실행함으로써 상향식 의사결정 구조를 만드는 일에 앞장섰다. 시민사회 활동가, 전문가 집단, 지역 주민

등이 정책 계획 단계부터 참여하는 거버넌스 구축은 시정 운영의 핵심 원칙이었다. 그러나 퀴어 이슈는 이 거버넌스에서 배제되었다. 결국 퀴어 변화를 실현하는 책임은 활동가에게 고스란히 남겨지고, 정치인은 활동가가 얼마만큼 변화를 이루어냈는지 판단하는 심사위원 역할을 자처하게 된다. 퀴어 활동가 가을은 보수 개신교회뿐 아니라 정치인과 국가기관이 퀴어 적대를 심화시키고 있다고 비판했다.

한국 성소수자 인권 증진에 가장 큰 걸림돌은 기독교 세력과 이들의 눈치를 보는 정치인과 국가기관인 것 같아요. 당사자가 아닌 한에는 다른 사람의 이슈에 대해서 관심을 갖기 힘들고 변화의 필요성을 느끼기 어렵기 때문에 (법과 정책과 같은) 사회 규범이 중요하거든요. 관망하던 사람들도 사회 규범에 따라서 '성소수자를 차별하면 안 되는 거구나' '학교에서 다양성을 존중하는 교육을 해야하는 거구나'라고 생각하게 되는 건데, 기독교계에서 강하게 반대한다는 이유로 사회 규범을 만들어야 하는 기관이 침묵하고 사실상 기독교 세력의 손을 들어주고 있는 거죠. 기독교계의 강한 반대, 그리고 차별을 없애는 역할을 맡은 사람들의 비겁함, 이 두 가지인 것 같아요.　　　　　　　　　　　　　　　　　　　　　-〈가을〉

민주주의 사회에서 국가기관은 차별과 폭력에 노출되기 쉬운 소수자 집단을 보호하고 이들의 목소리를 의사결정 과정에 반영하기 위해 노력해야 할 책임이 있지만, 현재 정치인과 행정가는 퀴어이슈를 외면하고 반퀴어 운동을 방관하고 있다. 국가기관의 무책임한 자세는 퀴어 집단이 처한 삶의 조건을 더욱 열악하게 만든다는점에서 반퀴어 운동을 사실상 뒷받침한다. 때로는 퀴어 집단의 권리를 보장하지 않거나 박탈하는 것을 통해 퀴어 차별과 폭력을 제도화하면서 반퀴어 운동의 적극적인 공모자가 되기도 한다.

퀴어 활동가 의찬 역시 퀴어 이슈를 다루는 기존의 정치 문법이 획기적으로 바뀌어야 한다고 강조했다. 지금까지 여러 정치인들은 정치와 종교가 분리되어야 한다는 민주주의 사회의 기본 원칙을 무시한 채, 교세에 의존해서 정치적 입지를 다지는 일에 매진해왔다. 모든 것이 표로 계산되는 상황에서는 의찬의 말처럼 "아무리종교라도 정치적인 문제에 이런 식으로 개입할 수 없다"는 최소한의원칙조차 지켜지기 어렵다. 페미니스트 대통령의 '나중에' 발언이나박원순 시장의 인터뷰는 보수 개신교회가 지닌 권력과 자원을 승인함으로써 퀴어 적대와 혐오에 힘을 실어준다.

그동안 보수 개신교회와 정치권은 협력 관계를 맺어왔다. 정치인, 특히 지역 기반의 선출직 공무원은 자신의 종교적 소속과는 상관없이 보수 개신교회와 가까운 거리를 유지하면서 잠재적 지지자를 확보하는 전략을 구사해왔다. 선거철이 되면 정치인은 교회 앞에서 유세를 벌이고, 평상시에는 민관협력이라는 이름으로 목회자와 만날 수 있는 자리가 마련된다. 지역사회에서 영향력을 확장하려는 보수 개신교회 역시 교육기관, 사회복지시설, 조직 내 신우회 모임을 통로로 정치인과 원만하게 지내고자 한다. 이처럼 보수 개신교회와 정치권의 이해관계가 얽혀 있기 때문에 퀴어 이슈를 다루는 일은 정치인에게 부담으로 다가온다.

그러나 민주당 계열 정치인이 퀴어 이슈를 무작정 외면하는 것역시 쉽지 않다. 시민사회 영역에서 연대와 저항이 커져가고, 보다보수적인 정치인과의 차이를 드러내는 일 또한 중요하기에 민주당 계열 정치인은 퀴어 이슈를 교묘하게 회피하려고 한다. 이들은 개별적인 입장을 밝히지 않고 퀴어 이슈에 대한 사회적 합의의 부족을 이유로 퀴어 변화를 거부하고는 한다. 서울시민 인권헌장을 둘러싼 논쟁이 한창일 때, 임종석 당시 서울시 부시장은 한 라디오 매체와의 인터뷰에서 정치적 책임을 모면하는 구실로 사회적 합의를 언급한다.

임종석 : 박원순 시장님이나 서울시 입장은 (인권헌장 제정이) 인권이라는 보편적 가치를 확대해나가기 위한 것인데, 이 문제로 인해서 사회적 갈등이 커진다면 지혜롭지 않기 때문에 합의를 요구했던 것입니다. (…)

앵커 : (…) 임종석 개인으로서는 어떻게 생각하십니까?

임종석 : 저는 우리 사회에서 아직 그런 문제를 공론화하는 것이

이르다고 보고 있고요. <u>다만 인권에 대해서는 어느 누구도 차별받지 않아야 한다는 것에 대해서 사회적 합의가 필요하다고 보고 있습니다.</u>

임종석 부시장이 인터뷰를 하던 시점은 성별 정체성 및 성적 지향에 근거한 차별을 금지하는 조항(제4조)과 폭력으로부터 안전하게 보호받을 성소수자의 권리가 명시된 조항(제15조)이 시민위원회의 표결을 거쳐 서울시민 인권헌장에 포함된 직후였다. 그런데 서울시는 시민위원들과의 상의 없이 기자회견을 열고 "표결처리는 최종적으로 합의에 실패한 것으로 판단한다"면서 인권헌장은 "자연스럽게 폐기될 것"이라고 밝혔다.[4] 이전부터 서울시는 반퀴어 집단의 반발이 거세짐에 따라 전원합의를 요구해왔다. 숙의민주주의 원리에 따라 4개월 동안 시민들이 직접 만든 인권헌장을 서울시가 독단적으로 폐기처분한 사태에 대해 사회적 분노가 들끓었다.

인터뷰에서 임종석 부시장은 인권이라는 보편적 가치를 확대하는 일을 '사회적 합의'에 맡겨야 한다는 모순적인 주장을 하고 있다. 인권을 보편적 가치로 인정한다면, 인권을 사회적 합의에 맡길 것이 아니라 인권을 최대한 실현할 수 있는 방안을 모색하는 것이 당연하기 때문이다. 더욱이 임종석 부시장의 주장처럼 보편적 가치를 확대해나가는 과정에서 사회적 갈등이 커진다면, 이는 "지혜롭지 않은 일"이 아니라 민주주의가 무엇인지를 더욱 가깝게 경험하고 누릴 수 있는 학습의 과정이라고 할 수 있다. 인권헌장을 둘러싼 다툼에서 부족했던 것은 사회적 합의가 아니라 서울시의 의지와 역량이었다.

임종석 부시장이 과거 유명한 민주화 운동가였다는 점을 고려하면 그의 인터뷰는 더욱 아이러니하다. 그가 전국대학생대표자협의회 의장활동을 하면서 '임길동'(경찰의 추적을 피해 다니면서 붙은 별명)으로 불렸을 당시, 전두환 군부독재정권은 대통령 직선제 개헌 요구를 무시하면서 4·13 호헌조치를 발표한 바 있다. "국론을 분열시키고 국력을 낭비하는 소모적인 개헌 논의를 지양하자"는 내용의 대국민 담화는 현상 유지에 충실하겠다는 선언에 지나지 않았다. 박종철 고문치사 사건을 비롯한 정권의 폭력적인 만행을 규탄하며 수많은 이들이 전국 곳곳에서 민주화를 부르짖고 숱한 희생을 치른 이후에야 비로소 제도적 민주화가 달성될 수 있었다.

물론 4·13 호헌조치와 서울시민 인권헌장 폐기 결정을 동일한 층위에서 이야기하기는 어렵다. 무수한 시민을 학살한 군부독재정권과 선거를 통해 절차적 정당성을 갖춘 서울시는 정치적 위상이 다르기 때문이다. 그러나 사회 변화에 반발하면서 정치적 기득권을 지키기 위해 인권의 가치를 내버렸다는 점에서는 공통점을 찾을 수 있다. 군부독재 시기의 민주화 요구가 그러했듯이 퀴어 변화 역시 언젠가 찾아올 미래로 한없이 연기되고 만다. 변화를 요구하는 간절한 외침이 모이더라도 언제든 사회적 합의라는 이름의 거부권을 행사할 수 있는 것이다.

임종석 부시장의 발언은 퀴어 집단과 반퀴어 집단을 동등한 대화 상대로 호명한다는 점에서도 문제가 있다. 임종석 부시장을 비롯한 서울시 관계자는 민주주의 사회의 정치인으로서 경합하는 입장을 조율하고 차별과 폭력을 종식시키는 일에 힘써야 함에도, 구체적인 조정에도 실패하고 사회적 소수자가 겪는 고통의 무게도 줄이지 못했다. 다툼이 일어난 원인은 무엇인지, 어떠한 기준을 가지고 논쟁에 개입할 것인지, 평등의 가치를 최대한 실현할 수 있는 방법은 무엇인지 등을 고민하는 과정은 없었다. 명확한 원칙을 제시하지도 못하고 논쟁에 연루된 집단 사이의 권력과 자원의 차이를 고려하지도 않은 채 무책임한 태도로 일관한 것이다.

퀴어 활동가 민규는 서울시가 "혐오 세력의 주장을 시민사회의 의견 중 하나로 보면서 혐오 세력과 성소수자 운동을 동급으로 취급했다"며 강한 불쾌감을 드러냈다. 퀴어 이슈가 공적 사안으로 여겨지지 않고 이해관계 당사자 간의 갈등으로 치부될 때, 정치인은 퀴어 이슈에 대한 책임에서 자유로워진다. 반퀴어 집단과 퀴어 집단 사이에 존재하는 불평등한 권력관계를 무시하고 사회적 합의만을 강조하는 일은 현재 퀴어 이슈를 공적 논의의 장에서 추방하는 구실로 이용되고 있다. 퀴어 변화를 사회 정의가 아니라 정치공학의 문제로 간주하는 일은 평등과 해방의 비전을 물화시킨다.

사실 서울시가 논쟁이 되는 모든 사안에 정치적 의지와 역량을 발휘하지 않은 것은 아니다. 일례로 서울시의 세월호 농성장 천막 지원과 관련해서 경찰 수사가 진행되자 임종석 부시장은 세월호 농성장 천막 지원을 "서울시가 마땅히 해야 할 의무"라고 이야기하며 "법률적인 책임을 져야 한다면 내가 지겠다"고 밝혔다.[5] 천막 지원과 관련해서 보수단체의 집요한 공격이 있었음에도 법적인 책임을 각오하겠다는 공식적인 입장을 표명한 것이다. 상실을 애도하는 이들 곁에, 존엄하고 안전하게 살 수 있는 사회를 만들기 위해서 투쟁하는 이들 곁에 있겠다는 서울시의 결정은 높게 평가할 만하다.

그러나 이와 대조적으로 인권헌장 선포를 촉구했던 무지개농성 당시 서울시는 계속된 면담 요청을 거부했고 농성 참가자가 식사하는 것마저 막았다. 전기를 끊는 일도 수시로 발생해서 전동 휠체어를 이용하는 농성 참가자가 곤란을 겪기도 했다. 위압적인 자세를 보인 서울시와는 달리, 세월호 유가족은 무지개농성 참가자에게 물품을 지원하고 연대의 메시지를 전했다. 고통의 문제 앞에서 함께 마음을 나누는 이들은 누구이고 정치공학의 계산기를 두드리는 이들은 누구인지 명백히 드러나는 순간이었다. 기계적 중립을 지키며 사회적 합의를 요구하는 이들이 퀴어 변화를 끝없이 지연시키는 동안 소수자들의 연대는 더욱 강해지고 있다.

시차의 정치학

사회적 합의에 대한 요구는 국제정치와 국내정치를 구별하는 과정에서도 등장한다. 성별 정체성과 성적 지향을 둘러싼 문제가 관용, 다양성, 세계화 담론과 연동되면서 더 나은 사회로 나아가기 위한 과제로서 퀴어 이슈가 언급되고는 한다. 제도적 차원에서 퀴어 평등을 달성하는 일이 국제사회에서 일종의 국가경쟁력이 되는 변화는 글로벌 열망을 갖고 있는 한국사회에도 영향을 미치고 있다. 정권의 정치적 입장과 상관없이 차별금지법 제정은 꾸준히 시도되고 있고, 심지어 보수적인 정당의 윤리강령에도 성적 지향에 근거한 차별을 금지하는 규정이 마련되어 있다.

퀴어 논의를 회피하려는 한국의 정치인에게 퀴어 이슈가 가진 글로벌 속성은 좋은 핑곗거리가 된다. 얼마간의 변화를 성취한 북미와 서유럽과는 다르게 한국에서 퀴어 평등은 시기상조라는 것이다. 한국의 지역적 특수성을 주장하는 일이 정치적 책임으로부터 벗어나는 꼼수로 활용되면서 퀴어 이슈는 동시대적인 화두가 아니라 미래의 과제로 남겨진다. 마치 박정희 유신독재정권이 이른바 한국적 민주주의를 내세우면서 '서구에서 수입된 민주주의를 한국에 그대로 적용하기는 어렵다'고 주장했듯이 한국사회의 특수성은 변화를 거부하는 알리바이로 쓰인다.

흥미로운 점은 퀴어 이슈에 개입하는 방식이 국제정치와 국내정치에서 다르게 나타난다는 것이다. 현재 국제사회에서는 성별 정체성과 성적 지향에 근거한 차별을 금지하는 원칙이 자리를 잡아가고 있다. 2011년 6월, UN 인권이사회는 성별 정체성과 성적 지향을 이유로 한 차별을 금지하는 결의안을 처음으로 채택했다. 유사한 내용을 담은 두 번째 결의안이 2014년 9월에 통과되었고, 성별 정체성과 성적 지향으로 인한 차별과 폭력 문제를 전문적으로 다루는 독립 조사관 임명 관련 결의안이 2016년 6월에 통과되었다. 그리고 한국정부는 세 가지 결의안에 모두 찬성표를 던졌다.

한국정부는 국제적으로는 UN 인권이사회 결의안에 찬성하지만, 국내적으로는 차별금지법을 제정하지 않는 모순적인 태도를 취했다. UN 한국 대표부에서 일하는 공무원과 만난 퀴어 활동가 청명의 이야기는 퀴어 이슈가 국제적인 것, 미래적인 것으로 의미화되면서 발생하는 곤경을 잘 보여준다. 청명이 공무원과 만난 시점은 세 번의 결의안에 모두 찬성한 한국정부에 국제 인권 활동가들의 이목이 집중되던 때였다. 하지만 청명이 결의안에 대한 이야기를 꺼내자 그는 "국제적인 맥락에서 성별 정체성과 성적 지향에 근거한 폭력을 반대하는 일과 국내의 정책을 지지하는 일은 다르다"고

선을 그었다. 결의안이 국내 이행과제로서 채택된 게 아니라는 것이다. 청명은 국제 영역에서 일어나는 변화가 한국의 현실을 바꾸는데 얼마나 기여할 수 있는지 고민하고 있었다.

활동가들도 국제 인권 규범을 활용하고 그게 어쨌든 정책에… (한숨) 근데 잘 모르겠어요. 그게 정부가 정책을 만드는 데 있어서 어느 정도의 영향력을 끼치는지 잘 모르겠어요. 국내에서 정부가 어떤 정책을 추진하려는데 마침 국제사회의 권고나 가이드라인이 있다면 가져다 쓰는 거죠. 여성정책도 그랬던 것 같고요. 노동정책 같은 경우에 국제노동기구 권고안은 다 무시하잖아요. 굉장히 선택적으로 수용하는 거예요. 국가경쟁력이나 경제 발전 논리와 맞아야만 수용하고요. 그래서 경제적인 논리로 번역이 안 되는 문제들은 여전히 공허하게 남아 있죠. 국제 인권 규범을 활용하는 단체 입장에서도 고민이 많아요.　　　　　　　　　　　－〈청명〉

한국정부는 오랜 기간에 걸쳐서 글로벌 질서에 편입하기 위해 노력해왔다. 여성에 대한 모든 형태의 차별철폐에 관한 협약(1984년), 경제·사회·문화적 권리에 관한 국제규약(1990년), 아동의 권리에 관한 협약(1991년), 장애인의 권리에 관한 협약(2008년) 등 다양한 국제 인권 협약에 가입했고, 2006년에는 한국인 UN 사무총장이 탄생하면서 국제 영역에서 나름의 입지를 확보하는 데 성공했다. 하지만 한국정부는 정치적 이해관계에 따라 협약을 취사선택하면서 국제기구의 권위를 빌리는 일에만 집중했다. 청명이 언급한 국제노동기구의 경우, 한국이 비준한 협약은 189개 중에서 29개에 지나지 않으며(OCED 국가 평균 61개), 핵심협약 8개 가운데 4개, 우선적 비준을 권고하는 거버넌스 협약 4개 중 1개를 비준하지 않았다.[6]

이뿐만이 아니다. 2015년 'UN 시민적·정치적 권리규약위원회'(이하 자유권위원회)는 한국정부에 강력한 권고를 내렸다.[7] 자유권위원회에서 발표한 최종 견해에는 포괄적 차별금지법 제정, 양심에 따른 병역거부의 법적 인정, 수감 중인 병역거부자 전원의 즉각 석방 및 사면, 평화로운 집회결사 자유 보장, 국가보안법 독소조항 폐지, 모든 노동자의 노조 결성 권리 보장 등 폭넓은 사항이 담겨 있었다. 그러나 한국정부는 자유권위원회의 권고에 대해서 여전히 별다른 조치를 취하지 않고 있다. 자유권위원회의 권고를 따르는 일은 미국 중심의 국제 관계에 참여하는 것과 직접적인 상관이 없기 때문이다.

지난 9년간의 보수 정권은 차별금지법 제정에 반대한 목회자를 국가인권위원회 위원으로 임명하고, 성적 다양성에 관한 내용을 삭제한 성교육 표준안을 도입했다. 퀴어 집단에 대한 차별과 폭력을 제도화하면 안 된다는 비판에 대해서 정부는 사회적 합의가 우선되어야 한다는 동문서답을 했다. 그러면서도 공공기관 성과연봉

제나 한국사 교과서 국정화와 같이 정권의 이해관계에 부합하는 정책은 거센 반발에도 강행하는 모순적인 행동을 보였다. 퀴어 이슈를 외면하는 경향은 정치 단위(중앙정부-지방자치단체), 정치적 입장(보수-민주, 때로는 진보), 정치적 대표성(선출직 공무원-임명직 공무원) 등과 무관하게 나타났다.[8] 인권의 가치를 수호해야 하는 국가기관이 구조적 부정의를 없애는 일에 무관심, 무능력, 무책임으로 일관한 것이다.

퀴어 변화가 미래로 연기되는 상황을 극복하기 위해 퀴어 집단은 퀴어 이슈에 대해서 '지금 여기'에서 이야기할 것을 촉구해왔다. 적당한 핑계를 대며 무책임한 태도로 일관하는 일, 적대와 혐오를 어쩔 수 없는 문제로 치부하는 일, 퀴어 변화를 미래의 의제로 미뤄두는 일을 더 이상 용납하지 않겠다는 외침이었다. 퀴어 집단은 퀴어 이슈가 동시대를 살아가고 있는 사람들의 이야기로 전해질 수 있도록 여러 노력을 기울이고 있다. '나중은 없다, 지금 우리가 바꾼다'(2017년 서울퀴어문화축제 슬로건)는 절박함과 자긍심을 가지고 말이다.

그런 의미에서 2014년 무지개농성은 퀴어 변화를 추동하는 중요한 계기였다. 가을은 점거농성에 돌입하게 된 이유 중 하나로 민주-진보 계열 정치인과 시민사회 영역에 "분명한 메시지를 주는 것"을 꼽았다. 2007년 차별금지법, 2011년 서울시 학생인권조례, 2014년 서울시민 인권헌장 사건에 이르기까지 민주-진보 계열 정치인에게 번번이 '배신'을 당한 상황에서, 퀴어 이슈에 대해 침묵하는 정치인에게 경고할 필요가 있었다는 것이다. 박원순 시장이 시민사회 영역에서 지지를 얻고 있었던 맥락을 고려할 때, 박원순 시장에게 퀴어 이슈에 대한 입장을 묻는 것은 시민사회 영역과 퀴어 운동의 관계를 되짚어보는 일이기도 했다.

하윤 또한 정치인에게 퀴어 이슈에 대한 입장을 공적으로 밝히도록 요구하는 일이 중요하다고 주장했다. 어떠한 입장이든지 간에 퀴어 이슈에 대한 생각을 공적인 자리에서 표명하는 일은 퀴어 논의의 물꼬를 트는 데 도움이 된다는 판단에서였다. 정치인의 입장 표명은 크게 두 가지 긍정적인 효과를 수반한다. 하나는 퀴어 집단이 사적 이해관계를 추구하는 이익단체가 아니라 사회 변화를 요구하는 공적 집단임을 인정받는 것이고, 다른 하나는 정치인에게 퀴어 집단이 겪는 차별과 폭력에 관한 책임을 더욱 분명하게 물을 수 있다는 것이다.

무지개농성이 좋았던 건 박원순 시장이 애매모호한 태도를 취하고 있을 때 서울시청을 점거해서 박원순 시장에게 입장을 내놓으라고 요구했다는 점이었어요. (…) 하다못해 완전히 반대하는 이야기를 한다고 하더라도 그걸 가지고 다시 정치적인 장을 만들 수 있기 때문에 입장을 계속 묻는 건 중요한 투쟁이 될 것 같아요. 입장을 우리한테 밝히는 게 아니라 사회적으로 말하도록 하는 거죠. –〈하윤〉

퀴어 집단의 정치적 요구를 사회적 합의 부족과 시기상조를 이유로 거부하는 적폐를 청산하기 위해서는 퀴어 이슈를 둘러싼 논의를 활성화해야 한다. 퀴어 이슈가 나중으로 미뤄져도 괜찮은 의제가 아니라는 점을 일깨우면서 퀴어 이슈를 동시대적으로 풀어가는 연습을 해나가는 것이다. 퀴어 집단은 퀴어 이슈를 미래로 끊임없이 유예하는 시간의 배치를 어그러뜨리고 국제정치와 국내정치를 임의적으로 나누는 공간 구획을 거부하면서 변화의 주도권을 확보하기 위해 노력하고 있다. 퀴어 논쟁과 투쟁이 치열하게 펼쳐지는 상황에서 필요한 것은 퀴어 변화에 대한 사회적 합의가 아니라 퀴어 집단의 다급한 외침에 국가기관과 사회 전체가 응답하는 일이다.

퀴어 대세론

2007년 포괄적 차별금지법 제정 운동을 마친 이듬해 여름, '차별금지법 대응 및 성소수자 혐오·차별 저지를 위한 긴급 공동행동'을 계승한 성소수자차별반대 무지개행동은 투쟁의 기록을 엮은 책을 발간한다. 『지금 우리는 미래를 만들고 있습니다』라는 책의 제목은 퀴어 운동이 불평등한 현재를 바꾸고 소중한 미래를 만드는 움직임이라는 점을 시사한다. 여는 글에는 차별금지법 투쟁이 '한국의 스톤월 항쟁'과 같은 의미로 역사에 남아서 변화의 전환점이 되기를 기대하는 마음이 담겨 있다.[9] 앞으로 펼쳐질 미래를 지금 여기에서 실현한다는 믿음 혹은 퀴어 미래가 지금 여기에 이미 도달해 있다는 믿음은 퀴어 운동의 미래지향적인 특성을 보여준다.

차별금지법 투쟁은 퀴어 이슈가 공적 의제라는 사회적 인식을 환기시키는 한편, 적대와 혐오에 맞서는 사회적 소수자의 자긍심을 드러낸 사건이었다. 2007년 투쟁을 거치면서 퀴어 운동은 새로운 국면으로 접어들게 된다. 퀴어 운동에 참여하는 활동가가 늘어나기 시작했고 주변 시민사회 영역과의 연대가 확장되었다. 특히 그동안 퀴어 운동이 주로 권위적인 국가기관이나 뿌리 깊은 사회적 편견과 맞서 싸워야 했다면, 보수 정권이 집권하고 조직화된 반퀴어 운동이 등장하면서 퀴어 지형이 질적으로 재구성되는 변화가 나타났다. 퀴어 활동가 예주는 반퀴어 운동이 부상한 지난 10년을 '중요한 시대'로 해석했다.

한국 LGBT 역사 속에서 굉장히 중요한 시대를 살아가고 있다는 느낌이 들어요. 혐오가 시작되고 혐오와 맞서고 실패하고 승리하는 과정을 경험하고 있는 거죠. 혐오가 언제 시작됐는지, 어떤 방향으로 진행됐는지 나중에 문서를 통해서 알게 되는 게 아니라 직접 경험하는 거잖아요. (…) 혐오 세력과 대치하는 상황이 벌어지면 당장은 지치지만 나중에 돌아보면 꽤 괜찮은 공부였다는 생각도 해요.　　　　　　　　　　　　　　　　　　　　　　−〈예주〉

예주는 퀴어 평등을 향해 나아가는 일련의 과정 속에 반퀴어 운동을 위치시킨다. 반퀴어 집단의 등장은 퀴어 이슈가 사회적인 논쟁을 이끌어낼 정도의 가시성과 영향력을 확보했다는 사실을 역설적으로 드러낸다. 예주는 반퀴어 집단과 부딪히며 도전적인 상황을 마주하는 일을 '괜찮은 공부'라고 표현했는데, 이 표현에는 현재 시점의 퀴어 논쟁과 투쟁을 더 나은 미래를 이루어가는 여정으로 받아들이는 예주의 자신감이 담겨 있다.

예주가 장기적인 전망을 가지고 반퀴어 운동을 상대화할 수 있었던 것처럼, 반퀴어 운동의 출현 자체가 언제나 부정적인 의미를 갖는 것만은 아니다. 반퀴어 운동은 퀴어 집단이 사회적으로 '발견' 혹은 '발명'되는 데 중요한 역할을 한다. 반퀴어 집단은 지식과 정보를 유통시키면서 퀴어 이슈를 둘러싼 연상체계를 만들어낸다. 사람들로 하여금 '아, 나 그거 뭔지 알아' '그거 예전에 들어본 적 있어' 같은 감각을 갖게 하는 것이다. 이 과정에서 부정확한 정보가 전해지거나 도덕적인 평가가 동반되기도 한다. 하지만 퀴어 집단이 문화적·성적·정치적 주체로 구성되는 일이 뒤따르면서 퀴어 집단을 비가시화하고 배제하려는 보수적인 기획은 약화된다.

차별과 폭력을 없애는 방법을 모색하는 과정에서 공적인 연대 또한 촉진된다. 최근에 일어난 긍정적 변화가 어떤 게 있는지 묻자 민규는 퀴어 운동과 주변 시민사회 영역 간의 접촉이 활발해졌다고 대답했다. 하윤도 비슷한 이야기를 들려주었다. 하윤은 퀴어 운동과 진보 운동 사이의 다양한 만남이 이루어지면서 퀴어 이슈가 보다 중요한 의제로 자리매김할 수 있었다고 보았다. '희망버스'를 함께 타는 일, 서로의 집회에 찾아가서 연대 발언을 하는 일, 투쟁에 필요한 물품을 나누는 일, SNS에서 대화를 주고받는 일 등을 통해 서로의 운동을 존중하고 접촉의 방식을 다변화해온 일이 '놀라운 변화'를 일으켰다는 것이다.

물론 퀴어 운동의 중요성을 인정하는 활동가가 많아지고 활동가들 사이에 네트워크가 마련되는 일이 퀴어 커뮤니티 전반에서 체감할 수 있는 변화로 곧장 이어지지 않을 수도 있다. 퀴어 운동과 퀴어 커뮤니티 사이에 얼마간의 간극이 존재하기 때문에 역동적인 만남이 가져오는 에너지가 확산되는 일은 다른 차원의 문제이다. 서로를 통해서 배우고 신뢰를 구축해나가며 일상의 경험을 공유하는 일에는 절대적인 시간도 요청된다. 오히려 접촉이 활발해지면서 서로에 대한 기대가 무너지기도 하고 갈등과 긴장이 고조되기도 한다. 그러나 한 가지 분명한 사실은 교류의 확대가 퀴어 집단을 사회적으로 고립시키려는 반퀴어 운동에 대항하는 힘이 된다는 점이다.

무지개농성은 연대가 선사하는 기분 좋은 느낌을 누릴 수 있는 현장이었다. 농성 기획단이 점거에 돌입하자마자 시민사회단체의 연대가 신속하게 이루어졌다. '성소수자 인권 지지와 서울시민 인권헌장 선포를 요구하는 인권·시민사회단체 공동요구안'에 155개 단체가 연명했고 농성장에서 공동 기자회견이 열렸다. "무지개농성장은 한국사회 인권의 베이스캠프"라는 표현(이창근 쌍용자동차 해고노동자)은 퀴어 이슈를 보편적 인권 가치와 연결시키는 한편 농성장을 연대와 저항의 장소로 의미화한다. 무지개농성 참가자들은 많은 지지와 응원을 통해 당사자 중심주의를 뛰어넘는 연대의 가능성을 구체적으로 경험할 수 있었다.

퀴어 변화를 헤아리는 작업에는 외국의 상황을 살피는 일도 포함된다. 다른 나라에서 들려오는 여러 소식은 한국에서 퀴어 변화가 언제쯤 실현될 수 있을지 가늠해보도록 한다. 일례로 2017년 5월 24일 대만에서는 동성결혼을 금지한 현행법에 위헌 판결이 내려졌지만, 한국에서는 동성 간 성적 실천을 이유로 현직 군인에게 유죄가 선고되었다. 두 나라의 극명한 대비는 한국사회에서 살아가는 이들로 하여금 퀴어 현실을 되돌아보고 앞으로 도래할 미래가 어떤 모습이어야 하는지 상상하도록 이끈다. 퀴어 활동가 시안은 전 세계적으로 일어나는 변화에 호응해서 원하는 미래를 앞당기기 위해 노력해야 한다고 주장했다.

지금 우리가 가지고 있는 가장 큰 힘은 흐름이죠. 성소수자에 대해서 우호적으로 바뀌어가는 세계적인 흐름이 한국에도 분명히 온다는 거죠. 작년에 비해서 올해가, 올해에 비해서 내년이 나아지는 흐름이 우리가 가지고 있는 큰 무기가 될 거예요. (…) 저는 이건 거스를 수 없는 대세라고 생각해요. 그러다 보니 반대하는 분들이 격렬해지는 건 당연한 현상이죠. 어떤 것들이 완성되기 위해서는 과정이라는 게 분명히 있는 거니까요. 우리가 어떻게 풀어가는지에 따라서 원하는 변화를 빨리 당길 수도 있고 늦출 수도 있다면, 변화를 조금 더 당기기 위해서 어떻게 해야 될지 계속 고민해야 하지 않을까 싶어요. −〈시안〉

사회 변화를 추구하는 활동가는 일반적으로 미래지향적인 시간 인식을 갖고 있다. 직면한 문제가 해결된 미래의 어느 시점을 떠올리면서 지금의 활동이 소중하다는 사실을 되짚고 앞으로의 과제를 설정하는 것이다. 하지만 시안이 "거스를 수 없는 대세"라고 말하며 퀴어 변화를 직감하는 데는 전 세계적인 변화, 특히 북미와 서유럽에서 퀴어 집단의 가시성이 높아지고 퀴어 권리가 제도적으로 보장되는 변화가 큰 영향을 미쳤다. 기대하는 미래가 언제, 어떠한 모습으로 다가올지 확신할 수는 없지만 해외의 구체적인 사례를 통해 더 나은 미래가 반드시 온다는 믿음이 가능해지는 것이다. 시안은 반퀴어 운동의 조직화를 염려하면서도 반퀴어 운동이 퀴어 변화를 막아낼 수 없다고 판단하고 있었다.

시안과는 다르게 퀴어 미래에 대해 신중한 전망을 갖는 퀴어 활동가도 존재한다. 이들은 변화가 진행되고 있다는 점을 인정하면서도 퀴어 커뮤니티가 구체적으로 어떠한 성취를 이루었는지 살펴보아야 한다고 주장한다. 퀴어 집단에 대한 사회적 수용도가 높아졌다는 설문조사와 커밍아웃한 퀴어 당사자를 개인적으로 알고 있다고 답한 비율이 낮은 연구 결과가 동시에 나타나는 상황에서 이른바 퀴어 대세론이 퀴어 운동의 진보나 퀴어 커뮤니티의 역량 강화와 어떠한 관련이 있는지 질문해야 한다는 것이다.

퀴어 활동가 신열은 퀴어 운동이 흐름을 타기보다 주도권을 확보하는 데 힘써야 한다고 강조했다. 시민사회 영역에서 입지가 강화되고 커뮤니티가 확장되는 일은 의미 있는 변화지만 "흐름은 결국 우리가 만들어가는 것"이라고 단호하게 이야기했다. 하윤 역시 "끌려다니는 싸움에 질렸다"면서 주도적으로 이슈를 제안하고 싶다는 바람을 내비쳤다. 또한 두 사람 모두 퀴어 운동이 반퀴어 운동을 규탄하거나 차별적인 제도에 항의하는 것 이상을 할 만큼 충분한 자원과 역량을 갖추고 있는지 겸허하게 돌아보아야 한다고 주장했다.

무지개농성의 경우, 수백 명의 인원이 참가하고 4000만 원가량의 후원금이 모였지만 인권헌장을 선포하지 않겠다는 박원순 시장의 선택을 끝내 바꾸지 못했다. 지상파 방송사를 비롯한 여러 언론에서 농성을 보도한 것을 보고 "성소수자 운동의 가장 위대한 순간을 보내고 있다"고 기뻐한 참가자가 있을 만큼 퀴어 상황은 열악한 편이다.

> 저는 한국의 성소수자 운동은 아직 무르익지 않았다고 생각해요. 서울시민 인권헌장 농성할 때도 농성 기획단은 무슨 일이 벌어질지 예측하기 어려웠어요. 첫날 끌려나올 수도 있겠다고 생각했는데 예상보다 반응이 폭발적이었던 거죠. 그럼에도 '계속 농성을 이어갈 것이냐' '농성의 목표를 어떻게 잡을 것이냐'에 있어서 농성 기획단에게 안정적인 조건은 없었어요. 비교해서 대만 같은 경우에는 동성결혼 이슈를 가지고 집회가 열리면 최소 몇 천 명에서 몇 만 명이 나오거든요. 커뮤니티 조직화의 수준이 굉장히 다른 거죠. ―〈가을〉

가을은 농성을 준비하고 진행하는 과정에서 많은 부분이 불확실했다고 회고했다. 서울시에서 어떻게 반응할지, 농성에 몇 명이 참가할지, 시민사회단체에서 얼마나 지지할지 등을 구체적으로 가늠하기 어려웠던 기본적인 이유는 퀴어 집단의 정치세력화 수준이 낮았기 때문이다. 정체성 집단이 충분히 결속되지 않았다는 점은 정치적 영향력의 확대를 목표로 하는 운동이 기획력과 집행력을 가지고 성장하는 데 한계로 작동한다. 퀴어 커뮤니티의 현실을 면밀하게 살펴보았을 때, 가을은 퀴어 변화가 아직 요원하다고 평가했다. 가을의 이야기는 퀴어 대세론이 한국의 상황을 얼마만큼 반영하고 있는지 고민하게 한다.

커뮤니티 역량을 강화하고 투쟁에서 주도권을 확보하는 방법으로 자주 언급되는 것은 커밍아웃이다. 커밍아웃의 중요성을 강조하는 이들은 커밍아웃이 분명 어려운 결정이지만 당사자의 삶을 풍요롭게 만들고 주변 사람을 변화시키는 힘이 있다는 점에 주목한다. 커밍아웃은 퀴어 커뮤니티와 일반 사회의 접촉면을 가시화함으로써 퀴어 집단에 대한 정서적 거리감을 줄이고, 이를 통해 퀴어 운동에 활력을 불어넣기도 한다. 퀴어 집단이 전체 인구 집단에서 적게는 2%에서 많게는 10%에 달한다는 점을 볼 때, 커밍아웃은 제도정치에도 큰 영향을 미칠 수 있다.

커밍아웃은 자신의 모습에 대해 고민하고 관련된 지식과 정보를 익히며 다른 삶의 가능성을 탐색해나가는 자기성장의 과정이다. 이 과정에서 자신과 비슷한 삶의 궤적을 지닌 사람들과 자신을 동일시하기도 하고, 자신을 표현하는 언어를 새로이 만들기도 한다. 경우에 따라 커밍아웃은 심리적 안정감과 정치적 연결감을 제공하는 커뮤니티를 만나는 계기가 될 수도 있다. 개인의 커밍아웃이 커뮤니티 경험으로 이어질 때, '우리'의 삶이 어떠해야 하는가에 대한 집합적인 고민이 형성되고, 이는 사회 변화를 추동하는 운동의 출발점이 된다. 이처럼 공통의 서사를 기반으로 형성되는 정체성 정치에 있어 커밍아웃은 중요한 조건이 된다.

다만 한 가지 기억해야 할 것은 커밍아웃을 통해 결집한 '우리'

가 역사, 문화, 권력관계 등에 따라서 바뀌어간다는 점이다. 정체성 범주는 자아의 본질을 투명하게 비추는 거울이 아니라 '나-우리'를 얼마간 유효하게 설명하는 데 도움을 주는 문화적 발명품이다. 여기서 '우리'는 똑같은 경험과 이해관계를 공유하는 집단이 아니라 특정한 시공간을 살아가는 이들이 소속감을 느끼는 정동적 장소이자 때로는 정치적 투쟁의 기초가 되는 상황적 커뮤니티라고 할 수 있다. 정체성 범주는 우리가 스스로를 어떠한 존재로 받아들이는지, 다른 사람에게 어떠한 존재로 인정받고 싶은지 알려줄 뿐, 진정한 자아를 서술하는 안내서가 될 수 없다. 정리하자면, '필요한 허구necessary fictions'[10]로서 기능하는 정체성 범주는 정체성 정치를 담보하지 않는다.

특히 정보통신기술이 발달하고 오프라인을 경유하지 않는 만남이 활발하게 진행되는 상황에서 개인의 커밍아웃은 퀴어 운동이나 퀴어 커뮤니티로 확장되지 않기도 한다. 더욱이 대도시에 거주하지 않거나 퀴어 친화적인 준거집단이 부재한 퀴어 당사자에게 커밍아웃은 자신의 정체성을 확인하는 일 내지는 소규모의 자족적인 집단을 형성하는 일을 넘어서기 어렵다. 퀴어 운동이 권리보호와 반차별 주장을 넘어서 불평등한 세계를 떠받치는 물적 토대와 의미 체계를 재조직하는 데까지 나아가기 위해서는 정체성 정치의 가능성과 한계를 깊이 이해할 필요가 있다.

자신을 긍정하는 커밍아웃, 삶의 경험을 공유하는 모임, 편하게 의지할 수 있는 커뮤니티, 사회 변화를 추구하는 운동은 '나중에' 담론에 맞서 퀴어 변화를 실현하는 데 저마다의 모습으로 기여한다. 그러나 동시에 퀴어 당사자-커뮤니티-운동 사이의 우연한 관계를 살피는 일, 퀴어 집단의 다채로운 문화적·정치적 실천을 의미화하는 일, 연대를 확장하고 교차의 지점을 인식하는 일, 급진적 퀴어 비전을 힘 있게 풀어내는 일 또한 중요하다. "변화는 시작됐다. 우리의 시대는 다르다"(2017년 두 번째 성소수자 촛불문화제 슬로건)고 선언한 퀴어 집단이 어떠한 흐름을 만들어낼 수 있을지 지켜보아야 한다.

퀴어 미래, 퀴어 변화

전 《이코노미스트》 한국 특파원 다니엘 튜더는 몇 년 내로 보수 정당이 퀴어 집단을 지지하는 정책을 제도화하는 작업에 착수할 것이라고 진단한 바 있다.[11] 그는 동성결혼 법제화 찬성 비율이 2001년 17%에서 2014년 35%까지 늘었다는 설문조사를 언급하면서 퀴어 이슈가 선거에도 영향을 미치게 될 것이라고 내다보았다. 보수 정당이나 기업이 사회적 소수자에게 일정 정도의 성원권을 부여함으로써 관용적이고 진보적인 이미지를 갖추는 일은 드물지 않다. 주변화된 인구 집단에 속한 소수의 사람들에게 제한적인 권리를 보장하는 일은 더 큰 변화의 마중물이 되기도 하지만, 구조적 부정의로 인한 초과이익을 누리는 지배집단의 권력을 공고히 하는 결과로 이어질 수도 있다.

예컨대 2012년 대선에서 화제가 된 '여성대통령론'은 여성이 정치적으로 충분히 대표되지 않은 현실을 배경으로 등장한 담론이었다. '여성'이 미래, 진보, 변화를 가리키는 기호가 되면서 여성 정치인을 지지하는 일은 더 나은 미래를 추구하는 바람직한 선택이라는 함의를 갖게 됐다. 그렇지만 여성이 차이를 지닌 성적 주체로서 어떠한 정치적 가능성을 보여줄 수 있는지, 여성 개인의 성취가 사회적 소수자로서 여성의 힘겨운 현실을 바꾸는 데 어떠한 기여를 할 수 있는지에 대한 논의는 거의 찾아볼 수 없었다. 오히려 그녀가 얼마나 적절한 여성인지 아닌지를 판단하거나, 보다 나은 여성 정치인을 찾는 것으로 여성 정치가 촉발하는 다양한 질문을 처리해버리거나, 여성 정치 영역 자체를 봉쇄하려는 시도가 반복되었을 뿐이다.[12]

사회적 소수자가 정치적으로 대표되고 의사결정 과정에 진입하는 변화는 소수자 집단이 배제되어온 고통의 역사를 치유하는 회복의 사건이자 정의롭고 평화로운 미래에 조금 더 가까워졌음을 알리는 진보의 사건으로 해석될 수도 있다. 그러나 정치를 둘러싼 지배적인 문법은 그대로 남아 있기 때문에, 이를 마냥 환영하기는 어렵다. 다양성을 반영하겠다는 명목으로 매우 적은 수의 사회적 소수자를 포섭하는 일은 주류와 비주류, 지배계층과 피지배계층, '우리'와 '그들'을 분할하는 위계질서를 가리는 데 활용되기도 한다. 핵심은 예외적인 사례를 늘려나가는 것이 아니라 권력관계를 재배치하고 지배질서를 재구성하는 일이다. 퀴어 활동가들은 퀴어 집단의 가시성과 대표성을 제고하기 위한 노력과 주류화·규범화·제도화의 한계를 넘어서기 위한 고민을 동시에 하고 있다. 의찬은 퀴어 미래를 준비하는 과정에서 다른 시민운동의 역사를 참조해야 한다고 지적했다.

얼마만큼 저항할 수 있을지는 모르지만 우리가 굉장히 다른 운동을 하지 않는다면 다른 운동들과 비슷해질 가능성이 높을 거예요. 결국 동성애자 국회의원 몇 명을 내는 성과를 거두겠죠. 그런데 저는 성과를 거두는 것에 대한 씁쓸함이 클 것 같아요. 성소수자 정치인을 기대할 때 '어떤 성소수자여야 할까' '어떤 정치를 펼치는 사람이어야 할까' '성소수자 인권이 반영되는 정치는 반드시 성소수자가 해야 할까' 같은 고민을 지금부터 해야 한다고 생각해요. (…) (반퀴어 집단도) 나중에는 동성애자 한 명 정도 정치인이 되는 건 찬성할 거예요. 결국에는 '괜찮은 동성애자와 그렇지 않은 동성애자가 있는데, 괜찮은 동성애자는 사회가 인정해주어야

한다'라고 반대논리를 바꿀 테니까요.　　　　　　　　　　－〈의찬〉

　　의찬은 퀴어 당사자 개인의 성취를 퀴어 변화로 해석하는 입장을 경계하면서 논의의 무게중심을 대표성 확보에서 소수자 관점의 반영으로 옮긴다. 소수자 위치가 사회적으로 구성된다고 할 때, 퀴어 정치인에게 기대하는 것은 소수자 관점에 기초해서 모든 사람을 위한 평등을 실현하는 일이다. 이때 퀴어 정치인은 이원젠더체계, 이성애규범, 비장애인 중심주의, 인종차별, 자본주의 등 다양한 억압체계가 직조한 세계를 변화시키기 위해 노력하는 이들을 가리킨다. 다시 말해서 퀴어 정치인은 퀴어 운동의 성장을 상징하고 퀴어 커뮤니티를 대표하는 존재 이상의 의미를 지닌다. 지배규범에 대한 비판적 인식 없이 퀴어 당사자의 성공을 기대하고 경축하는 일은 퀴어 의제를 정치적 영역에서 배제해온 현 체제를 재생산하는 역효과를 가져올 수 있다.

　　퀴어 대표성 증진이 정치적 진보가 아니라 사회적 보수화로 이어진 대표적인 사례는 이스라엘에서 찾아볼 수 있다. 이스라엘은 팔레스타인 지역을 강제로 점거하고 분리 장벽을 설치하는 등 국제법을 심각하게 위반하고 있는 나라다. 수많은 사람들을 빈곤, 굶주림, 죽음으로 몰아넣고 있는 이스라엘은 아이러니하게도 자국 내 성소수자 집단의 권리 보장에 앞장서는 이미지를 내세우고 있다. 성적 지향에 근거한 직장 내 차별이 법적으로 금지되어 있고 커밍아웃한 군인들이 퀴어퍼레이드에 참가하는 이스라엘은 서남아시아 지역에서 가장 퀴어 친화적인 나라로 소개되고는 한다. 이스라엘의 퀴어 마케팅은 퀴어 권리의 제도화를 국가의 개방성을 선전하는 수단이자 다른 소수자 집단의 고통을 은폐하는 구실로 사용한다는 점에서 핑크워싱pinkwashing이라고 비판받고 있다.[13]

핑크워싱은 퀴어 집단의 취약한 삶을 보수적이고 폭력적인 체제를 긍정하는 명분으로 활용하는 전략이다. 퀴어 친화적인 제스처를 취하는 일은 포용적인 이미지를 획득할 뿐 아니라 퀴어 집단을 대상으로 하는 시장을 개척한다는 점에서 자본의 이해관계에도 부합한다. 한국의 퀴어 집단이 의사결정 과정에서 체계적으로 배제되는 상황에서 핑크워싱은 다소 멀게 느껴질 수도 있다. 그러나 퀴어 운동이 성장하고 권력과 자원의 유입이 활성화될수록 보수적인 정치학의 영향을 받을 가능성은 높아진다. 성실하고 바람직한 소비자, 상냥하고 규범적인 시민, 건강하고 화목한 가정을 꾸리는 이웃 주민이 될 때만 성원권과 시민권이 주어지는 비극은 이미 여러 사회에서 나타나고 있다.

반퀴어 집단의 차별과 폭력이 거세지고 국가기관의 정치적 무책임이 지속되는 한국사회에서는 퀴어 미래에 대해 어떠한 기대가 모아지고 있을까? 퀴어함이 만드는 세계, 퀴어함으로 인해 새로워지는 세계는 어떠한 모습일까? 퀴어 미래를 실현하는 역량은 어떻게 마련할 수 있을까? 어떤 면에서 '고통과 수치심으로 가득 찬 과거를 극복하고 적대와 혐오가 거센 현재를 지나 아름답고 행복한 미래로 향한다'는 직선적 시간 인식은 퀴어 미래를 이해하는 데 있어 거칠고 투박한 도구인지도 모른다. 북미와 서유럽의 퀴어 역사가 정해진 미래가 아니라 하나의 중요한 참조라고 한다면, 퀴어 변화의 좌표를 부여하고 퀴어 미래를 입체적으로 설계하기 위해서는 깊이 있는 고민과 구체적인 지역성이 담긴 이야기를 길어 올릴 필요가 있다.

퀴어 미래를 그리는 작업은 우리 모두가 변화할 수밖에 없다는 점을 시사한다. 종말과 파국의 미래, 예정된 수순으로서의 미래, 설렘과 불안의 미래를 마주하면서 퀴어 현재는 더욱 풍성한 의미를 갖게 된다. 어떠한 시나리오가 펼쳐질지는 알 수 없다. 다만 지금 여기에서 포섭되지 않는 퀴어 가능성을 누리는 일, 포함과 배제의 논리를 뛰어넘어서 실질적인 변화를 느낄 수 있는 감정의 질서를 형성하는 일, 구색 맞추기 식의 소수자 배치가 아니라 지배적인 문법을 바꾸는 일을 통해서 퀴어 미래를 '기억'할 뿐이다.[14] 이 세계는, 그리고 우리 모두는 그렇게 조금씩 변화하고 있다.

5장

반퀴어 감정의 회로

퀴어 이슈를 둘러싼 사회적 장에는 다양한 결의 감정이 흐르고 있다. 함께 싸우는 동료가 있다는 안도감, 새로운 변화가 시작될지도 모른다는 설렘, 올바른 길을 따라가고 있다는 자긍심, 일상에서 발견하는 소소한 행복은 사람들의 행동력을 향상시킨다. 이와 대조적으로 막막한 현실을 마주해야 하는 우울감, 패배하는 싸움만 하는 것 같은 좌절감, 모욕적인 발언과 물리적인 공격이 실어 나르는 모멸감, 상대에 비해서 '우리'가 너무 적은 것 같은 고립감은 행동력을 저하시킨다. 기쁨, 불안, 슬픔, 적대감, 즐거움, 호기심 등의 다채로운 감정은 퀴어 현재를 여러 색으로 물들인다.

감정은 퀴어 논쟁과 투쟁에 참여하는 이들이 정치적 주체가 되는 과정에서 중요한 역할을 한다. 정치적 주체가 된다는 것은 특정한 입장에 인지적으로 동의하거나 어떤 집단에 물리적으로 소속되는 일 그 이상이다. 여기에는 누군가와 연결되어 있다는 감각을 확인하는 것, 특정한 방향으로 마음이 움직이는 것, 다른 선택을 내려야겠다고 결심하는 것 등이 포함된다. 비슷한 느낌·생각·입장을 갖고 있는 사람들 사이에 형성되는 감정의 회로는 집합적인 정치 행동을 이끌어낸다. 이와 같은 관점에서 살펴볼 때, 반퀴어 집단은 퀴어 집단에 대한 적대감을 공유하는 감정적이고 도덕적인 대중이라고 할 수 있다. 감정의 회로를 따라 지식과 정보를 생산·유통시키는 반퀴어 집단은 퀴어 현상을 간명한 언어(자유주의, 인본주의, 세속주의 등)로 식별할 수 있다고 믿는 정치적 주체를 탄생시킨다.

반퀴어 감정의 정치학은 보수 개신교회의 감정 체제emotional regime와 밀접한 관계를 맺고 있다. 역사적으로 한국의 보수 개신교회는 적대의 대상을 설정하고 이에 대항하는 감정 체제를 구성해왔다. 신학자 김진호는 이를 '반공주의'와 '성장주의'라는 두 가지 축으로 설명한다.[1] 먼저 '반공주의'는 1950년대 월남자 장로교회를 중심으로 응축된 공산주의자에 대한 증오를 가리킨다. 반공주의로 무장한 개신교회는 전후 시기에 대중이 겪던 고통을 하나님의 심판으로 해석하면서 북한 정권을 무찌르고 공산주의자를 절멸함으로써 비극에서 벗어날 수 있다고 약속했다. 이 약속을 신뢰한 개신교인들은 정치적 상대를 '빨갱이'로 몰아서 처단하는 테러리즘을 저질렀고, 제주 4·3 당시 수많은 사람들을 학살했다.

'성장주의'는 1970년대 오순절 성령 운동에서 강조한 축복과 번영에 대한 믿음을 가리킨다. 공산주의자를 향한 증오를 경제성장의 동력으로 전환시켜서 국가 발전에 매진해야 한다는 메시지였다. 성장주의에 경도된 보수 개신교회는 박정희 군부독재정권과의 밀월 관계를 유지했다. 군부독재정권을 비판하며 활발한 사회참여 운동을 전개했던 진보 개신교회와 천주교회가 정권의 무자비한 탄압을 받았던 것과는 뚜렷이 대조되는 모습이었다. 일례로 1974년 민청학련 사건으로 민주화 운동에 참여한 여러 진보 그리스도인이 목숨을 잃었을 때, 보수 개신교회는 그로부터 고작 4개월 후 정권의 비호를 받으며 서울의 5·16광장(현 여의도공원)에서 대대적인 전도 집회인 엑스플로74를 치르기도 했다.

김진호는 반공주의와 성장주의를 각각 '파괴적 증오'와 '생산적 증오'로 명명한다.[2] 이 두 가지 증오는 북한 정권과의 체제 경쟁에서 승리해야 한다는 이데올로기를 배경으로 나타났다. '우리'를 위협하는 '그들'을 제거해야 한다는 파괴적 증오와 '현재의 우리'가 '과거의 우리'보다 잘 살아야 한다는 생산적 증오는 보수 개신교회를 통해 증폭되었다. 보수 개신교회와 미국의 가까운 관계는 증오 정치학에 있어 핵심이 되는데, 미국이 북한 정권과의 대결에서 가장 든든한 아군이자 언젠가 한국도 이루어낼 경제적 풍요를 상징하는 나라로 표상되었기 때문이다. 반공주의, 군사주의, 내셔널리즘, 친미주의, 자본주의가 연동되고 이것이 개신교 신앙과 결합하면서 보수 개신교회는 현 체제를 사랑하고 불온한 존재를 증오하는 감정 양식을 발전시켜왔다.

보수 개신교회를 배경으로 하는 반퀴어 집단은 반공주의와 성장주의라는 유산을 충실하게 계승했다. 2013년 차별금지법 제정 논쟁에서 처음 등장한 '종북 게이'라는 표현은 반퀴어 운동의 반공주의 성향을 명시적으로 보여준다. 이 표현에는 성별 정체성 및 성적 지향에 근거한 차별을 금지하는 일이 사회적 불안을 가중시키고 군 전투력을 저하시키기 때문에 결과적으로 북한 정권을 이롭게 한다는 주장이 담겨 있다. 종북 게이 낙인은 그동안 노동 운동, 민주화 운동, 통일 운동 등에 참여해온 이들을 '빨갱이'로 판정하고 공격해온 역사를 반영한다.

반퀴어 운동은 성장주의와도 친화적이다. 앞서 살펴본 것처럼, 반퀴어 운동은 내셔널리즘을 근간으로 선진 한국, 통일 한국, 거룩한 대한민국을 이룩하자는 비전을 제시한다. 2016년 서울퀴어문화축제 반대 집회에 참여한 어떤 청년 신학생은 "호국선열이 피땀으로 지켜온 나라, 건국과 산업화의 기적을 이룬 나라를 지켜야한다"고 소리 높여 기도했다. 그는 '눈물 없이 들을 수 없는 건국사'를 지닌 한국을 퀴어 집단이 파괴하고 있다고 안타까워했다. 이때 퀴어 집단은 자유를 함부로 남용하고 성적 욕망에 빠져서 삶을 낭비하는 이기적인 존재, 다시 말해서 한국이 발전하는 데 기여하지 않는 부도덕한 존재로 규정된다.

HIV 감염인에 대한 공적 지원을 세금 낭비라고 비난하는 수사 역시 성장주의와 맞닿아 있다. 성장주의는 존엄과 인권의 가치가 아니라 비용 대비 산출의 논리를 따른다. HIV 감염인을 취약한 위치에 놓인 사회적 소수자가 아니라 세금을 축내는 도둑으로 폄하하는 것이다. 세금 폭탄이라는 말이 무색하게도 관련 예산이 턱없이 부족하다는 점, HIV 감염인이 지원을 받기 위해서는 국가기관에 등록해야 한다는 점, 의료 현장에서 차별이 발생해도 도움을 받기 어렵다는 점, 비밀 보장 원칙이 지켜지지 않는 경우가 발생한다는 점, 민주주의 사회에서 국가는 시민의 건강과 안전을 지켜야 하는 의무가 있다는 점은 고려되지 않는다. 국가가 HIV 감염인 때문에 상처를 입고 허약해진다는 상상 속에서 HIV 감염인은 국가 이상을 해치는 존재로 간주된다.

반퀴어 대중의 형성

물론 반퀴어 주장을 차근차근 살펴보면 금세 모순된 부분을 찾을 수 있다. 성별 정체성과 성적 지향에 근거한 차별을 금지하는 법은 사회 혼란이 아니라 사회 통합에 기여한다. 폭행이나 위협이 없는 상태에서 성인이 서로 합의한 성적 실천을 처벌하는 군형법 제92조의6은 군 기강 확립이나 성폭력 방지와는 무관하다. '종북 게이'라는 명명은 북한 정권이 동성애를 자본주의의 폐단으로 진단하고 엄격하게 처벌한다는 점에서 애초부터 성립할 수 없는 말이다. HIV 감염은 고혈압이나 당뇨병처럼 관리가 가능한 만성질환이며 바이러스 수치가 미검출 수준에 도달

하면 전염 가능성 또한 없다.[3]

그러나 반퀴어 감정의 정치학에 있어서 이 모든 사실은 중요하지 않다. 반퀴어 집단이 전달하고자 하는 것은 정확한 정보가 아니라 감정적 인식이기 때문이다. 반퀴어 담론은 '이 세계에서 무언가 잘못된 일이 벌어지고 있으며, 이를 막아내지 못했을 경우에 돌이킬 수 없는 파국을 맞이할 것'이라는 위기의식, 불안, 두려움을 실어 나른다. 이와 같은 메시지가 전국 단위의 기도회, 서명 운동, 예배를 통해 확산되면서 반퀴어 대중이 형성된다. 실제로는 반퀴어 집단이 퀴어 집단에게 차별과 폭력을 가하고 있음에도 마치 퀴어 집단이 반퀴어 집단과 같은 '순수한' 시민을 위협하는 것처럼 오인되면서, 퀴어 집단은 보호받아야 하는 사회적 소수자나 공존을 모색해야 하는 동료 시민이 아니라 제거해야 하는 사악한 악마로 의미화된다.

하지만 그렇다고 감정적 인식이 맹목적 신념이나 비합리적 판단을 의미하는 것은 아니다. 사회학자 재니스 M. 어바인Janice M. Irvine은 감정이 의미, 규범, 동기, 사회적 반응의 체계를 아우르는 사회적인 수행에 속한다고 주장한다.[4] 감정이 비이성적인 영역에 속한다는 일반적인 해석을 따를 때, 도덕적 공황의 시기에 조직되는 대중은 정신없이 모인 군중에 불과하다. 그러나 어바인은 주변화된 집단을 사악한 악마로 지목하는 담론이 강력한 감정을 촉발시키면서 사람들을 일시적으로 결속시키는데, 이 과정에서 감정적·도덕적 대중이 출현한다고 보았다.[5] 사악한 악마를 공격하며 '항의하는 즐거움the pleasures of protest'을 누리는 일은 대중의 결속력을 높이고 정당성을 강화한다.[6] 이처럼 정치적 효과를 발생시키는 감정은 투명한 주체가 표현하는 개인적 느낌이 아니라 구조, 체계, 역사, 문화, 권력관계 등이 매개된 사회적 반응이라고 할 수 있다.

반퀴어 운동의 핵심은 보수적인 교리가 아니라 감정을 움직이는 문화정치학에 있다. 어바인의 논의에 비추어볼 때, 반퀴어 집단은 퀴어 적대를 생산하는 것을 통해서 감정적이고 도덕적인 대중을 결집시키고 있다. 이들은 복잡한 사회적 맥락을 선과 악의 이분법이라는 단순한 도식으로 풀어내어 퀴어 변화를 해석할 수 있는 나름의 준거체계를 갖지 못한 사람들을 빠른 속도로 반퀴어 운동에 합류시킨다. 반퀴어 대중은 퀴어 집단에 대한 증오와 분노를 가감 없이 쏟아내면서도 올바른 일을 하고 있다는 심리적 만족감과 도덕적 우월감을 획득한다. 교회개혁 시기의 개신교인들은 교회의 근본적인 변화를 촉구하면서 '항의하는 자들Protestants'이라는 이름을 얻었지만, 교회개혁 500주년을 맞이했던 한국 개신교인들은 퀴어 변화에 항의하는 자들로 불리고 있다.

반퀴어 대중이 조직되는 과정에서 특히 주목할 것은 반퀴어 집단이 객관적 연구나 과학적 사실을 가장한 자료에 의존한다는 점이다. 반퀴어 텍스트에는 저명한 과학 저널에 실린 논문이나 북미와 유럽의 여러 사례가 소개되고는 한다. 예를 들어 '유럽최고인권법원'(정확한 명칭은 유럽인권재판소)에서 성적 문란을 근거로 동성결혼을 합법화하지 않겠다는 판결을 내렸다는 소식은 한국의 동성결혼 반대 운동에 공신력을 실어준다. 차별금지법이 제정되고 동성결혼이 법제화된 나라에서 벌어진 사건들, 예컨대 동성결혼식에 쓰일 케이크나 꽃 장식을 제공하지 않았다는 이유로 과도한 벌금이 부과되어 파산 위기에 처한 그리스도인의 사례나 동성결혼식의 주례를 거절했다는 이유로 징역을 살아야 하는 목회자의 사례는 퀴어 미래가 가져올 비극을 암시한다.

그러나 반퀴어 텍스트에 실린 사례들은 기본적인 사실관계가 맞지 않거나 자극적으로 편집된 경우가 많다. 유럽인권재판소의 2014년 판결은 시민결합 제도registered partnership는 마련되어 있지만 동성결혼은 법제화되지 않은 핀란드의 한 트랜스젠더 여성이 제기한 청원에 관한 것이었다. 그녀는 아내와의 결혼생활을 이어오고 있었는데, 자신이 여성의 법적 지위를 가지게 되면 결혼 관계가 시민결합으로 바뀌는 것에 반대하면서 소송을 제기했다. 유럽인권재판소는 핀란드의 결혼 제도와 시민결합 제도 사이에 약간의 차이가 존재할 뿐, 시민결합으로의 변화가 권리보호에 있어 중대한 침해를 일으키지 않는다고 판단했다. 이 사례는 유럽인권재판소가 '동성결혼은 인권 문제가 아니다'라고 선언한 사건이 아니라 트랜스젠더의 자기결정권을 존중하지 않은 사건이라고 할 수 있다.[7] 단적인 예로 2015년 유럽인권재판소는 시민결합 제도가 마련되지 않은 이탈리

아에서 동성결혼을 인정하지 않는 것은 유럽인권조약 위반이라고 판결한 바 있다.

동성결혼식에 필요한 물품을 제공하지 않아서 법적 소송을 겪은 여러 사례는 대체로 성적 지향에 근거한 차별을 금지하는 법이 제정된 지역에서 일어났다. 모든 사람이 자유롭고 평등하며 존엄하다고 천명한 민주주의 사회에서 합리적인 이유가 없는 차별은 용납되지 않는다. 차별금지법은 신앙의 자유를 침해하는 제도가 아니라 평등한 서비스를 제공해야 하는 업체가 사회적 소수자를 배제하는 일이 없도록 법적 책임을 명시한 정책이다. 차별받은 사람의 권익을 구제하는 과정에서 손해배상 성격의 금액을 지급하라는 판결이 내려지기도 하는데, 이는 반퀴어 집단이 선전하는 것과는 다르게 형사 재판에서 선고되는 벌금형이 아니다. 더욱이 관련 사건이 사회적으로 첨예한 논쟁을 일으키기 때문에 전국에서 모금이 진행되어 부과된 손해배상금보다 더 많은 금액이 모이기도 한다.

목회자가 동성결혼식의 주례를 거부해서 처벌을 받았다고 알려진 몇몇 사례는 영리 목적으로 결혼식장을 운영하는 보수 개신교인이 동성 커플에게 이성 커플과 동등한 서비스를 제공하지 않아서 문제가 발생한 경우다. 대체로 종교기관에는 차별금지법이 적용되지 않기 때문에 교회와 같은 비영리 단체는 차별금지법으로 갈등을 겪을 일이 거의 없다. 그럼에도 반퀴어 집단은 선정적인 보도로 현실을 호도하고, 퀴어 변화로 인해 개신교회가 박해를 받게 될

것이라는 메시지를 유포한다. 넘쳐나는 가짜 뉴스는 반퀴어 대중의
불안과 공포를 강화하고 위기의식을 자극하는 연료로 쓰이고 있다.

진실 너머post-truth

　　　　　　　　　　실제 사실과는 상관없이 사건
의 진실성을 강조하는 반퀴어 담론은 반퀴어 운동에 참여하는 이
들에게 사태를 파악하고 있다는 자신감을 갖게 한다. 인권이나 다
양성과 같은 번지르르한 말에 현혹되지 않고 영적 분별력을 갖추어
진리를 추구하는 각성된 주체로서의 자기효능감을 선사하는 것이
다. 반퀴어 담론에 권위를 부여하는 대표적 텍스트로는 탈동성애자
의 수기가 있다. 탈동성애자의 수기는 과거에 동성애자였다고 주장
하는 사람이 자신이 경험했던 (남성) 동성애자 하위문화를 부정적
으로 묘사하는 하나의 장르를 가리킨다. 동성애자의 성적 친밀성은
질병이고 탈동성애는 치료라는 단순한 이야기 구조를 갖춘 수기는
익명의 다수와 성적 접촉이 가능한 찜질방 문화를 병리화하고 남성
간 항문섹스를 비위생과 중독의 문제로 낙인찍는다.
　　하지만 수기는 진실을 규명하는 다큐멘터리가 아니라 진실

을 발명하는 프로파간다에 가깝다. 수기가 전달하는 지식와 정보는 특정한 방식으로 게이 집단의 이미지를 생산해낸다. 수기에서 게이 집단은 성적 욕망을 통제하지 못하는 이들, 오로지 섹스에만 열중하는 이들, HIV 감염에 무방비로 노출된 이들로 묘사된다. 수기는 게이 집단을 더러움, 역겨움, 고독, 통제 불가능성의 기호와 연결시키면서 동성애에 대한 공포와 연민을 동시에 일으킨다. 게이 집단이 존중받을 만한 가치가 없는 타자의 위치에 놓이는 한편, 수기를 접하는 독자들은 사회를 게이 집단으로부터 보호해야 하는 책임을 지닌 주체의 위치에 놓이게 된다.

탈동성애자의 수기 중에서 가장 유명한 텍스트는 「동성애자들이 말해주지 않는 동성애에 대한 비밀: 동성애자의 양심고백」이다. '동성애에 대한 비밀'이라는 제목은 겉으로는 퀴어 집단이 무고한 사회적 소수자처럼 보일지 모르지만 실제로는 끔찍한 비밀을 숨긴 반사회적 존재라는 함의를 지닌다. 다시 말해서 퀴어 집단이 공적인 장에서 차별금지나 권리보호를 요구할 만한 자격이 없다는 것이다. 이 수기는 2010년 11월 《조선일보》에 처음으로 전면광고로 실린 이후에 2013년 5월 주요 신문에 다시 한 번 게시되었다.[8] 소책자로 발간되어 전국에 유통된 수기는 2014년 7월에 만화 형식으로 편집되어 대형 포털 웹툰 게시판에도 업로드되었다.

수기가 대중에게 소개된 시기를 톺아보면 한 가지 공통점을 찾을 수 있다. 2010년 11월은 게이 커플의 일상적인 모습을 담은

SBS 드라마 〈인생은 아름다워〉가 막 종영된 시점이었다. 수기가 실리기 2주 전에는 '〈인생은 아름다워〉 보고 '게이'된 내 아들, AIDS로 죽으면 SBS 책임져라!'라는 신문광고가 커다란 논란을 일으키기도 했다. 국가인권위원회가 옛 군형법 제92조(현재 제92조의6)에 대한 위헌 결정을 요청하는 의견서를 헌법재판소에 제출한 시기도 이와 겹친다.[9] 2013년 봄은 민주통합당에서 발의한 차별금지법에 반대하는 운동이 거세지던 때였다. 얼마 지나지 않아 민주통합당은 사회적 소통과 논의 과정이 부족했다며 법안을 철회하고 만다. 2014년 7월은 반퀴어 집단이 서울과 대구의 퀴어퍼레이드를 강제로 가로막고 참가자들에게 물리적 폭력을 감행한 직후다. 퀴어 이슈에 사회적 이목이 집중되는 시기마다 수기가 반복적으로 등장한 것이다.

이 수기의 내용은 다음과 같다. 수기의 저자 김정현은 스스로를 동성애에서 '전향'한 탈동성애자라고 주장하면서 남성 동성애자가 선호하는 스타일, 성적 관계를 맺는 형식, 찜질방 문화, 군대 내 동성애 등 이른바 동성애자의 현실에 대해 이야기한다. 그는 "동성애 세계"를 경험한 당사자로서 "게이바 몇 군데를 둘러보면 제 말이 결코 거짓이 아님을 아시게 될 것"이라며 수기의 진실성을 강하게 호소한다. 더불어 독자에게 "감정적으로 인권을 지지"하기보다 "동성애자들의 실태"를 파악해야 한다고 당부한다.

나이 든 동성애자들은 동성애 세계가 얼마나 무서운지 다 알고 있습니다. 젊음의 때가 가고 30대가 넘어 식성(마음에 드는 스타일을 가리킴) 경쟁에서 밀려나기 시작하면 동성애자들은 그 후로 고독과 외로움에 평생을 살아야 합니다. 나이 든 동성애자는 서로 얘기 안 해도 누가 에이즈에 걸렸는지도 잘 압니다. 하지만 젊은 동성애자나 일반인에게 이런 것들을 말해주지 않습니다. 또한 동성애자들이 제시하는 동성애자로서 멋지게 사는 자들의 사례에 속지 마십시오. 본질은 그것이 아닙니다. 주말마다 찜방을 헤매고 항문이 다 늘어나 변을 질질 싸고, 성병의 고통과 계속되는 공포에 시달리며 결국 에이즈로 마감하는 대부분의 동성애자는 처음부터 그렇게 살려고 한 것이 아닙니다. 아무리 마음을 먹어도 시간과 환경이 결국은 그들을 그렇게 만들어 버립니다. 그것은 절대 인권이 아니며 인권법으로 해소할 수도 없습니다.[10]

탈동성애자의 수기는 '경험한 사람이 제일 잘 알고 있다'는 당사자 중심주의에 기초해 있다. 수기는 게이 커뮤니티를 성적 비규범성의 온상으로 지목하고 "힘들어하면서도 벗어나지 못하는" 게이 집단에게 '치료'가 필요하다고 단정한다. 이는 보수 언론에서 북한 이탈 주민을 북한에 대해 가장 잘 이해하고 있는 인물로 부각시키고 이들의 경험을 반공주의 강화에 활용하는 것과 비슷한 맥락이라고 할 수 있다. 수기는 퀴어 집단에게 성적 낙인을 찍음으로써 퀴어 이슈를 둘러싼 복합적이고 비판적인 논의를 중단시키고 퀴어 커뮤니티에 대한 추문을 일으킨다.

퀴어 가시성이 낮은 한국사회에서 수기의 내용이 경험적으로 반박되기는 어렵다. 수기의 저자인 김정현과는 다른 방식으로 퀴어 문화를 누리는 이들의 목소리가 들리지 않기 때문에 그의 재현을 상대화할 수 있는 이야기가 절대적으로 부족한 것이다. 퀴어 집단과 친밀한 관계를 맺은 사회적 경험이 부재한 상황에서 하위문화의 몇 가지 모습을 선정적으로 편집한 수기는 큰 영향력을 발휘한다. 퀴어 커뮤니티가 오염된 벽장으로 묘사되면서 퀴어 당사자는 자긍심이 아닌 수치심을 느껴야 하는 존재가 된다. 퀴어 논쟁이 펼쳐지는 시기마다 수기가 유포된 이유는 바로 이 때문이다. 퀴어 집단을 자격과 조건을 갖추지 못한 존재로 만드는 수기는 퀴어 변화에 대한 요구를 침묵시키는 장치로 꾸준히 활용되었다.

흥미로운 사실은 여러 이유로 인해서 개신교회를 떠났거나 더 이상 개신교인으로 정체화하지 않는 이들은 '탈개신교인'으로 불리지 않는다는 점이다. 이들은 '개신교인들이 말해주지 않는 개신교회에 대한 비밀'을 폭로하는 내부 고발자로 여겨지지 않는다. 여기에는 크게 두 가지 이유가 있다. 첫 번째 이유는 개신교회를 다닌 사람들의 다양한 이야기가 사회적으로 축적되어 있기에 탈개신교회 경험이 여러 사례 중 하나로 받아들여진다는 데 있다. 탈개신교인은 저마다 사연을 지닌 개별적인 존재로서 각자의 자리에서 자신의 경험을 서술한다. 이에 반해 탈동성애자의 수기에 그려진 동성애자는 얼굴을 지닌 개인이 아니라 하나의 덩어리에 가깝다. 따라서 동성애자 한 명, 심지어 과거에 동성애자였다고 밝힌 한 명의 경험이 모든 동성애자의 '본질'을 드러낼 수 있다.

두 번째 이유는 개신교회가 집을 상징한다는 데 있다. 개신교회에서 탈개신교인은 잠시 개신교회를 떠난 사람으로 이해된다. 탈개신교인이 개신교회와의 완전한 단절을 선언했다고 하더라도 마치 돌아온 탕자(루가의 복음서 15장 11~32절)처럼 언젠가 복귀할 것이라는 믿음이 있는 것이다. '인생의 방황은 예수님을 만나면 끝나고, 신앙의 방황은 좋은 교회를 만나면 끝난다'는 말이 통용되는 개신교회에서 탈개신교인은 주체적인 선택을 내린 개인이 아니라 방황하는 주님의 자녀로 간주된다. 지독한 낙관주의로 무장한 개신교회에서 탈개신교인의 양심고백은 오직 과거 시제로만 표현될 수 있다. '예전에 교회를 떠난 적이 있지만 하나님의 도우심으로 다시 돌아오게 되었다'는 흔한 간증은 탈개신교회가 애초부터 불가능하다는 사실을 시사한다.

개신교회가 마침내 되돌아올 집을 상징한다는 점은 반퀴어 운동이 동성애를 정의하는 방식과도 연결된다. 반퀴어 운동은 동성애를 이성애에서 벗어난 비정상적 상태로 규정하고 동성애자에게 이성애자로 돌아올 것을 요구한다. 여기서 동성애는 안정적이고 중립적인 성적 지향이 아니라 일시적 일탈, 인지적 착각, 성적 중독으로 의미화된다. 반퀴어 담론에 따르면, 모든 인간은 이성애자로 태어나기에 우연적이고 예외적으로 일어난 동성 간 성적 실천이 그 자체로 심각한 문제가 되지는 않는다. 문제는 이들이 집(이성애 가족질서)으로 돌아오는 것을 거부하고 지옥(퀴어 커뮤니티)에 머물기를 원할 때 발생한다. 마치 하나님 없이 살 수 있다고 생각하는 인간의 교만함이 죄악의 근본으로 여겨지듯이, 지배규범을 따르지 않아도 괜찮다고 주장하는 퀴어 집단의 자긍심은 타락의 원천으로 여겨진다.

반퀴어 집단은 퀴어 집단을 집으로 가는 길을 찾지 못한 안타까운 이들로 묘사하지만, 퀴어 연구자 사라 아메드Sara Ahmed는 길을 잃는 경험disorientation이 우리를 새로운 세계로 이끌 희망을 담고 있다고 이야기한다.[11] 물론 갈피를 잡을 수 없는 상황은 어지러움과 혼란을 일으키고 때로는 상실의 아픔을 가져오기도 한다. 낯선 곳에서 풍겨 나오는 위화감, 딛고 설 수 있는 기반이 없다는 불안감, 어느 곳으로 가야 할지 모르는 막막함 때문에 서둘러 집으로 되돌아가거나 정반대로 그 자리에서 얼어붙은 듯 멈춰서 있을지도 모른다. 다만 한 가지 분명한 것은 길을 잃는 경험이 이 세상에 존재한다고 생각조차 해본 적 없는 것을 느끼는 우연한 순간을 만들면서, 지금까지와는 다른 상황을 가능하게 한다는 사실이다.

'퀴어'는 이원젠더체계, 이성애규범, 남성 지배, 신자유주의, 백인우월주의 등의 지배 서사가 촘촘하게 설계한 각본을 떠나 길을 잃는 것을 불안과 위기로 이해하지 않는다. 퀴어는 과거부터 미래로 이어지는 선형적인 시간을 비틀고, 똑바른 직선과 명확한 좌표로 이루어진 공간을 구부러뜨린다. 퀴어가 대단한 의지를 갖거나 급진적인 목표를 추구하기 때문에 이 모든 일을 이루어내는 것이 아니다. 아메드의 표현을 변주하자면, 퀴어가 모든 것에는 제자리가 있다고 말하는 세계에서 주어진 것과 어긋난 각도를 맞추며 살기 때문이다.[12] 퀴어는 돌아갈 집이 애초에 존재하지 않는다는 고통스러우면서도 즐거운 사실을 기꺼이 받아들인 이들이다. 퀴어가 하는 양심고백이 있다면, 아무것도 사과하지 않고 누구에게도 부끄러워하지 않는다는 다짐일 것이다.

"우리는 사랑하기 때문에 반대합니다"

2015년 서울퀴어퍼레이드를 마치고 돌아오는 길에 흥미로운 광경을 마주했다. 지하철을 타기 위해서 시청역 안으로 들어가자마자 스무 명쯤 되는 개신교인들이 부르는 찬양이 들려왔다. "당신은 하나님의 언약 안에 있는 축복의 통로 / 당신을 통하여서 열방이 주께 돌아오게 되리"라는 가사의 유명한 찬양이었다. 교회에서 서로를 축복하면서 부르는 노래가 시청역에서 울려 퍼지는 상황은 길거리 전도와 유사해보였다. 어떤 면에서 예배를 마치고 돌아가는 사람들을 향해서 찬양팀이 부르는 노래 같기도 했다. '동성애는 모두의 불행'이라는 피켓이 없었다면 더욱 그랬을지도 모른다.

훨씬 많은 수를 차지하는 축제 참가자 중에는 찬양을 따라 부르는 사람도 있었고 '개독교'라고 말하며 분노를 드러내는 사람도 있었다. 찬양을 부르는 개신교인 앞에 동전을 던지고 가는 사람도 있었다. 함께 그 광경을 지켜보던 개신교인 친구는 "순수한 마음을 가지고 부르는 축복송이라서 더 저주같이 들린다"며 속상해했다. 이 장면이 영상에 담겨져 개신교회에 유통된다면 어떠한 반응이 있을지 떠올려보았다. 지하철역이라는 공적 공간에서 큰 소리로 찬양을 부르는 모습을 불편하게 여기는 개신교인이 얼마나 될까? 불쾌한 표정을 짓는 축제 참가자를 사랑의 손길을 거부한 이들로, 아직 예수님을 만나지 못한 이들로 보는 사람이 더 많을 것 같다는 생각이 들었다.

반퀴어 운동에서 적대와 혐오는 사랑과 그리 멀리 떨어져 있지 않다. 반퀴어 활동가들은 자신들이 성소수자 혐오 세력으로 불리는 것에 강한 반감을 갖고 있다. 현장에서 만난 많은 반퀴어 활동가들은 '성소수자를 누구보다도 사랑하기 때문에 반대할 수밖에 없다'고 주장하고는 했다. 신앙인이기 이전에 자녀를 사랑하는 부모의 마음으로, 청소년을 사랑하는 어른의 마음으로, 대한민국을 사랑하는 국민의 마음으로 반퀴어 운동에 나섰다는 것이다. 어떤 반퀴어 활동가는 내게 "어렸을 때부터 남자면 남자로서, 여자면 여자로서 대우받지 못하고 자라온 동성애자에게 사랑을 주고 싶다"고 이야기하기도 했다.[13)]

물론 사랑을 강조한다고 해서 반퀴어 집단이 퀴어 집단과의 평화로운 공존을 모색하는 것은 결코 아니다. 그러나 한 가지 기억해야 할 점은 반퀴어 집단이 열정적으로 비난하는 이들이 퀴어 당사자보다 퀴어 변화에 적극적으로 대처하지 않는 대형교회 지도자, 퀴어 정책을 마련하려는 정치인, 인권과 다양성의 가치를 옹호하는 퀴어 활동가라는 사실이다. 퀴어 당사자에 대한 사랑과 포용을 내세우던 반퀴어 활동가들도 대형교회 지도자, 정치인, 퀴어 활동가를 언급할 때면 단호한 어조로 딱 잘라서 말하고는 했다. 이들은 선악을 알게 하는 나무 열매를 먹어도 죽지 않는다고 유혹한 뱀(창세기 3장 1~5절)처럼 사람들을 속여서 분별력을 상실하게 만드는 존재로 간주되었다.

반퀴어 집단이 퀴어 집단에 대한 사랑을 호소하는 모습은 인상적인 장면을 연출하기도 했다. 2014년 12월 11일, 비혼여성코러스 아는언니들은 무지개농성 해산식에서 〈내가 천사의 말 한다 해도〉라는 제목의 성가를 불렀다. 이 노래는 사랑의 찬가로 알려진 성서 본문(고린토인들에게 보낸 첫째 편지 13장)을 가사로 하는 곡으로 사랑의 아름다움과 위대함을 기리는 내용을 담고 있다. "내 맘에 사랑 없으면 / 내게 참 지식과 믿음 있어도 / 아무 소용없으니"
라는 가사는 적대와 혐오로 무장한 반퀴어 운동에 저항하는 메시
지가 된다. 그런데 아이러니하게도 같은 시간, 무지개농성장 바로 옆
에서 열린 반퀴어 예배에서도 같은 본문을 주제로 하는 설교가 진
행되고 있었다. 예수재단 임요한 목사는 설교에서 다음과 같이 이
야기했다.

저분들은 우리에게 혐오, 폭력, 차별을 멈추라고 말하지만 우리는
그러려고 여기에 온 게 아닙니다. 하나님의 창조질서를 위배하면
잠시 동안은 행복한 것 같고 자유한 것 같지만 어둠의 영에 의해
서 사망의 권세의 지배를 받게 됩니다. 우리는 저들의 영혼을 사
랑하기에 온 것입니다. 이 나라와 민족을 살리는 역사가 젊은이들
에게 임한다면 얼마나 큰 복이겠습니까. 우리는 저들을 사랑하고
축복하기 위해 왔습니다.

임요한 목사는 '혐오, 폭력, 차별'과 같은 부정적인 명명을 거부
하면서 반퀴어 운동의 정당성을 '사랑'에서 찾는다. 실제로 그는 농
성장에 모인 이들에게 혐오발언을 쏟아내고 높은 데시벨의 설교와
찬양으로 농성을 방해했지만, 농성 참가자에게 물리적 폭력을 감행
하려는 이들을 막아서며 "사랑으로 해야지!"라고 훈계하기도 했다.
그가 퀴어 집단을 사랑한다고 고백하는 모습은 박원순 시장을 '소

돔과 고모라 시장' '나라 망치는 동성애 홍보대사' '집회방해 일삼는 꼼수의 달인'이라고 노골적으로 비난하는 모습과 선명한 대조를 이룬다.

여기서 반퀴어 집단이 혐오를 사랑으로 바꾸어 부르면서 자신의 활동을 "이 나라와 민족을 살리는 역사"로 설명한다는 점에 주목할 필요가 있다. 이들은 '젊은이들'을 통해서 자신이 지향하는 미래가 실현되기를 바라고 있다. 하지만 '어둠의 영'과 '사망의 권세'의 지배를 받는 젊은이들은 '하나님의 창조질서'에 따라서 살아야 한다고 외치는 자신들에게 "혐오, 폭력, 차별을 멈추라"고 이야기할 뿐이다. 그럼에도 반퀴어 집단은 하나님을 떠나서 '행복'하고 '자유'로울 수 없다는 사실을 알고 있기에 젊은이들이 회심하기를 '사랑'과 '축복'의 마음을 담아서 기도한다. 다시 말해서 젊은이들로 표현되는 퀴어 집단은 나라를 파괴하고 민족을 멸망시키는 <u>죄인이기 때문에</u> 반퀴어 집단의 사랑을 받는다.

사라 아메드의 논의는 이 사랑의 역설을 이해하는 데 길잡이가 된다. 영국의 다문화주의를 비판적으로 검토한 아메드는 타자를 향한 사랑을 강조하는 일이 실제로는 타자에 대한 배제로 이어질 수 있다고 지적한다.[14] 나와는 다르다고 여겨지는 사람들을 사회의 일원으로 받아들이는 일은 주체가 가지고 있는 특권이다. 주체(자국민, 백인, 남성, 이성애자, 시스젠더, 비장애인, 그리스도교 신자 등)는 타자(이주자, 비백인, 여성, 퀴어, 장애인, 비그리스도교 신자, 무종교인 등)를 관용할 수 있지만 타자에게는 그러한 권한이 주어지지 않는다. 타자는 오직 주체에 의해서 사랑받을 수 있는 대상으로 남겨질 뿐이다. 타자가 주체의 사랑에 응답하기를 거부하거나 주체와의 동등한 관계를 요구할 때, 타자는 감사할 줄 모르는 배은망덕한 존재로 낙인찍힌다.

타자라고 해서 모두가 같은 대우를 받는 것은 아니다. 다문화주의는 사랑받을 만한 타자와 사랑스럽지 않은 타자를 구분한다. 주체의 문화를 익히고 주체의 언어를 구사하며 국가에 대한 충성심을 드러내는 타자, 즉 '자신이 갖고 있는 차이를 국가에 되돌리는 타자'는 주체가 관용할 수 있는 대상이 된다.[15] 한국의 경우, 시부모를 모시고 남편을 도우며 아이를 양육하는 결혼이주여성이나 개신교로 개종한 이주노동자는 훌륭하고 모범적인 이주자로 소개된다. 그러나 노동조합을 조직해서 이주노동자의 권리를 보호하기 위해 투쟁하는 이주자, 출신 지역의 언어와 전통을 아이에게 가르치는 이주자, 한국의 가부장제·소비 자본주의·인종차별을 비판하는 이주자는 불온한 존재로 간주된다. 다문화주의는 '사랑에 대한 사랑', 즉 주체가 베푸는 사랑에 대한 타자의 사랑을 근간으로 주체와 타자, 사랑받을 만한 타자와 사랑스럽지 않은 타자를 구분하는 정치학이라고 할 수 있다.[16]

아메드의 논의에 비추어볼 때, 주체의 위치를 차지한 반퀴어 집단은 사랑스럽지 않은 타자인 퀴어 집단에게 사랑받을 만한 타자가 되라고 요구하고 있다. 태어날 때 지정받은 성별에 따라서 살아가기, 이성에 대한 배타적인 성적 끌림을 고백하기, 이성과 결혼해서 아이를 낳고 가족을 꾸리기, 예수를 믿고 구원받기 등의 조건을 충족해야만 퀴어 집단을 동료 시민으로, 인간다운 인간으로 인정해주겠다는 것이다. 개신교 전파가 130여 년밖에 되지 않았음에도 반퀴어 집단은 이른바 '퀴어 청정국'의 주인인 것처럼 행세하고 있다. 퀴어 집단에게는 반퀴어 집단이 쏟아붓는 사랑을 거부할 수 있는 권리가 처음부터 주어지지 않는다. 이원젠더체계와 이성애규범에 기초한 사회질서를 따름으로써 사랑받을 만한 타자가 되든지, 아니면 변실금, 정신질환, HIV 감염으로 고통받다가 결국 쓸쓸하게 고독사하는, 사랑스럽지 않은 타자로 남을 것인지 선택해야 할 따름이다.

반퀴어 집단이 진정으로 사랑하는 것은 퀴어 집단이 아니라 퀴어 집단의 변화 가능성이다. 언젠가 '우리'처럼 변하게 될 퀴어 집단에게 사랑을 투자하는 것이다. 반퀴어 집단이 전환치료를 강조하는 이유도 퀴어 집단을 '우리'와 비슷한 모습으로 바꾸려는 나르시시즘 때문이다. 물론 퀴어 집단이 주체가 제시하는 이상에 도달하기 위해 아무리 노력하더라도 지배규범을 거부한 '전과'가 있는 퀴어 집단은 주체의 위치에 머물 수 없다. 주체와 타자 사이의 위계적인 관계가 재구성되지 않는 한, 타자가 주체의 위치에 조금 더 가까이 간다고 해서 주체가 될 수는 없기 때문이다. 타자에게 주체를 닮아야 한다고 강요하는 일은 타자를 '사랑받을 만한 타자'로 만들 뿐이다.

반퀴어 운동에 참여하는 많은 수의 보수 개신교인은 퀴어 집단의 변화 가능성을 확신한다. '예수님을 몰랐을 때는 비참한 죄인으로 살았지만 구주를 영접하고 새롭게 태어나게 되었다'는 회심 서사가 지배적인 상황에서 보수 개신교인 본인이 종교적으로 회심했듯이 퀴어 집단도 성적인 회심을 할 수 있고, 해야만 한다는 믿음이 생기는 것이다. 전환치료가 비과학적이고 비윤리적이라고 하더라도, 퀴어 당사자가 변화의 필요성을 느끼지 않더라도 '나'를 변화시키신 주님이 '당신'도 변화시킬 것이라는 믿음은 흔들리지 않는다. 변화 가능성 혹은 변화의 의무는 퀴어 집단의 경험을 반영하는 것이 아니라 반퀴어 보수 개신교인의 믿음을 통해서 발명된다.

반퀴어 집단이 사랑과 관용을 주장하는 것은 보수 개신교의 맥락에서 높은 수용성을 지닌다. '죄는 미워하되 죄인은 사랑하라'는 구호는 개신교가 사랑의 종교라는 인식을 환기시킴으로써 사회적 소수자를 괴롭히는 주류 종교 집단이라는 부정적 이미지를 탈색하는 데 도움을 준다. 더불어 미워해야 하는 죄와 사랑해야 하는 죄인을 구별하는 것을 통해 겉으로는 퀴어 집단에 대한 사랑을 강조하면서도 실제로는 죄와 싸워야 한다는 명분을 내세워 적대와 혐오를 용인하는 효과를 발생시킨다. 반퀴어 신념은 그대로 놔둔 채 반퀴어 운동이 전개되는 방식을 온화하고 다정하게 바꾸는 일종의 마케팅 전략인 셈이다.

그러나 조건을 붙이고 자격을 따져 묻는 퀴어 관용은 신학적으로 성립하기 어렵다. 그리스도교에서 이야기하는 구원은 모두에게 값없이 주어지는 하느님의 선물이기 때문이다(에페소인들에게 보낸 편지 2장 8~9절, 디도에게 보낸 편지 3장 5절). 교회의 역사는 하느님의 선물을 받은 이들이 다양성 속에서 일치를 이루어내는 과정이었다. 성서는 타자를 관용하는 주체의 아량이 아니라 서로가 서로에게 이웃이 되는 방법을 제안한다. 이웃이 되는 것은 곤경에 처한 사람을 돌보고 위로하는 일이자 상대를 조건 없이 환대하는 일을 의미한다(루가의 복음서 10장 25~37절). 이웃되기의 윤리학은 사랑받을 만한 존재는 받아들이고 사랑스럽지 않은 존재는 배제하는 반퀴어 운동과 정반대를 지향한다.

반퀴어 운동은 사랑을 부정하는 독선적 배타주의가 아니라 관용을 통해서 위계를 정당화하는 '사랑의 정치학'이라고 할 수 있다. 페미니스트 연구자 재닛 R. 제이콥슨Janet R. Jakobsen과 앤 펠레그리니Ann Pellegrini는 '죄는 미워하되 죄인은 사랑하라'고 주장하는 이들이 미워하는 것(죄)과 사랑하는 것(죄인) 사이에 임의적이고 모순적인 경계를 설정하면서 자유와 정의가 아니라 사랑과 관용을 추구하는 점을 강하게 비판한다.[17] 사랑을 내세우는 일은 원색적인 적대나 공격적인 혐오보다 긍정적인 함의를 지닌 것처럼 보이지만 '우리'가 '그들'을 관용한다는 식의 위계질서를 묵인한다는 점에서 별다른 차이가 없다.[18] 사랑을 담은 혐오를 극복하기 위해서는 우리와 그들, 주체와 타자, 반퀴어 집단과 퀴어 집단 사이의 불평등한 관계를 근본적으로 바꾸어야 한다. 퀴어 변화가 실현하는 것은 보다 진정한 사랑이나 더 많은 관용이 아니라 모든 사람을 위한 평등이기 때문이다.

더 나은 번역

반퀴어 집단은 이른바 객관적인 정보, 과학적인 진실, 구체적인 경험에 기대어 퀴어 변화에 대항하는 감정적이고 도덕적인 대중을 형성한다. 또한 퀴어 집단에 대한 적대와 혐오를 통해 주체로서의 위치를 공고히 하고 이원젠더체계와 이성애규범의 헤게모니를 승인한다. 반퀴어 운동에 맞서는 일은 퀴어 이슈에 대한 선정적인 재현과 왜곡된 사실관계를 바로잡는 인지적인 차원과 적대감·위협감·혐오감에 개입하는 감정적인 차원을 아울러야 한다. 사랑의 이름을 내건 반퀴어 운동에 비판적으로 개입하는 일 역시 의미 투쟁의 중요한 장소가 된다.

페미니스트 연구자 신시아 버락Cynthia Burack은 반퀴어 운동을 이해하기 위해서는 감정에 주목해야 한다고 주장한 바 있다. 반퀴어 집단이 유포하는 지식과 정보가 진짜인지를 놓고 다투는 일보다 반퀴어 운동을 가능하게 하는 신념과 동기, 가치체계와 세계관을 파악하는 일이 중요하다는 것이다.[19] 버락에 의하면, 반퀴어 감정의 문화정치학을 이해하는 작업은 반퀴어 집단을 비이성적이고 비합리적인 무리가 아니라 나름의 목표와 전략을 지닌 동료 시민으로 생각하는 일을 포함한다.[20] 반퀴어 운동을 시대착오적인 움직임으로 치부해버리기 전에 우선 반퀴어 집단을 진지하게 마주하는 일부터 시작하자는 제안이다.

버락의 논의는 반퀴어 담론에 동의해야 한다거나 반퀴어 집단과 똑같은 언어를 구사해야 한다는 주장이 아니라 반퀴어 담론을 익힘으로써 (반)퀴어 이슈에 대한 더 나은 번역자가 되어야 한다는 뜻에 가깝다.[21] 다양한 퀴어 현상을 창조적으로 해석할 수 있는 이들, 지배적인 담론을 거슬러 읽을 수 있는 이들, 퀴어 집단에 드리워진 부정적인 감정을 끌어안을 수 있는 이들이 반퀴어 감정의 회로를 재구성할 수 있기 때문이다. 반퀴어 집단이 일으키는 도덕적 공황에 주눅 들지 않고 새로운 감정의 질서를 만들어내는 더 나은, 더 많은 번역이 절실하다.

6장

퀴어 느낌의 아카이브

2016년 서울에서 퀴어퍼레이드가 열린 바로 다음 날, 미국 플로리다 올랜도 지역에 있는 게이 클럽 펄스Pulse에서 총기 난사 사건이 발생했다. 펄스는 AIDS 합병증으로 세상을 떠난 오빠를 기억하기 위해 동생이 만든 클럽으로, 클럽의 이름에는 오빠의 '맥박pulse'이 계속 이어지기를 바라는 마음이 담겨 있었다. 이처럼 펄스는 삶과 죽음의 단절적 시간이 퀴어 상실을 기억하는 커뮤니티를 통해 중첩되는 만남으로 변화하는 정동적인 공간이었다. 그러나 그곳에서 퀴어 집단을 겨냥한 증오범죄가 벌어졌고 수많은 사람이 목숨을 잃고 말았다.

올랜도 참사 소식은 한국에도 큰 충격으로 다가왔다. 올랜도 참사 희생자를 기리는 촛불문화제가 전국 곳곳에서 개최되어 서로의 불안과 슬픔을 함께 나누었다. 6월 17일 서울에서 마련된 두 번째 추모제 참가자들은 올랜도 참사의 아픔이 자신의 삶의 경험과 맞닿아 있는 지점을 들려주었다. 게이코러스 지보이스에서 활동하는 한 참가자는 김승환-김조광수 공개 동성결혼식에 난입한 반퀴어 활동가가 오물을 투척한 사건을 언급하면서 "똥물이어서 다행이었다. 만약에 화학물질이었다면 나는 지금 이 자리에 없었을지도 모른다"고 이야기했다. 또 다른 참가자는 학교에서 아웃팅을 당하고 죽음을 생각할 만큼 힘들었던 경험을 회고했다.

퀴어 커뮤니티가 경험한 고통이 여러 소수자의 현실과 공명한다는 점을 조명한 이들도 있었다. 이들은 열악한 환경으로 내몰리는 노동자, 차별과 폭력으로 인해 상처를 입은 여성, 생존을 위한 투쟁에 나서야 하는 장애인, 삶의 지속 가능성을 박탈당한 난민, 역겨움과 증오의 대상으로 지목된 이주자가 놓인 삶의 자리와 퀴어 집단의 삶의 자리가 교차한다는 메시지를 전했다. 삶의 무거운 짐을 지고 있는 이들 곁에, 이들의 얼굴을 지닌 퀴어한 존재들이 있었다. 추모제는 살아남은 사람들이 서로에게 곁을 내주는 커뮤니티의 시간이자 연대의 장소였다.

퀴어 연구자 나영정은 추모제에 대해서 "성소수자의 죽음이 성소수자로서 명예롭게 기억될 수 있는가, 살아남은 이들은 그 죽음을 동일시하고 공적인 추모를 통해서 애도할 수 있는가, 그 움직임을 공공장소에서 벌임으로써 성소수자의 사회적 위치와 재현을 변화시킬 수 있을 것인가"[1] 등의 질문을 던진 자리라고 평가했다. 생명으로 인정받은 적이 없기에 애도할 수 없는 죽음을 애도하는 일, 존재한 적이 없기에 기억할 수 없는 상실을 기억하는 일, 너무나 압도적이기에 저항할 수 없는 폭력에 저항하는 일이 추모제를 통해서 이루어졌다.

서울에서 열린 두 번째 추모제는 특별히 퀴어 아티스트의 공연으로 마무리되었다. 화려한 옷차림을 한 트랜스젠더와 드랙퀸이 빠른 리듬에 맞춰 열정적인 무대를 선보였다. 지나가던 한 행인은 공연을 보고 "여기 아까 추모제 아니었어?"라며 의아해하기도 했다. 주로 게이 클럽에서 공연을 하던 이들이 공적인 추모의 현장에 참여한 일은 퀴어 애도의 한 가지 방식이었다. 퀴어 삶에서 상실, 트라우마, 불안, 수치심, 두려움과 같은 어두운 느낌은 즐거움, 기쁨, 자긍심, 열정, 신뢰처럼 밝은 느낌과 얽혀 있기 때문이다. 공연자가 했던 말처럼, 퀴어 집단은 그렇게 '춤추면서' 살아가고 있다.

축제적 저항

퀴어 커뮤니티는 퀴어 당사자들이 모인 인구 집단 이상의 의미를 지닌다. 퀴어 당사자는 커뮤니티에 참여함으로써 외부 세계에서 얻기 어려운 소속감과 편안함을 얻는다. 이성애규범이 지배적인 사회에서 드러내기 어려운 동성 간 친밀성의 기쁨, 젠더를 단속하는 사회에서 규범을 거슬러 자신을 표현하는 자유로움, 먼저 떠나보낸 이들을 그리워하고 함께하는 이들을 돌보는 연결감, 불평등한 사회를 살아가면서 마주하게 되는 고통 등은 퀴어 커뮤니티를 구성하는 문화적 텍스트라고 할 수 있다. 퀴어 커뮤니티는 과거의 경험과 역사가 축적되고 미래를 향한 열망과 기대가 녹아든 장소로서, 퀴어한 존재로 살아간다는 것이 무엇인지를 익히고 실천하는 현장이다.

퀴어 커뮤니티는 정동적인 경험을 통해 공적인 문화를 만든다는 점에서 페미니스트 연구자 앤 크베트코비치Ann Cvetkovich가 이야기한 '느낌의 아카이브an archive of feelings'[2]를 만들어나간다. 퀴어 느낌의 아카이브에는 다양한 자료가 담겨 있다. 이를 책에 빗대어 표현하자면, 즐거움의 책, 설렘의 책, 고마움의 책이 있는가 하면, 슬픔의 책, 트라우마의 책, 절망의 책도 존재한다. 다른 사람이 남긴 책을 읽으면서 공감하기도 하고, 서로 다른 결을 지닌 책을 접하면서 차이를 이해하는 통찰을 얻기도 하며, 때로는 용기를 내어 자신의 경험을 책으로 담아내기도 한다. 퀴어 활동가 다빛은 환희의 책에 자신의 이야기를 적어두었다. 다빛은 퀴어문화축제에 참가하면서 받은 강렬한 감정적 경험을 나누어주었다.

퀴어퍼레이드에 처음 갔을 때는 이쪽(퀴어 커뮤니티의 일원이라는 의미)임에도 불구하고 굉장한 문화 충격을 받았어요. 지하철에서 내려서 행사장으로 걸어가는데, 뭔가 다른 세계로 들어가는 듯한 느낌이 드는 거예요. (…) 정말 이렇게 많을 줄 몰랐어요. 많은 사람들이 나와서 이날만큼은 자기의 존재를 부정하지 않고 나타낸다는 것이 큰 감동이었죠. 항상 퀴어퍼레이드를 생각하면 가슴이

좀 뛰어요.　　　　　　　　　　　　　　　　　　　　 －〈다빛〉

　　다빛이 퀴어문화축제 행사장에 진입하면서 '다른 세계'로 들
어가는 느낌을 받은 이유는 퀴어 집단으로 하여금 비가시화된 존
재로 살 것을 요구하는 매일의 생활과는 다르게 퀴어문화축제 현
장이 성적 다채로움과 문화적 다양성을 긍정하는 곳이었기 때문이
다. 일상이 녹록하지 않은 만큼 퀴어문화축제가 열리는 시기를 더
욱 기대하는 것이다. 퀴어문화축제와 같은 공적인 퀴어 행사는 참가
자로 하여금 압박과 규율에서 잠시나마 벗어나서 해방감을 누리도
록 한다. 존재하지 않는 것처럼 살아야 하는 부당함과 피로감이 퀴
어 행사를 통해서 얼마간 해소되는 것이다. 다빛은 퀴어문화축제에
서 "1년 동안 살아갈 힘을 받아 온다"고 말했다.

　　다빛은 많은 사람들, 특히 퀴어 친구들과 함께 행진했던 순간
을 '가슴 뭉클한 기억'으로 간직하고 있었다. 퀴어 현장에서 수많은
이들과 어울리는 일은 스스로를 퀴어 당사자로 정체화하는 것과는
질적으로 다른 경험이 된다. 퀴어 현장에 참여하면서 자기 자신을
긍정할 수 있는 힘을 얻을 뿐 아니라 '우리'를 몸으로 직접 느낄 수
있기 때문이다. 퀴어 현장은 '나'의 이야기가 가닿을 수 있는 세계의
지평이자 '우리'의 문화적·정치적 출처가 되는 소속의 장소라고 할
수 있다. 퀴어문화축제에서 임시적으로 체현된 커뮤니티는 참가자
의 삶에 활력을 불어넣고 다른 이들과의 연결감을 증폭시킨다.

퀴어 집단이 공적으로 가시화되는 현장은 반퀴어 운동이 조직화될수록 중요한 의미를 지닌다. 차별과 폭력에 저항하는 '우리'를 다시금 확인하고 싶은 욕구가 커지기 때문이다. 퀴어 운동의 성장과 퀴어 커뮤니티의 확장이 반퀴어 집단이 형성되는 하나의 배경이었다면, 반대로 반퀴어 집단의 출현은 퀴어 운동이 견고해지고 퀴어 커뮤니티가 감정적으로 결속되는 계기가 된다. 비슷한 맥락에서 퀴어 적대와 혐오의 확산은 퀴어 집단의 삶의 기반을 불안정하게 만들기도 하지만, 동시에 커뮤니티 감각을 불러일으키는 요인이 되기도 한다. 퀴어 활동가 시안은 퀴어문화축제 참가자들이 축제를 지키기 위해 노력하는 과정에서 축제에 대해 특별한 감정을 가지게 된다고 보았다.

퀴어문화축제 참가자들은 '축제가 밀리지 않고 퍼레이드를 잘 마치는 게 우리의 자존심이다'라고 얘기를 해요. 사실 그 말이 맞아요. 축제는 단순히 퍼레이드 하루를 즐기기 위한 행사가 아니거든요. 축제는 많은 의미를 가지고 있죠. 저항의 운동이기도 하고, 성소수자의 존재를 드러내는 자리이기도 하고요. 1년 365일 중에서 364일 동안 자기 정체성을 숨기고 있다가 그동안 훼손됐던 자존감을 퍼레이드를 통해서 회복을 하는 거예요. 당사자들한테도, 사회적으로도 지지를 받으면서요.　　　　　　　　　　　 -〈시안〉

시안은 퀴어문화축제가 참가자들에게 '자존심'을 건 싸움이 되었다고 지적한다. 퀴어문화축제를 방해하는 반퀴어 집단의 공격이 거세지는 상황에서 무사히 행사를 치러내는 일은 퀴어 커뮤니티 안팎에서 화두로 떠오르게 된다. 이에 퀴어문화축제를 준비하는 일은 적대와 혐오의 흐름을 거스르는 일종의 반격으로, 퀴어문화축제에 참가하는 일은 퀴어 변화에 대한 열망을 공적으로 표출하는 실천으로 빛나게 된다.

공간 연구자 김현철은 퀴어퍼레이드를 '축제적 저항'으로 설명하면서 퍼레이드 참가자를 '거리를 향유하는 능동적 주체'로 해석한다.[3] 퍼레이드 참가자는 이성애 가족질서에 기초한 공간 규범, 투자자와 소비자에게만 장소에 대한 권리를 부여하는 자본주의 체제, 행정 처분과 사법질서가 규율하는 공적 영역에 도전하면서 공간을 퀴어하게 바꾸어나간다. 김현철의 해석에 따르면, 퍼레이드를 막아서는 반퀴어 집단은 축제적 저항이 가져오는 즐거움을 빼앗고, 공간을 지배하는 규범에 순응하도록 요구하는 이들이라고 할 수 있다. 퀴어 활동가 예주는 반퀴어 집단의 방해를 무릅쓰고 2014년 서울퀴어퍼레이드를 무사히 마쳤을 때의 기쁨에 대해 이야기했다.

퀴어퍼레이드를 끝까지 돌고 출발점으로 돌아오니까 퀴어문화축제 자원활동가들이 양 옆에 서서 박수를 쳐주더라고요. 그때 많이 울었던 것 같아요. 지금도 울컥해요. '그때 우리 너무 많이 고생

했다' 이런 생각도 들고요. 그러니까 운동을 다시 하게 되죠. 서로 의지하게 되고요.　　　　　　　　　　　　　　　　　　　　　　　　　-⟨예주⟩

　　예주는 퀴어퍼레이드를 마무리하고 나서 감격의 눈물을 쏟았다. 4시간 넘게 정체된 퍼레이드가 많은 노력 끝에 재개되면서 밤거리를 걸었던 순간은 예주에게 '승리'의 기억으로 남았다. 퍼레이드를 마치고 돌아온 참가자들은 '수고했어' '잘했어' '우리가 해냈어'와 같은 이야기를 주고받으며 서로를 격려했다. 참가자들이 느끼는 뿌듯함은 퀴어 당사자 혹은 지지자로서 느끼는 자긍심이라기보다 함께 역경을 이겨내며 쌓아 올린 동료의식에 가깝다고 할 수 있다. 이처럼 밀도 높은 감정적 경험은 참가자들을 연결시키고 커뮤니티를 튼튼하게 만드는 자원이 된다. 퍼레이드를 지켜냈다는 자부심은 참가자들로 하여금 다른 상황에서도 용기를 낼 수 있도록 돕는다.[4]

　　물론 퀴어 당사자로 살아간다는 것이 매번 달뜬 감정을 수반하는 것은 아니다. 퀴어 당사자는 몇몇 도시에서 1년에 한 번씩 열리는 퀴어문화축제보다 주거 지역을 중심으로 형성된 소규모 모임이나 상업 지구를 배경으로 하는 하위문화를 더욱 자주 경험한다. 오프라인 공간을 매개하지 않고 인터넷 커뮤니티, 온라인 데이트 앱, SNS를 통해 퀴어 만남을 이어가기도 한다. 퀴어문화축제와 같은 대규모 퀴어 행사에 참가하는 일은 개인에게 큰 흔적을 남기기는 하지만, 퀴어 운동과 퀴어 커뮤니티 안팎에서 펼쳐지는 일상적인 경험과 관계, 실험과 탐색에 주목하는 작업 역시 중요하다.

또한 퀴어문화축제가 언제나 저항적인 의미를 지닌다고 하기는
어렵다. 퀴어문화축제에 참가한 이들이 어떠한 열망을 지니는지, 축
제의 기획과 방향성이 어떻게 설정되는지, 퀴어문화축제가 사회적
으로 어떠한 맥락 속에 놓이는지에 따라서 축제는 해방적이고 위반
적일 수도, 억압적이고 순응적일 수도 있다. 북미와 서유럽의 대도시
에서 열리는 퀴어문화축제가 백인·중산층·비장애인·동성애자·남
성의 특권을 재확인하는 행사가 되었다는 비판이나 커뮤니티를 기
반으로 하는 자율적인 활동은 뒷전으로 밀려난 채 기업의 후원 상
품만 넘쳐나는 행사로 전락했다는 지적도 계속되고 있다. 한국의
퀴어문화축제가 규범과 정상성이 구축하는 현 체제에 도전하는 저
항의 현장이 될지, 퀴어 집단이 '새로운 정상'임을 선언하는 보수적
인 행사가 될지 앞으로 지켜볼 필요가 있다.

"우리는 연결될수록 강하다"

퀴어 당사자는 퀴어 현장에 모
인 이들과 감정을 공유하면서 확장된 자기인식을 갖게 된다. 자기

자신을 몇몇 정체성 범주에 기대어 설명하는 것을 넘어서 서로 닮은 경험을 갖고 있는 이들과의 동질성을 체험하는 것이다. 자신의 삶에 대해 자유롭고 편안하게 이야기하는 일, 상대방의 경험을 주의 깊게 듣는 일, 서로 지지하고 격려하는 일, 복잡한 문제를 같이 해결해가는 일은 그 자체로 의미 있는 운동이 된다. 퀴어 활동가 재환은 2007년 포괄적 차별금지법 제정 운동이 만들어낸 풍성한 화음에 대해서 얘기했다.

> 번개 자리(성소수자 차별 반대 및 혐오 저지를 위한 긴급 모임)에 한 두 번 정도 갔던 기억이 있어요. (…) 그때 핵심은 차별금지 사유에서 성적 지향이 빠졌다는 게 전부였거든요. 이게 굉장히 잘못됐다는 문제제기였던 거죠. 그런데 번개 자리에 온 사람들은 이미 그 사실을 다 알고 있었기 때문에 번개 자리에서 사람들이 공유했던 건 "내가 그동안에 어떤 차별을 받았다" "나는 이게 굉장히 화가 난다" 같은 거였어요. (…) 차별의 경험을 그 자리에서 나눈 일은 단순해보이지만 굉장히 의미 있었다고 봐요. '포괄적 차별금지법이 제정된다고 하더라도 차별 문제가 과연 해결될 수 있을까?' '우리에게 정말 필요한 건 뭘까?' 같은 질문을 던지는 자리였어요.
>
> ―〈재환〉

보수 개신교회의 반발로 성적 지향을 비롯한 7개 조항이 삭제된 상황에 분노한 이들은 번개 모임을 꾸려서 각자의 차별 경험을 나누고 저마다 이야기를 풀어냈다. 부당함에 대한 항의는 강력한 정치적 자원이 되었고, 다양한 방면에서 창의적인 활동이 전개되었다. 차별금지법 투쟁은 '우리'는 누구인지, '우리'가 원하는 것은 무엇인지, '우리'에게 퀴어 변화란 무엇인지 질문하고 답하는 공적 공간을 탄생시켰다. 여기서 '우리'는 차별금지법으로 인해 권리를 보호받을 수 있는 개인의 집합이 아니라 서로의 이야기에 공명하면서 퀴어 역사를 써 내려간 공동의 저자를 가리킨다.

재환은 동료 퀴어 활동가들과 '텔레파시'로 연결되어 있다는 느낌을 받는다고 말했다. 당장 옆에 있지 않더라도, 동일한 이슈를 가지고 싸우지 않더라도 재환의 경험을 공유할 수 있는 사람이 존재한다는 사실로 인해 마음을 든든하게 먹을 수 있다고 덧붙였다. 새로운 '우리'가 형성되는 일은 퀴어 행사가 조직적인 방해에 부딪히고 퀴어 집단에 대한 차별과 폭력이 발생하는 불평등한 상황에 맞서는 힘을 제공한다. 2015년 서울퀴어문화축제 개막식 무대에서 한국여성민우회 활동가들이 피켓으로 보여준 것처럼, '우리'는 연결될수록 강해진다.

퀴어 커뮤니티를 묶는 감정이 부당함에 대한 분노나 차별로 인한 고통만 있는 것은 아니다. 다양한 이들과의 만남과 퀴어 활동을 통해서 얻는 긍정적 정서는 고된 상황을 이겨낼 수 있도록 돕는다. 재환은 번개 모임 이후 뒤풀이 자리의 분위기가 무척 좋았다고 기억했다. 답답한 현실의 문제에 속상하기도 했지만, 뒤풀이 자리에서 사람들과 어울리다 보면 선뜻 뒤풀이 비용을 낼 정도로 기분이 좋아졌다는 것이다. 퀴어 활동가 이현의 사례 역시 긍정적 정서가 만들어내는 새로운 가능성을 잘 보여준다. 이현은 공공기관을 향해 퀴어 정책의 실시를 요구하는 기자회견을 개최했던 경험을 들려주었다.

연대하고 있던 단체들과 다 같이 모여서 기자회견을 하는 날이었어요. 교회 쪽에서 반대 민원을 계속 넣고 있다는데 우리도 압박해야 할 필요가 있다고 판단한 거죠. 그날 땡볕에 마이크도 잘 안 나와서 되게 힘든 자리였는데, 1시간 넘게 목사님도, 장애인분들도, 퀴어 당사자도 각자 발언을 많이 했어요. 정말 좋은 교육의 장이었어요. 그 자리 때문에 지금까지 오게 된 것 같아요.   ―〈이현〉

뜨거운 햇볕이 내리쬐는 날씨에 기술적인 어려움을 겪으며 1시간 넘게 기자회견을 진행하는 일이 힘들었음에도 이현은 기자회견 자리가 즐거웠다고 평가했다. 이현이 기자회견을 긍정적으로 기억하는 이유는 기자회견장이 '우리'의 이야기를 만드는 자리였기 때문이다. 다채로운 배경을 지닌 사람들이 각자의 위치에서 퀴어 정책이 왜 필요한지를 설명하는 현장은 변화의 에너지로 가득 찼다.

퀴어 커뮤니티는 느낌의 아카이브를 구성해나가면서 적대와 혐오에 맞서는 퀴어 연결감을 확장시키고 있다. 여기서 나타나는 친밀한 만남은 퀴어 연구자 로렌 벌랜트Lauren Berlant와 마이클 워너 Michael Warner가 이야기한 '대항공중counterpublic'의 한 형태라고 할 수 있다.5) '대항공중'은 다른 세계를 만들기 위한 집합적인 활동에서 이루어지는 정동적인 관계를 의미한다. 이들은 지배적인 서사를 거슬러 읽어내고, 기존의 언어로는 알아들을 수 없는 노래를 부르며, 금지된 즐거움을 기꺼이 누린다. 이원젠더체계, 이성애 가족질서, 자본주의 체제, 내셔널리즘 등이 통치하는 현 체제를 뛰어넘기 위한 여러 실험과 도전은 새로운 '우리'를 창조해내는 힘을 갖고 있다.

물론 감정을 기초로 커뮤니티를 형성하고 지배규범에 맞서는 삶의 양식을 탐색하는 일은 정체성 정치를 추구하는 집단에서 나타나고는 한다. 앞서 살펴본 것처럼 반퀴어 집단 역시 나름의 방식으로 감정의 주파수를 맞추며 운동을 전개하고 있다. 그러나 퀴어 운동은 다른 운동과는 구별되는 독특한 감각을 자아낸다. 퀴어 현장에 참여할 때마다 '퀴어 운동이 어느 운동보다도 잘 되고 있다'는 참가자들의 평가를 들을 수 있었다. 시안의 이야기는 사람들이 퀴어 운동에 주목하는 이유가 퀴어 커뮤니티에 흐르는 정서와 관련이 있다는 점을 알려준다.

다른 영역에서 운동하는 어느 활동가분과 퀴어문화축제 얘기를 한 적이 있는데, 그분이 이렇게 말씀하시더라고요. "저항을 이렇게 신나게 할 수도 있구나, 집회가 이렇게 즐거울 수도 있구나. 반대 세력이 피켓을 들고 비난하는데도 퍼레이드 참가자들이 너무 행복해보였다. 화를 내는 사람들에게 웃으면서 대응하는 모습이 너무 멋졌다. (…) 당사자들이 모여서 행복하고 즐겁게 저항을 하는 모습을 보며 신선한 충격을 받았다." —〈시안〉

물리적인 방해와 종교적인 비난이 가해지는 상황을 긍정적인 정서를 갖고 마주하는 일은 위협적인 순간을 재치 있게 돌파하고 다툼의 주도권을 확보하는 전략이 될 수 있다. 반퀴어 집단과 직접 대면하기보다 상대의 공격을 빗나가게 만듦으로써 권력과 자원을 적게 지닌 상태에서도 쉽게 압도되지 않을 수 있는 방법을 마련하는 것이다. 무엇보다 퀴어한 삶은 불행할 수밖에 없다고 주장하는 이들 앞에서 밝고 경쾌한 모습을 보이는 것은 하나의 투쟁이 된다.

2014년 대구퀴어문화축제에서 퍼레이드 참가자들을 향해 "얘들아, 돌아와. 동성애 하면 지옥에 가!"라고 소리치는 반퀴어 활동가에게 명랑한 목소리로 "저 이성애자예요" "지옥에서 봐요"라고 대답한 참가자들이 있었다. 종교적 신념을 갖고 나선 이들에게 하나씩 따져가며 항의하는 일은 효과적이지 않을 수 있다. 오히려 위트 있게 적대를 맞받아침으로써 상대를 당황하게 만들고 상대의 공격을 무력화할 수도 있다. 자신을 이성애자로 드러내는 일은 퍼레이드 참가자들이 어떤 존재인지 파악하고 있다고 믿는 반퀴어 활동가의 전제에 도전하고 참가자들의 다양한 위치를 조명한다. "지옥에서 보자"는 외침은 신앙의 이름으로 펼쳐지는 반퀴어 활동의 정당성을 되묻는 동시에 지옥에 가는 일을 두려워하지 않는 자신감을 표현한다.

다만 직접적인 맞대응을 삼가고 상대의 의표를 찌르는 전략이 항상 유효하지는 않다. 차별과 폭력에 맞서 싸울 때는 분명하고 단호한 언어로 정치적 입장을 표명해야 하는 경우도 있고, 반퀴어 운동을 진지하게 마주하고 차분하게 분석해야 하는 경우도 있다. 무엇보다 퀴어 집단의 재치와 풍자가 반퀴어 집단을 결속시키는 불안과 위협감을 자극할 우려가 있다. 그러나 긍정적인 정서로 불평등한 현실을 돌파해내는 문화적 역량은 사회적 소수자인 퀴어 집단이 발전시켜온 위기 대응 방식이기도 하다. 퀴어 커뮤니티의 즐겁고 흥겨운 분위기는 적대와 혐오를 마주하면서 겪는 긴장을 풀어주고 여유를 잃지 않도록 돕고 있다.

퀴어 정동, 퀴어 커뮤니티

퀴어 운동은 적대와 혐오에 진지하고 단호하게 대처하는 일과 밝고 명랑하게 대처하는 일을 병행하고 있다. 무지개농성의 경우, 박원순 시장과의 면담을 요구하면서 강하게 항의하거나 농성을 방해하려는 경찰과 대치하기도 했다. 서울시의 부당한 대우에 분노한 이들도 있었고, 자신이 받았던 차별을 증언하면서 눈물을 흘리는 이들도 있었다. 한편 매일 저녁마다 열린 문화제에서 사람들은 저마다 끼를 발산하며 다채로운 공연을 선보였다. 농성 참가자들은 농성장을 찾은 이들을 반갑게 맞이했고 앞으로의 투쟁을 같이 그려나갔다. 저녁 문화제는 투쟁의 무거운 분위기를 전환하는 장치 이상의 의미를 갖고 있었다.

저녁 문화제는 특별히 퀴어 청중을 대상으로 하는 무대였기 때문에 공연자들은 청중과의 생동감 있는 만남을 위해 다양한 시도를 했다. 무지개농성 마지막 날에 공연을 한 퀴어 아티스트 이반지하는 검은 타이즈, 하얀 스타킹, 검정 구두, 가터벨트, 수영안경을 갖추고 무대에 올랐다. 이반지하가 입은 의상의 색과 질감은 통일되지 않아서 묘한 인상을 주었고, 허리 아래 부분에서 빨간 불빛이 깜빡거리며 관객들의 시선을 사로잡았다. 이반지하는 "저들은 우리를 더럽다고 합니다. 그런데 우리는 물어봐야 합니다. 정말로 우리가 깨끗한지"라고 외치며 퀴어 커뮤니티에서 일어나는 역동적인 만남에 대한 노래 〈오염〉을 불렀다.

너와 내가 만나고 우리와 그들이 만나서 만든 오염 / 레즈사회 호령하던 부치 언니 / 페미들이 망쳐놨네 / 여자 돈은 안 쓴다던 부치 언니 / 더치페이 배워왔네 / 밤일할 때 옷 안 벗던 부치 언니 / 자기 몸을 긍정하네 / 남성사회 호령하던 페미 언니 / 게이들이 망쳐놨네 / 비폭력 대화만 하던 페미 언니 / 입에 살짝 걸레 물어보네 / 좆이라면 치를 떨면 페미 언니 / 딜도 차고 재미 보네 / 겨우겨우 자리 잡은 호모 사회 / 트랜스가 망쳐놨네 / 자기 몸을 긍정하던 부치 언니 / 호르몬에 빠져드네 / 딜도 차고 재미 보던 페미 언니 / 아랫도리 허전하네[6]

이반지하는 2007년 차별금지법 투쟁에서 퀴어 집단이 힘을 모아야 한다는 공감대가 형성되자 '이런 화합을 우려 섞인 시선으로 바라보며 당시 분위기에 찬물을 끼얹기 위해' 이 노래를 만들었다고 밝혔다. 퀴어 청중은 〈오염〉을 들으면서 특정 정체성 집단에 대한 편견을 습득하는 것이 아니라 더 열정적이고 창조적인 뒤섞임을 기대한다. 이반지하의 공연은 퀴어 청중이 지닌 문화 해석 능력을 적극적으로 이끌어내고, 경계를 둘러싼 까다로운 논의를 교차하는 만남의 문제로 위치시킨다.

공연 연구자 질 돌란Jill Dolan은 공연이 커뮤니티를 만들어낸다고 이야기한다.[7] 공연을 통해 형성된 커뮤니티는 고도로 조직된 정치적 단위도 아니고, 공연이 끝나면 흩어지는 무리처럼 보이기도 하지만, 일상에서 변화를 일으킬 수 있는 잠재력을 지닌 집단이라고 할 수 있다. 퀴어 공연이 담아내는 유토피아 경험이 새로운 시공간

을 열어젖히고 커뮤니티 구성원으로 하여금 또 다른 세계를 상상하
도록 이끌기 때문이다. 농성 참가자들은 분노와 절망감, 우울과 고
통을 공연을 통해 유쾌하게 풀어냄으로써 연결감을 확인하고 커뮤
니티를 느끼게 된다. 문화제는 공연에서 얻는 즐거움이 정치적 속성
을 지닌다는 점을 알려주며 정동적인 것과 정치적인 것 사이의 경
계를 무너뜨린다. 퀴어 활동가 민규는 무지개농성장을 채운 감정의
역동이 색다른 순간을 만들어냈다고 지적했다.

> 무지개농성 할 때 경찰 관계자나 서울시 관계자와 이야기를 한 적
> 이 있는데, 그 사람들이 보기에는 (농성이) 특이했던 거죠. 다른
> 농성이나 투쟁들과는 약간 다르잖아요. 나이나 성별이 다양한 사
> 람들이 뭔가 노는 것 같으면서도 자기 얘기할 건 다 하는 분위기
> 라든지, 절박하진 않아 보이는데 되게 절박하게 이야기하는 사람
> 들이라든지.   -〈민규〉

일반적인 의미에서 투쟁은 결연한 의지를 담은 구호, 모두가 가
사를 외우고 있는 노래, 통일된 의상 같은 것을 연상시킨다. 나이,
젠더, 소속, 지역 등에서 동질성을 지닌 이들이 하나의 깃발 아래 모
여 싸우는 모습은 비장미를 자아내기도 한다. 하지만 무지개농성
참가자들은 어떤 것은 투쟁에 어울리고 어떤 것은 투쟁에 어울리
지 않는다고 구분하는 '느낌의 규칙feeling rules'[8]을 다시 써 내려가며

농성을 독창적인 방식으로 꾸려나갔다. 여느 투쟁과 비교했을 때, 무지개농성에서는 보다 다채로운 생각과 여러 결의 이야기가 공유되었다. 각기 다른 배경을 지닌 이들이 자율적인 참여와 꾸준한 토론을 통해 무지개농성장의 24시간을 만들어가는 문화가 형성된 것이다.

참가자들은 퀴어 차별과 폭력에 저항한다는 공통의 목표를 갖고 있었지만 농성을 통해서 전달하고 싶은 메시지는 저마다 달랐다. 참가자들은 무지개농성의 슬로건 '성소수자에게 인권은 목숨이다'를 여러 방식으로 변주했다. 인권헌장 선포를 거부한 박원순 시장을 규탄하는 메시지, 평등한 사회를 열망하는 메시지, 자신의 존재를 드러내고 긍정하는 메시지가 글, 그림, 대자보, 포스터, 현수막에 새겨져 무지개농성장을 가득 수놓았다.[9] 성적소수문화환경을 위한 모임 연분홍치마 활동가 일란은 다소 거칠게 느껴질 만큼 선명한 가치를 담은 슬로건이 참가자들의 다양한 이야기를 통해서 성소수자의 현실을 설명할 수 있는 꽉 채워진 언어가 되었다고 해석했다.[10] 성소수자는 누구인지, 인권은 무엇인지, 왜 성소수자에게 인권은 목숨인지 말하는 창의력 넘치는 문구는 인권변호사임을 강조하던 박원순 시장에게 '당신에게 인권은 무엇이냐'고 물을 수 있는 힘 있는 언어가 된 것이다.

무지개농성은 다양한 접속의 방식을 열어두면서 서로가 서로에게 어색하지 않게 스며들 수 있는 여지를 확보했다. 이로 인해 무지개농성은 '운동이란 어떠해야 한다'라는 주장이 오히려 투쟁에 참여하는 일의 문턱을 높이고 투쟁 문화에 낯선 이들을 움츠러들게 하는 함정을 피해갈 수 있었다. 특히 퀴어 운동을 부담스러워 하던 퀴어 당사자들이 문화제에 참여한다거나, 퀴어 커뮤니티에 적극적으로 참여하지 않았던 이들이 '인증샷'을 찍고 가는 일은 주목할 만한 변화라고 할 수 있다. 시민사회 영역에서의 연대가 확장된 일이 중요한 만큼 퀴어 운동과 퀴어 커뮤니티 사이의 거리가 얼마간 재설정되었다는 점 역시 무지개농성의 큰 성취였다.

무지개농성에서 아쉬운 점도 분명히 있었다. 그중에서도 무지개농성을 마무리하기로 결정하는 과정이 매끄럽지 않았던 점은 한계로 남는다. 농성 기획단은 박원순 시장과의 면담, 박원순 시장의 사과, 서울시민 인권헌장 선포, 공청회 방해 집단 및 폭력 행사자 처벌을 요구하면서 농성에 돌입했다. 무지개농성 5일차에 박원순 시장과의 비공식 면담이 이루어지고 박원순 시장으로부터 나름의 사과를 받은 이후에 농성 기획단은 참가자들과 농성의 방향에 대해 토론했다. 대다수 참가자들은 박원순 시장의 사과가 충분하지 않다고 판단했고, 이에 농성을 계속 진행하자는 합의가 모아졌다. 그러나 다음날 낮 시간에 다시 진행된 토론에서 농성을 끝내기로 결론이 지어졌고 결국 무지개농성은 6일째 되던 날 매듭지어졌다.

물론 면담과 사과를 이끌어낸 것은 뜻깊은 성취라고 할 수 있다. 농성을 이어갈 수 있는 현실적인 조건 또한 고려할 필요가 있었다. 무지개농성을 해산하면서 "우리의 투쟁은 이제 시작"이라고 외친 것처럼,[11] 농성에 모인 정치적 힘과 감정적 에너지는 휘발되기보다 개인을 바꾸고 사회를 변화시키는 원동력이 되었다. 그러나 무지개농성이 퀴어 적대에 맞서는 정치적인 연대인 동시에 퀴어 연결감을 누리는 정동적인 만남이었다는 점에서 첫 번째 토론의 결과가 온전히 수용되지 않은 상황은 농성 참가자에게 감정적 상처로 남았다. 참가자들은 정치적 변화를 요구하는 동료 시민이자 느낌의 아카이브를 만들어가는 퀴어 대항공중의 구성원이었기 때문이다. 무지개농성이 남긴 살가운 흔적은 새로운 세계를 실현하는 노동과 돌봄에 나선 이들에게 또 다른 고민을 안겨주었다.

사랑의 이름으로

퀴어 적대와 혐오가 조직화되는 상황에서 퀴어 집단은 사랑의 가치를 적극적으로 강조하고 있다. 예컨대 무지개농성 참가자들은 변화를 기대하는 마음을 담아서 '우리는 원한다, 헌장을!' '우리는 원한다, 광장을!' 같은 구호를 외치곤 했는데, 그중에서도 '우리는 원한다, 사랑을!'이라는 구호를 외치는 참가자들이 많았다. 여기에는 2014년 서울퀴어문화축제 슬로건 '사랑은 혐오보다 강하다'의 영향도 있었다. 이 슬로건은 2013년 러시아에서 동성애 선전 금지법이 제정되고 퀴어 집단에 대한 대대적인 탄압이 가해지는 상황을 배경으로 탄생했다. 2014년 슬로건은 사랑과 혐오를 대비시키고 차별에 저항한다는 메시지를 전달했다는 점에서 2015년 슬로건 '사랑하라, 저항하라, 퀴어 레볼루션!'과 더불어 호평을 받았다.

사회 변화를 추구하는 활동에서 연대를 촉구하거나 승리를 다짐하는 일은 흔히 나타나지만 사랑의 중요성을 부각하는 일은 드문 편이다. 흥미로운 점은 사랑이 구체적으로 무엇을 의미하는지에 대해서는 좀처럼 이야기되지 않는다는 사실이다. 퀴어 집단을 고통스럽게 만드는 차별과 폭력에 대한 사회적 관심이 조금씩 생기는 것과는 대조적으로 사랑에 대한 논의는 찾아보기 어렵다.[12] 그렇지만 사랑은 그 자체로 완전한 의미체계를 갖춘 감정이 아니며 정치적 맥락에 따라서 다양한 뜻을 지닌다. 반퀴어 집단이 내세우는 사랑이 실질적으로는 위계질서를 정당화했던 사례에서 알 수 있듯이 퀴어 집단이 주목하는 사랑의 가치 역시 비판적으로 살펴볼 필요가 있다.

퀴어 집단이 사랑에 집중하는 이유 중 하나는 퀴어 적대와 혐오가 동성 간 친밀성을 부정하는 데서 비롯된다고 이해하기 때문이다. 퀴어 사랑의 정치학은 동성 간 관계를 탈성애화하거나 지나치게 성애화하는 것 모두에 반대하면서 동성 간 성적·감정적·정치적 친밀성을 의미 있는 삶의 양식으로 긍정한다. 이성애가 다양한 성적 지향 중 하나가 아니라 제도화된 규범으로 자리 잡은 사회에서 동성 간 친밀성을 정치적 의제로 삼는 일은 대항적 효과를 지닐 수 있다. 퀴어 집단은 사랑의 정치학을 통해 사랑이 사적 관계에 귀속된 것이 아니라 공적 주제라는 점을 환기시키고 이성 간 관계를 친밀성의 모판으로 삼는 지배규범에 도전한다.

그러나 사랑을 둘러싼 문제는 '사랑은 사랑일 뿐love is love' '사랑이 이긴다love wins'와 같은 선언으로 해결되지 않는다. 사랑이 제한적인 문법과 촘촘한 규율 속에 위치되기에 사랑의 정치학은 누구의 사랑이 인정받을 수 있는지, 어떠한 사랑이 괜찮은 것인지, 어떻게 사랑해야 하는지 등의 질문을 촉발한다. 역사적으로 다양한 진보 운동은 사랑이 현 체제를 거스르기도, 떠받치기도 한다는 점을 지적해왔다. 프리드리히 엥겔스는 사랑, 섹스, 결혼을 임의적으로 일치시킨 근대 부르주아 가족체계가 여성의 종속 및 자본과 노동력의 재생산에 핵심적인 기제가 된다고 주장했고, 슐라미스 파이어스톤은 사랑의 낭만화가 여성 억압의 중추를 이룬다고 해석했다.[13] 사랑의 정치학을 탐문하는 이들은 사랑이 구성되는 복잡한 맥락을 드러내면서 사랑이 보장하는 행복, 안정감, 낙관주의에 도전한다.[14]

현재 한국 퀴어 커뮤니티에서 통용되는 사랑은 비판적 함의를 지녔다고 보기 어렵다. 퀴어 집단은 차별과 폭력에 대항하는 하나의 전략으로 사랑에 주목하고 있지만, 사랑과 관련한 의미를 재조직하는 데는 이르지 못하고 있다. 동성에 대한 성적 끌림이 자연스럽게 받아들여진다면, 동성 간 친밀성이 법적 보호와 문화적 인정을 받을 수 있다면 더 이상 문제가 없을 것이라는 믿음이 존재하는 것이다. 사랑이라는 기호가 놓인 물적 토대와 문화적 의미체계에 개입하지 않았을 때, 사랑에 대한 강조는 중산층의 이해관계를 반영하는 사생활 보호 담론에 머무르기 쉽다.

기초적인 차원에서 '동성이든 이성이든 서로가 행복하다면 그것으로 충분하다'는 이야기는 동성 간 성적 친밀성을 처벌하는 한국사회에서 중요한 함의를 지닐 수 있다. 다만 여기서 놓치지 말아야 하는 사실은 사랑을 정치적 의제로 삼는 일이 사랑을 낭만화하고 자연화하는 수사와 결합하는 경우, 사랑을 다시금 정치와는 무관한 것으로 만들 수 있다는 점이다. 사랑이 약속하는 행복한 미래에 퀴어 집단, 특히 동성애자 '역시' 참여할 수 있고 참여해야 한다고 내세우는 방식은 사랑이 근거한 위계구조를 옹호하는 결과로 이어질 수 있다. 퀴어 활동가 하윤은 퀴어 논쟁을 '사랑싸움' 이상의 것으로 만들어야 한다고 주장했다.

사랑에 대해서 생각할 때 떠오르는 건 말 그대로 아름다운 사랑이잖아요. 아이에 대한 부모의 사랑, 학생에 대한 선생님의 사랑, 오랫동안 사귀는 연인의 사랑 같은 거요. 아직까지 LGBT 운동에서 보여주고자 하는 사랑도 그런 모습이죠. 우리가 얼마나 서로를 아껴주고 지지하는지, 어떤 면에서 '우리도 그렇게 할 수 있다'라는 걸 보여주는 거죠. 그런데 '사랑해서 반대합니다'라는 문구가 나왔을 때, 부딪히는 지점이 생기는 것 같아요. 그 문구에는 앞에서 말한 사랑의 의미가 담겨 있잖아요. '우리는 서로 보살피면서 함께 좋은 세상을 만들고 있는데 여러분을 보고 있기가 안타깝다. 그래서 우리가 여러분을 사랑해주겠다. 힘든 걸 토닥여주면서 같이 가겠다. 그런 삶을 살아서는 안 되지 않느냐.' 우리의 레퍼토리가 여기서 크게 벗어나지 않는다면, 이 얘기를 넘어설 수 있는 지점이 안 생길 거라고 봐요. ─〈하윤〉

하윤은 퀴어 운동이 규범적 사랑의 의미를 되묻지 않은 채 동성 간 관계의 아름다움을 증명하는 방식을 채택했을 때, 반퀴어 집단이 기대는 사랑의 언어를 넘어서기 어려울 수 있다는 점을 우려했다. 사랑의 약속을 무비판적으로 수용했을 때, 사랑을 둘러싼 지배 서사에서 이미 탈락한 퀴어 집단이 쟁취할 수 있는 최대한의 승리는 관용이다. 이원젠더체계에 순응하기, 성실한 소비자로 살아가기, 일대일의 배타적이고 낭만적인 관계를 지향하기, 이성애 가족질서에 권위를 부여하기 등으로 가능해지는 사랑은 누구도 불쾌하게 만들지 않고 어떤 것에도 맞서지 않는다.[15] 이는 퀴어 집단이 반드시 무언가를 위반해야 한다는 뜻이 아니다. 규범과 정상성, 안정적인 토대에 도전하는 퀴어 비전을 실현하기 위해서는 조금 더 나아갈 필요가 있다는 것이다.

퀴어 연구자 게일 루빈Gayle Rubin은 성을 둘러싼 권력의 작동을 분석하면서 섹슈얼리티 위계 개념을 제안한 바 있다.[16] 좋은 성과 나쁜 성을 구분하는 섹슈얼리티 위계는 비규범적 섹슈얼리티 내부에도 격차를 만들어낸다. 재생산을 목표로 하는, 일대일 결혼 관계에 놓인 이성 간 관계를 닮을수록 높은 가치를 인정받는다는 점에서 오랜 기간 동안 지속된 동성 연인 관계는 얼마간 용인될지도 모른다. 그러나 좋은 성과 나쁜 성을 가르는 기준선이 조금 넉넉하게 바뀐다고 해서 기준선 자체가 사라지는 것은 아니다. 루빈은 섹슈얼리티에 관한 이해가 상대를 어떻게 대했는지, 서로의 합의는 충분했는지, 위협이나 억압적인 행동은 없었는지, 관계에서 누린 즐거움의 양과 질은 어떠했는지에 집중하는 윤리적이고 민주적인 접근에 기초해야 한다고 힘주어 이야기했다.[17]

퀴어 정치학이 동성 간 사랑의 정당성과 진정성을 확인받는 데서 멈추게 될 때, 2015년 서울퀴어문화축제 슬로건에 새겨진 '사랑과 저항을 통한 퀴어 혁명'은 불가능한 일로 남게 된다. 퀴어 이슈를 동성 파트너십의 인정과 동성 간 성적 친밀성의 존중으로 제한하는 방식은 섹슈얼리티, 친밀성, 관계를 둘러싼 위계를 묵인하고, 가족 이상을 실현하지 못한 또 다른 타자를 배제하는 효과를 가져올 수 있다. 이에 여러 퀴어 연구자는 성적인 영역을 직조하는 소비 자본주의, 군사주의, 인종차별, 성차별, 비장애인 중심주의 등 교차하는 지배의 축에 저항하는 일이 뒷받침되어야 한다는 점을 강조한다.

퀴어 논쟁이 동성애자의 성적 친밀성 이슈를 중심으로 발생하면서 바이섹슈얼, 트랜스젠더와 젠더퀴어, 무성애 이슈가 부차적인 것으로 여겨지는 경향도 나타난다. 아름답고 행복한 동성 간 관계가 퀴어 집단의 대표적인 모습으로 재현되기 때문에 이성에 대한 성적 끌림을 연상시키는 바이섹슈얼, 성적 지향 이슈와는 무관하다고 여겨지는 트랜스젠더와 젠더퀴어, 성적 지향 개념만으로 자신의 삶을 이야기하기 어려운 무성애자는 퀴어 논쟁에서 주변화되기 쉽다. 일례로 성별 정체성과 성적 지향이 차별금지 사유로 명시된 서울시민 인권헌장 관련 다툼에서도 성적 지향, 더 구체적으로는 동성애만이 언급되었다. 무지개농성장에서 만난 한 트랜스젠더 활동가는 "함께 싸우러 왔다가 졸지에 연대하게 되었다"며 씁쓸한 표정을 짓기도 했다.

물론 제도적 기반이 취약하고 권력과 자원의 분배 과정에서 소외된 소수자 집단이 그간 배제되었던 영역에 참여하는 일은 의미 있는 변화라고 할 수 있다. 또한 규범에서 완전히 자유로운 정치학은 존재하기 어려우며, 규범과의 공모는 새로운 정치적 실천을 가능하게 하는 지점이 될 수 있다. 퀴어 적대가 조직화되는 상황에서 성적 자유에 대한 요구는 진지하게 살펴보아야 하는 정치적 주장이며, 적대에 맞서는 여러 방법을 탐색하는 것 역시 중요하다. 미래에 대한 어떠한 기획이 본질적으로 진보적이라거나 보수적이라는 설명은 적절하지도 올바르지도 않다.

핵심은 운동의 방향을 설정하고 의제를 추진하는 과정에서 어떠한 방법론과 인식론을 구성해야 하는지에 대한 깊은 고민과 치열한 논쟁이 보다 많아져야 한다는 것이다. 적대와 혐오에 대항하는 움직임을 정교하게 만들기 위해서는 사랑의 정치학을 비롯한 퀴어 집단의 전략을 가다듬고 정치적 비전을 견주어보는 자리가 절실히 필요하다. 문화 연구자 수수가 통찰했듯이, 퀴어 집단이 마주한 싸움은 혐오에 맞서 사랑으로 승리하는 일이 아니라 동시대적 시간 감각과 공감각을 느끼는 몸을 만드는 일, 자율적이고 해방적인 관계를 구성할 자유를 획득하는 일, 그리고 이를 가능하게 하는 역동적인 만남을 이루어내는 일이기 때문이다.[18]

퀴어 논쟁과 투쟁의 경험은 자기 자신과 화해하고 동료를 찾아나선 이들에게 커뮤니티를 만나는 순간과 사회적 현실을 독해하는 힘을 선사한다. 퀴어 운동은 정치적 의사표현과 감정적 결속이 분리될 수 없다는 사실을 알려준다. 지배규범에 저항하는 삶을 꾸려나가고 서로의 경험을 참조하면서 함께 성장하는 일은 퀴어 현장을 친밀성과 배움의 장소가 되게 한다. 퀴어 이슈를 둘러싼 여러 갈등을 다채로운 이야기로 빚어가고 커뮤니티에 흐르는 갈등과 긴장을 창조적으로 풀어나가게 될 때, '퀴어 느낌의 아카이브'는 더욱 풍요로워질 것이다.

퀴어 디아스포라

7장

퀴어 검문소

　　현장연구를 진행하면서 자주 들었던 질문 중 하나는 "어디에서 왔느냐"는 물음이었다. 이는 출신 배경이나 거주 지역을 묻는 질문이 아니라 내가 퀴어 집단과 반퀴어 집단 중에서 어디에 소속되어 있는지를 묻는 질문이었다. 상대적으로 퀴어 행사보다 반퀴어 행사에 참가할 때 신분을 밝히라는 요구를 더욱 빈번하게 받고는 했다. 언론사에서 나왔는지, 교회는 다니는지, 반대 서명에 참여했는지 다정하게 묻는 이들부터 의심스러운 눈초리로 "어느 편이야?"라며 직설적으로 물어보는 이들까지, 많은 사람들이 내가 누구의 편을 드는지 궁금해했다.

　　한번은 소속을 묻는 질문에 "퀴어 이슈에 관심을 갖고 있는 그리스도인"이라고 답하자, 반퀴어 활동가가 다소 안도하는 기색을 내비치며 "요즘에는 저쪽 애들(퀴어 집단)이 속이고 말을 거는 일이 많다"고 불평을 털어놓은 적도 있었다. 그녀의 주장이 얼마나 신뢰할 만한 것인지는 알 수 없지만 반퀴어 행사에서 만난 사람들은 대체로 방어적인 태도를 보였다. 나는 다양한 현장에 안전하게 접속하기 위해서 밝은 색으로 염색했던 머리를 검게 물들이고, 평소 가방에 달아두던 무지개 장신구를 집에 놓고 다녀야 했다.

반퀴어 집단과 퀴어 집단이 서로 다른 참조집단과 감정적 대중을 배경으로 활동함에 따라 두 집단 사이에 뚜렷한 경계가 생기게 된다. 이 경계는 각 집단에 속한 이들이 구사하는 언어나 즐겨 사용하는 상징물과 같은 문화적 양식을 통해 가시화되는데, 경우에 따라 물리적 구획으로 나타나기도 한다. 대표적인 예로 2014년 서울퀴어문화축제를 시작으로 대부분의 대규모 퀴어 행사장에 설치된 폴리스라인이 있다. 폴리스라인은 퀴어 행사 참가자와 반대 집회 참가자 사이에서 일어나는 '불필요한' 접촉을 차단하는 역할을 맡았다.

2015년 서울퀴어문화축제 개막식과 부스 행사는 지금까지 이어지는 퀴어 다툼의 전형을 보여주었다. 개막식과 부스 행사 당일, 퀴어문화축제 행사장과 반대 집회 사이에는 명확한 공간의 분리가 이루어졌다. 퀴어문화축제 무대 바로 옆에서 반대 집회가 열리고 축제 참가자를 저주하는 이들이 행사장 곳곳을 누비던 전년도의 퀴어문화축제와는 사뭇 다른 풍경이었다. 서울광장으로 통하는 시청역에는 전국에서 모인 개신교인들이 교회별로 움직이며 어디로 나가야 하는지 지도를 살폈고, 퀴어문화축제 조직위원회에서는 참가

자들에게 '혐오 세력 없는 안전한 출구'를 안내하기도 했다. 퀴어문
화축제 참가자와 반대 집회 참가자가 별다른 갈등 없이 만나는 곳
은 마른 목을 축이는 근처 편의점이 유일했다.

틈틈하게 쌓아 올린 경찰의 폴리스라인은 두 집단 사이의 대립
을 상징적으로 드러냈다. 주로 시위 행렬을 저지하거나 집회 공간을
제약하던 폴리스라인이 퀴어문화축제 참가자 '보호'를 위해 설치된
모습에 묘한 기분이 들기도 했다. 전년도의 퀴어퍼레이드가 심각한
방해를 받았던 상황에서 폴리스라인 설치를 통해 반퀴어 집단의
공격에 구애받지 않고 행사를 즐길 수 있는 환경을 마련한 일은 필
요한 결정이었다. 축제가 넓은 원형의 서울광장에서 개최되면서 공
간 분할이 비교적 수월하기도 했다. 반퀴어 집회 소음으로 인해 대
화를 나누기 힘든 부스도 있었지만 전체적인 축제 진행이 불가능할
정도는 아니었다.

하지만 다른 한편에서는 수많은 경찰과 높은 폴리스라인의 물
리적 배치 속에서 축제가 '매끄럽게' 진행되었다는 사실이 퀴어 논
쟁과 투쟁을 적당한 수준에서 관리하려는 보수적인 기획에 포섭되
었음을 뜻하지는 않는지 의문을 제기하는 이들도 있었다. 실제로
경찰은 반퀴어 집회가 아니라 퀴어문화축제 행사장을 고립시키는
방식으로 폴리스라인을 설치했다. 행사장에 진입할 수 있는 출입구
는 단 한 군데밖에 없었는데 출입구를 찾지 못해서 되돌아간 사람
들이 있을 정도로 경찰은 서울광장을 봉쇄하다시피 했다. 퀴어 활

동가들의 강력한 항의로 출입구가 조금 넓어지기는 했지만, 축제에 참가하기 위해 몰려든 거대한 인파를 감당하기에는 턱없이 좁았다.

서울광장을 견고하게 둘러싼 폴리스라인을 지나 행사장 안으로 들어가기 위해서는 일련의 절차를 밟아야 했다. 인권침해감시단 조끼를 입은 활동가와 퀴어문화축제 자원봉사자는 이 경계를 지키는 난감한 임무를 맡았다. 이들은 반말과 욕설을 퍼붓는 반대 집회 참가자를 상대하는 일, 개막식에 참가하는 이들을 확인하는 일, 막무가내로 행사장에 들어간 반퀴어 활동가를 쫓아내는 일, 경찰 관계자와 조율하는 일을 동시에 처리했다. 행사장 안으로 들어가려는 이들은 자신이 속한 온라인·오프라인 퀴어 커뮤니티 이름을 이야기하기도 했고, 평등의 메시지가 담긴 배지나 무지개가 그려진 액세서리를 보여주기도 했다.

출입구 앞에서 문지기 역할을 하던 동료 퀴어 활동가에게 사람들을 어떻게 구분하는지 묻자 "관상을 보고 판단한다"는 농담 아닌 농담을 건넸다. 퀴어 집단과 반퀴어 집단을 식별할 수 있는 확실한 기준이 부재하기 때문에, 활동가와 자원봉사자가 최선을 다하더라도 경계 단속은 임의적으로 이루어질 수밖에 없었다. 특히 퀴어 문화에 익숙하지 않은 사람이 출입을 감독할 때는 더욱 그러했다. 퀴어 상업지구에서 오랫동안 포차를 운영한 '이모'를 알아보지 못하거나 퀴어 당사자의 가족이 행사장에 진입할 수 없는 일이 발생했다. 분석을 목적으로 반퀴어 선전문을 챙긴 연구자가 선전문 소지를 이유로 입장을 거부당하기도 했고, 우연히도 반퀴어 활동가와 닮은 몇몇 사람들이 곤란을 겪기도 했다. 대체로 젊을수록, 의상이 화려할수록, 외국인으로 인지될수록 퀴어 검문소를 통과하기 쉬웠는데, 이는 퀴어문화축제 참가와 직접적인 상관이 없는 것이었다.

퀴어 연구자 한주희는 퀴어문화축제 행사장을 에워싼 폴리스라인이 반퀴어 집단을 막은 것인지, 아니면 특정 공간에 퀴어 당사자와 지지자를 몰아넣은 것인지 질문했다.[1] 서울광장에서 퀴어문화축제가 개최된 일은 퀴어 운동이 성장하고 퀴어 커뮤니티가 확장되었음을 보여주는 역사적인 순간이었다. 그러나 한주희가 지적한 것처럼, '경찰이 지켜주는 경계선을 보충하고 감시하며 참가자들의 출입을 관리하는 국경 통제의 방식'은 경계를 흐리게 하고 질서를 어지럽히는 퀴어 정치학과 불협화음을 일으킨다. 같은 맥락에서 퀴어 활동가 신열은 경계를 둘러싼 고민을 나누었다.

아이다호(국제 성소수자 혐오 반대의 날) 현장에도, 퀴어문화축제 행사장에도 폴리스라인이 있어서 우리는 그 안에서 조용하게, 어떻게 보면 너무 안전하게 있었던 거죠. 그들(반퀴어 집단)은 계속 밖에서 공격을 했고요. 이 상황에서 폴리스라인을 설치하는 것이 정말 중요한지에 대한 고민이 있어요. 축제가 마침내 서울광장에서 열렸지만 정작 광장처럼 느껴지지 않았던 아쉬움도 있고요. 폴리스라인을 없애기 위해서는 어떻게 해야 할까. 출입을 통제하는 게 전부가 아니라면, 현장에서 단호하게 싸울 수 있는 사람도 있어야 하고, 집단적으로 대응할 수 있는 방법도 만들어야 할 것 같아요. 단체 차원에서도, 커뮤니티 안에서도 역량 강화가 필요하다고 생각하고 있어요.　　　　　　　　　　　　　　　　　－〈신열〉

신열은 광장을 마음껏 누리기 위해서는 궁극적으로 폴리스라인을 없애야 한다고 주장하면서 폴리스라인을 해체한 후 생길 수 있는 상황에 현명하게 대처하는 방법을 모색해야 한다고 강조했다. 폴리스라인이 자유를 한정하는 동시에 참가자를 보호하는 장치인 만큼 폴리스라인을 거두는 일이 다양한 장면을 펼쳐낼 것이기 때문이다. 폴리스라인으로 나타난 경계에 대해서 사유하는 일은 폴리스라인을 설치할 것인지 말 것인지의 논의를 넘어서, 퀴어 운동과 퀴어 커뮤니티가 호의적이지 않은 환경에서 한정된 자원을 가지고 어떻게, 얼마만큼 자율적인 공간을 확보할 수 있는지 고민하도록 이끈다. 이는 자연스럽게 퀴어 집단이 어떤 미래를 기대하고 누구와 함께 싸워가며 무엇을 실현할 수 있는지 살피는 작업과도 연결된다.

현재 폴리스라인 설치에 대한 사람들의 반응은 다양한 편이다. 폴리스라인으로 인해 외부와 구분되는 퀴어 공간이 형성되었다는 점에서 폴리스라인 설치를 긍정적으로 보는 이들도 있었다. 한 참가자는 경찰이 퀴어문화축제 행사장을 지키는 모습을 보고 퀴어 당사자로서 보호받는 느낌이 들어서 좋았다고 이야기했다. 또 다른 참가자는 구별된 공간에서 서로를 있는 모습 그대로 존중하고 배려할 수 있어서 만족스러웠다고 평가했다. 평소 여성을 대상화하는 남성의 시선male gaze에 불편했었는데, 행사장 안에서는 그로부터 자유로울 수 있었다고 덧붙였다.

퀴어 검문소는 공적 공간에서 안전하고 평화롭게 행사를 치르기 힘든 퀴어 집단의 취약한 조건을 반영하는 것이자 축제 참가자들의 보호를 위해서 퀴어문화축제 조직위원회가 선택한 최소한의 조치였다. 일상적인 차별과 폭력에 노출된 퀴어 당사자들은 폴리스라인 설치가 주는 안정감을 반기면서 축제를 공격하는 반퀴어 집단에 대항하는 의지를 다지기도 했다. 하지만 경계를 임의적인 기준으로 단속하면서 누가 적합한 참가자인지 가려내는 일은 사실상 불가능했다. 퀴어 현장에 접속하는 통로를 제한하고 퀴어 집단을 지정된 공간에 모아놓는 방식은 퀴어 집단을 예외적이고 특수한 존재로 만든다는 점에서 한계가 있다.

2015년 서울퀴어문화축제 이후, 경계를 구획하는 일은 조금씩 다른 양상을 보이고 있다. 퀴어문화축제를 겨냥한 반퀴어 집단의 공격과 방해는 계속되고 있지만 가급적 충돌을 자제하려는 분위기가 조성되면서 직접적인 마찰은 조금이나마 줄어들었다. 퀴어문화축제 참가자들이 대폭 늘어나고 퍼레이드 코스가 길어지면서 고립과 통제가 효과적으로 관철되기 어려워지고 있다. 퀴어 활동가들 역시 경험이 쌓이고 공간에 대한 이해가 높아지면서 꼼꼼한 준비와 민첩한 상황 판단으로 역경을 헤쳐나가고 있다. 행사장을 에워싼 폴리스라인이 설치되고 퀴어퍼레이드 행렬 앞뒤 좌우로 경찰이 배치되는 현실을 바꾸기 위한 퀴어 커뮤니티의 아이디어도 풍성해지고 있다.

경계를 둘러싼 문제는 여전히 도전적인 과제로 남아 있다. 퀴어문화축제에 대한 다양한 기대를 반영하는 것도, 축제의 자유로움과 행사의 안전을 동시에 추구하는 것도 결코 만만치 않는 일이다. 반퀴어 집단을 단시간 내에 변화시킬 수 있는 뾰족한 방법이 있는 것도 아니다. 그러나 경계 문제를 풀어가는 출발 지점이 어딘지 분명히 할 수는 있다. 바로 퀴어문화축제가 이원젠더체계와 이성애규범을 비롯한 지배질서에 저항하고, 성적 다채로움과 문화적 다양성을 축하하며, 경계를 가로지르는 창조적 가능성을 실험해보는 퀴어 현장이라는 사실이다. 퀴어 집단이 원하는 것이 더 많은 안전장치가 아니라 진정한 평등과 해방이라고 할 때, 광장 안팎에서 경계를 교란시키고 위계를 무너뜨리는 전략을 탐색할 필요가 있다.

경계를 살아가는
퀴어 디아스포라

퀴어 논쟁이 치열해질수록 경계는 더욱 선명해진다. 퀴어 이슈에 대해 무슨 말을 하든지 '그래서 당신은 누구 편이냐'는 질문이 뒤따르는 상황에서, 퀴어 이슈를 어떻게 이해하고 있는지, 퀴어 이슈가 자신에게 어떠한 의미인지, 퀴어 변화를 어떻게 마주하고 있는지 차분하고 진솔하게 이야기하는 일은 점점 어려워진다. 퀴어 논쟁에 참여하기 전에 우선 분명한 입장을 정하고 상대와 싸울 준비를 해야 한다는 오해가 생기는 것이다. 하지만 논쟁에 참여하는 이들은 서로를 가족 구성원으로, 가까운 친구로, 동네 주민으로, 신앙의 동료로 만나고 있다. 서로의 경험 세계가 맞닿아 있기 때문에 경계를 긋고 전선을 구축하는 일은 언제나 '사이공간in-between space'을 만들어낸다. 이때 '사이공간'은 한편으로는 경계의 내부도 외부도 아닌 혼종적인 영역이자 다른 한편으로는 내부이면서 외부인 중첩지대를 가리킨다.

퀴어 이슈를 둘러싸고 형성된 경계를 가로지르는 이들은 '사이공간'을 누비며 살아간다. 이들은 퀴어 운동과 퀴어 커뮤니티에도 직간접적으로 참여하고, 보수 개신교회와 반퀴어 운동과도 감정적·

인지적·정치적으로 연결되어 있다. 두 집단 모두에 소속된 경우도 있고, 한쪽에 소속되어 있지만 경계 너머에 있는 사람과 관계를 이어나가는 경우도 있다. 이처럼 경계 사이에서, 경계 없이 살아가는 이들을 '퀴어 디아스포라'라고 부를 수 있다.[2] 퀴어 디아스포라는 단절과 적대의 원리가 지배하는 현실의 한복판에서 경계를 넘나드는 퀴어함으로 공존의 가능성을 보여준다는 점에서 중요한 의미를 지닌다.

여기서는 크게 네 가지 유형의 퀴어 디아스포라를 살펴보려고 한다. ① 퀴어 그리스도인 ② 탈동성애자 그리스도인 ③ 퀴어 차별과 폭력에 반대하는 그리스도인 ④ 친밀성의 경계에 있는 이들이 그것이다. 각각은 상호배타적인 범주가 아니기에 한 사람이 여러 유형에 동시에 속하기도 한다. 이 밖에도 다양한 퀴어 디아스포라가 존재하지만, 이 책에서는 네 가지 유형을 중심으로 설명하고자 한다.

① 퀴어 그리스도인

퀴어 집단에 대한 정죄가 그리스도교의 공식적인 입장으로 소개되는 상황에서 퀴어 그리스도인은 존재할 수 없는 이들로 여겨진다. 퀴어 그리스도인이 있다고 하더라도 최소한 보수적인 신앙을 가지고 있지 않거나 퀴어 정체성과 그리스도교 신앙을 분리하고 있을 것이라고 간주된다. 온전히 퀴어 당사자이면서 온전히 퀴어 그리스도인일 수 없다는 믿음은 퀴어 그리스도인이 처한 척박한 현실을 반영하는 동시에 그와 같은 현실을 재생산하기도 한다. 그러나 퀴어 그리스도인의 삶은 보다 복합적이고 중층적이다. 이들은 퀴어 커뮤니티와 신앙 공동체 모두에 속해 있고, 모두에서 비껴나 있다. 한쪽 집단에 더 많은 소속감을 느끼거나 나름의 방식으로 경계 자체를 재구성하기도 한다. 이들의 위치는 양쪽 모두에서 미끄러진다는 점에서 불안정하다고 할 수 있지만, 구획된 경계에 대해 근본적인 질문을 던질 수 있는 잠재력을 지닌다고 볼 수도 있다.[3]

새나는 보수 개신교 계열 신학대학교에 다니는 퀴어 그리스도인이다. 새나는 학교에서 반동성애를 주제로 하는 행사가 열리면 '퀴어문화축제가 얼마 남지 않았구나'라고 생각하게 된다며 쓴웃음을 지어보였다. 새나는 생명을 살리는 일을 강조하면서도 정작 개신교회의 차별과 폭력으로 인해 죽어간 성소수자는 외면하는 그리스도인에게 분노했다. 학교생활에 지쳐가던 새나는 우연한 계기로 퀴어 그리스도인을 위한 모임이 있다는 소식을 듣게 되었다. 처음에는 "괜히 이상한 데 빠지는 건 아닌가. 이러다가 교회랑 연이 끊어지는 건 아닌가" 싶어서 불안하기도 했지만, 모임에 나가보니 "다른 곳에서 말할 수 없었던 걸 편하게 나눌 수 있어서 좋았다"고 이야기했다.

새나는 한 가지 소망을 갖고 있었다. 개신교회에도, 신학대학교에도 어디에나 "성소수자가 존재한다는 사실을 그저 인정했으면 좋겠다"는 바람이었다. 이 소박한 기대가 힘없이 무너지는 현실을 마주할 때면 "모든 일이 부정적으로 다가온다"며 속상해했다. 퀴어 집단을 단죄하고 비난하는 교회에 머무는 일도 쉽지 않지만, 퀴어 커뮤니티에서 신앙생활에 관한 이야기를 편히 하기 어려운 경우도 이따금씩 생겼다. '우리'를 혐오하는 '그들'의 교회에 다닌다는 의심이나 의도하지 않게 교회를 대변하는 위치에 놓이게 되는 부담은 새나를 힘들게 했다.

새나는 자신의 처지를 구약성서의 인물 욥에 빗대어 설명했다. 욥은 아무 잘못을 하지 않았음에도 거듭되는 불행과 비극으로 고통받지만, 결국에는 하나님으로부터 신실함을 인정받고 축복을 누리는 인물이다. 새나는 자신의 길을 찾아가면서 "변화되고 새로워지는 과정을 겪고 있다"고 담담하게 이야기했다. 새나의 이야기는 "내가 가는 길을 그가 아시나니 그가 나를 단련하신 후에는 내가 순금 같이 되어 나오리라"(욥기 23장 10절, 개역개정)는 성서 구절을 떠올리게 했다.

새나의 이야기는 보수 개신교회와 퀴어 커뮤니티가 상호배타적으로 구성된다는 점을 알려준다. 퀴어 그리스도인이 어느 쪽에서든 온전한 성원권을 획득하기 어렵다고 할 때, 각각의 영역이 조금 더 개방적으로 바뀌는 일은 표면적인 갈등을 줄일 뿐 근본적인 해결책이 될 수 없다. 핵심은 보수 개신교회가 참된 그리스도인을 정의하는 방식을 고치고, 퀴어 커뮤니티가 다양한 삶의 흔적을 지닌 이들이 공존하는 곳임을 기념하는 일이다. 물론 보수 개신교회에서 성적 주체성을 존중받는 과정과 퀴어 커뮤니티에서 종교적 정체성을 인정받는 과정은 질적으로 다르다. 전자가 후자보다 훨씬 까다로운 자격심사를 수반하며 기준에 부합하지 않는 이들을 가혹하게 처벌하기 때문이다.

퀴어 그리스도인 민효는 종교적 정체성과 성적 지향 사이에 조화로운 관계를 만들기 위해서 분투해왔다. 민효는 많은 고민 끝에 용기를 내어 2014년 퀴어문화축제를 '처음 지나가봤지만' 불안함을 감출 수 없었다고 얘기했다. 자신이 어느 쪽에 속하는지 치열하게 고민하던 민효는 당시에 "자아가 분열될 것 같았다"고 회상했다. 그리스도인이자 동성애자인 자신의 모습을 받아들이는 고된 여정 속에서 퀴어 친화적인 그리스도인 공동체는 민효에게 많은 힘이 되어주었다. 민효는 2015년 퀴어문화축제에서 퀴어 그리스도인을 가시화하는 부스 행사에 참가한 적이 있다. 그러나 누구보다 열심히 준비한 행사였음에도 민효는 행사에 집중할 수 없었다. 반퀴어 집단이 쏟아내는 심한 혐오발언에 '혼이 빠져나가버릴 지경'이었기 때문이다.

부스 행사에서 썼던 물품을 차에 옮겨 놓으려고 주차장으로 가는데 근처에서 반대 집회를 하는 거예요. 너무 싫었지만 애인이랑 같이 지나갔죠. 그런데 (반퀴어 집회 참가자가) 우리를 보더니 갑자기 호루라기를 미친 듯이 불어대면서 사람을 모으더라고요. 그러고는 '쓰레기'라고 하면서 욕설을 막 퍼붓는 거예요. 사실 주차장에 세 번이나 다녀와야 했거든요. 무시하기도 하고 같이 욕하기도 하고 그랬죠. 한번은 저희를 때리려고까지 하더라고요. 근데 무서울 게 없었어요. '때리면 맞고 기사에 실리는 게 낫겠다' 싶었는데, 주먹을 치켜든 채로 욕하고 비웃기만 하더라고요. 그냥 길을 걸어갔을 뿐인데 '쓰레기'라는 말을 들어야 하는 게 정말 납득이 안 되고, 기독교를 믿는다고 하는 사람들이 그렇게 행동하는 것에 엄청 상처를 받았어요. 집에 와서도 그 눈빛, 목소리, 비웃음만 기억에 남고 축제의 장면이 없는 거예요. 생애 첫 퀴어문화축제였는데 완전히 망쳐버린 거죠.   −〈민효〉

적대와 혐오에 일방적으로 노출된 민효는 퀴어문화축제 이후 깊은 우울을 겪어야 했다. 민효의 사례는 경계 단속이 강화되는 상황에서 퀴어 그리스도인의 위치가 상대적으로 취약하다는 점을 알려준다. 통합적인 정체성을 구성하는 시작 단계부터 계속적인 위협과 의심을 경험하고, 어느 쪽에서도 충분한 지지를 받기 어려운 이들은 매일 감정적·종교적·정치적 투쟁을 벌이고 있다. 새나와 민효처럼 퀴어 친화적인 그리스도인 공동체를 만나는 경우도 있지만, 그렇지 않은 이들이 대다수라는 점에서 퀴어 그리스도인이 느끼는 고독감, 두려움, 불안, 소외감은 쉽게 가늠하기 어려울 정도로 크다.

퀴어 그리스도인은 자신 앞에 놓인 도전적인 상황을 신앙이 성장하는 계기로 받아들이기도 하고, 차별과 폭력을 조장하는 개신교회의 모습에 절망하기도 하며, 변화를 만들어나가는 활동에 참여하기도 한다. 퀴어 디아스포라로서 이들은 양쪽 집단의 문화적 실천을 이해하고 번역할 수 있다는 점에서 경계 전쟁에서 나타나는 갈등과 긴장을 생산적인 방향으로 풀어낼 수 있는 역량을 지니고 있다. 신학자 주낙현의 표현을 빌리자면, 이들은 사마리아와 갈릴래아 사이를 지나간 예수처럼(루가의 복음서 17장 11절) 어디에도 속하지 않은 좁고 위태로운 '사이'의 공간을 걸으며 새로운 삶의 은총 속에서 살아간다.[4] 확고한 경계가 그어진 두 집단 사이에 자유로운 공간이 확장될수록 퀴어 그리스도인은 경계를 가로질러 퀴어한 만남과 관계를 이루어내는 창조적인 집단으로 발돋움할 것이다.

② 탈동성애자 그리스도인

흔히 간과되는 지점이지만 탈동성애자 그리스도인은 퀴어 디아스포라로서 독특한 위치를 차지한다. 탈동성애자는 종교적인 이유 때문에 동성 간 성적 실천을 의지적으로 그만두거나, 동성에 대한 성적 지향을 변화시키기 위해 노력하거나, 퀴어 커뮤니티를 떠나기로 선택한 이들을 포괄한다. 탈동성애 운동은 퀴어 정체성을 병리적인 현상으로 지목하고 성적 지향을 바꾸는 강제적이고 임의적인 조치를 정당화한다는 점에서 비판을 받고 있다. 탈동성애 운동이 활발하게 전개되었던 미국에서는 한때 탈동성애 운동에 참여한

적이 있지만 이후에 운동을 그만둔 탈-탈동성애자들ex-ex-gay이 운동의 문제점을 고발하는 활동에 나서기도 했다.[5]

보수 개신교 신앙에 기초한 탈동성애 단체에서 현장연구를 진행한 타냐 얼즌Tanya Erzen은 탈동성애 운동을 반동성애 운동과 완전히 동일시할 수 없다고 지적한다. 얼즌에 따르면, 탈동성애 단체를 찾는 퀴어 그리스도인은 적대적인 분위기의 교회에서는 느낄 수 없었던 편안함과 위안을 경험하는데, 이들에게 탈동성애 단체는 은둔과 소외, 자기혐오에서 벗어날 수 있는 희망으로 다가온다.[6] 얼즌이 만난 탈동성애자들은 탈동성애가 동성애와 마찬가지로 안정적인 정체성이라는 점을 강조하면서도 욕망과 행동 면에서 탈동성애가 완벽하게 이루어지지 않을 수 있다는 점 역시 인정한다.

얼즌은 탈동성애 운동을 퀴어 적대와 혐오의 세련된 버전이라고 공박하거나 탈동성애자를 퀴어 자긍심을 가지지 못한 이들로 비난하기 어렵다고 주장한다. 오히려 '퀴어'가 규범적인 것에 도전하고 고정된 정체성을 거부한다는 뜻이라면, 또한 탈동성애자가 여러 정체성, 정치적 소속, 성적 배치를 오가면서 성적 지향·행동·욕망의 변화 가능성을 모색한다면, 이들의 경험을 '퀴어 회심queer conversion'으로 볼 수 있다고 이야기한다.[7] 얼즌의 제안은 탈동성애 운동이 지닌 위험을 간과하는 것이 아니라 탈동성애를 단지 보수적인 종교 이데올로기에 복무하는 것으로 이해해서는 안 된다는 입장에 더 가깝다.

탈동성애 단체는 동성에 대한 성적 욕망을 없애거나 동성애를 죄로 선언하는 일보다 개인이 자신의 삶을 성서의 가르침에 맞추어 조율하는 일에 중점을 둔다. 얼즌이 만난 단체 회원의 표현을 빌리자면, 탈동성애자의 목표는 "이성애가 아니라 하나님께 마음을 쏟고 순종하는 데 있다."[8] 절대 다수의 경우, 탈동성애자의 퀴어 회심이 성적 지향의 근본적인 변화로 이어지지는 않지만, 이들에게 중요한 것은 자신이 생각하는 이상적인 그리스도인의 모습에 더욱 가까워지는 과정이다. 탈동성애는 진정한 그리스도인이 되기 위해 고민하면서 발견한 하나의 선택지일 뿐, 모든 이들이 반드시 도달해야 하는 혹은 도달할 수 있는 결론은 아니라는 것이다.

다른 퀴어 디아스포라처럼 탈동성애자 역시 퀴어 집단과 반퀴어 집단 모두에 맞닿아 있다. 한편으로 탈동성애자는 퀴어 집단을 겨냥한 차별과 폭력으로 인해 고통을 겪은 적이 있다는 점에서 노골적인 혐오를 조장하는 반동성애 운동을 지지하지 않는다. 오히려 자신의 탈동성애 경험을 일종의 성공 사례로 도구화하는 반동성애 운동과 대립각을 세우기도 한다. 하지만 다른 한편으로 이들은 좋은 그리스도인이 되기 위해서는 동성애자로서의 문화적 양식을 포기해야 한다고 믿는다. '좋은 그리스도인은 가족을 꾸리는 이성애자'라는 신앙의 테두리에 자신을 맞추려고 노력하는 것이다.[9] 즉 종교적·성적 탐색을 긍정하고 적대와 혐오에 반대한다는 면에서는 퀴어 집단과 친화성을 갖지만, 이성애 가족질서를 승인한다는 면에서는 보수 개신교회의 입장을 따른다고 할 수 있다. 탈동성애자의 존재는 보수 개신교회와 퀴어 집단 사이의 경계 구분이 복잡할 수밖에 없다는 사실을 일깨워준다.

안타깝게도 현재 한국의 탈동성애 운동은 반퀴어 정치학을 옹호하는 방식으로 이루어지고 있다. 한국의 탈동성애 활동가는 탈동성애가 마치 중독, 일탈, 결핍, 비정상을 극복하는 해결책인 것처럼 내세운다. 겉으로는 퀴어 당사자의 실존적인 고민을 경청하는 듯 보이지만, 실제로는 성적인 금욕생활을 요구하고 퀴어 당사자로서 살아온 개인의 역사를 폄하하며 퀴어 커뮤니티와의 철저한 단절을 강조할 뿐이다. 탈동성애는 인간의 성적인 여정이 얼마나 다채로운지 알려주는 하나의 예시임에도, 이성애가 유일하게 올바른 성적 지향이라는 믿음 속에서 퀴어 집단을 공격하는 무기로 쓰이고 있다.

탈동성애 운동은 인간이 전적으로 타락했음을 강조하는 보수 개신교회의 서사를 반영한다. '새가 머리 위에 날아다니는 것은 막을 수 없지만 새가 머리 위에 앉아 둥지를 트는 것은 막아야 한다'는 마르틴 루터의 경구가 보여주듯이 보수 개신교회는 죄에 맞서 싸우는 적극적인 의지를 중요시해왔다. 마찬가지로 탈동성애 운동에서도 동성에 대한 성적 끌림은 어쩔 수 없지만(혹은 초자연적인 개입 없이는 '해결'되기 어렵지만), 성적 실천은 삼가야 한다고 힘주어 이야기한다. 언뜻 불가능하고 무의미해보이는 노력이 탈동성애자에게 가치 있는 이유는 구원이 우리의 밖에서extra nos, 우리를 위해서pro nobis 온다는 기쁜 소식福音 때문이다. "하느님께서 하시는 일이 사람의 눈에는 어리석어 보이지만 사람들이 하는 일보다 지혜롭고, 하느님의 힘이 사람의 눈에는 약하게 보이지만 사람의 힘보다 강합니다"(고린토인들에게 보낸 첫째 편지 1장 25절)라는 메시지는 탈동성애자에게 변화를 소망하도록 한다.

하지만 죄와 구원의 문제는 성적 지향 논의와 다른 차원에 속해 있다. 보수 개신교회는 우리가 살아가는 세계를 넘어선 천국이 있다고 주장하지만, 규범과 제도로서의 이성애에는 외부가 존재하지 않는다. 이성애가 정상, 보편, 일반, 규범, 더 나아가 세계 그 자체가 될 때, 이성애의 외부는 인식 가능성의 영역 밖을 의미한다. 세상의 지혜로 헤아릴 수 없는 하느님의 경륜(고린토인들에게 보낸 첫째 편지 1장 21절)은 신비로 불리지만, 규범의 언어로 설명할 수 없는 퀴어한 존재는 인간 범주 밖으로 내몰릴 뿐이다. 이성애규범을 가로질러 퀴어한 존재 밖에서, 퀴어한 존재를 위해서 성육신한 구원자가 없는 상황에서 이성애를 영접하는 기도는 구원을 약속하지 않는다. 성서에서 이야기하는 구원이 지배와 억압의 체제가 무너지고 새로운 세계가 시작되는 해방과 변화의 사건이라면, 구원은 탈동성애가 아니라 이성애규범의 종식을 뜻한다.

보수 개신교회의 관점에서 퀴어 그리스도인이 불가능한 존재라면 탈동성애자 그리스도인은 미달된 존재다. (적어도 아직) 이성애자가 되지 못한 탈동성애자는 변화를 위한 부단한 노력을 보였을 때만 개신교회의 성원권을 얻을 수 있다. 제한적인 성원권을 지닌 탈동성애자는 간증 집회에 초대받을 수는 있지만 신앙의 동역자로 환대받기는 어렵다. 이른바 '100% 이성애자'가 되었다고 하더라도 '동성애자 출신 이성애자'가 머물 수 있는 자리는 없다. 직선적 시간성을 기초로 작동하는 이성애규범은 태어나서 성장하고 죽을 때까지 오로지 이성애자로 사는 이들에게만 완전한 시민권을 약속하기 때문이다. 현재 한국의 보수 개신교회는 퀴어 집단은 물론이고 탈동성애자와 공존하기에도 지나치게 경직되고 위계적인 곳이다.

탈동성애자 그리스도인이 퀴어 디아스포라로서 빛나기 위해서는 어떠한 변화가 필요할까? 무엇보다 탈동성애자를 인간의 다면적인 모습을 보여주는 존재로 이해해야 한다. 이들은 종교적인 영역과 성적인 영역에 관한 진지한 질문을 던지면서 우리 모두가 젠더와 섹슈얼리티를 여행하는 사람들이라는 사실을 깨닫게 한다. 이에 반해 '동성애자의 양심고백'과 같은 반퀴어 텍스트는 탈동성애자의 풍성하고 복합적인 경험을 납작하고 병리적으로 만드는 프로파간다에 불과하다. 물론 탈동성애자가 도전하지 않는 보수 그리스도교 신앙, 이원젠더체계, 이성애규범을 비판적으로 해석하는 작업 역시 수반되어야 한다. '거의 동일하지만 아주 똑같지는 않은, 차이를 지닌 주체'[10]로서 탈동성애자가 놓인 삶의 자리는 창조적 불안을 일으키며 퀴어 이슈를 마주하는 이들의 고민을 더욱 깊고 정교하게 만들고 있다.

③ 퀴어 차별과 폭력에 반대하는 그리스도인

보수 개신교회를 배경으로 하는 반퀴어 집단은 퀴어 집단에 대한 적대와 혐오를 신앙의 이름으로 합리화한다. 하지만 그리스도교 내부에서 이에 맞서 싸워온 이들도 존재한다. 대표적으로 로뎀나무그늘교회(1996), 안개마을(2001), 한국기독학생청년연합회(1992, 본격적인 연대 활동은 2003), 차별없는 세상을 위한 기독인연대(2007), 열린문 메트로폴리탄 공동체 교회(2011), 섬돌향린교회(2013), 길찾는교회(2013), 무지개예수(2016) 등이 있다(괄호 안은 창립 연도). 선교단체, 지역교회, 커뮤니티 등 다양한 모습을 지닌 반차별 모임은 퀴어 당사자를 환영하고 교회 안팎의 퀴어 이슈에 개입해왔다. 이들 모임은 신학, 교회 전통, 단체 성격 면에서 차이를 보이지만, 그리스도교 신앙에 기초해서 환대와 포용의 메시지를 전한다는 점에서 공통점을 찾을 수 있다.

적대와 혐오가 조직화되는 시기에 반차별 그리스도인은 반퀴어 집단과 심한 마찰을 겪고 있다. 이들은 '성서가 누구든지 그리스도 예수 안에서 아무런 차별이 없다고 증언하는데(갈라디아인들에게 보낸 편지 3장 28절), 보수 개신교회는 무슨 권한으로 퀴어 집단을 정죄하고 배제하느냐'는 근본적인 물음을 던진다. 이들의 활동은 그리스도인이 퀴어 이슈를 식별하고 퀴어 집단과 관계를 맺는 방식이 적대와 혐오 한 가지가 아니라는 사실을 드러낸다. 다른 선택지가 있다는 주장은 반퀴어 집단이 표방하는 종교적 정당성과 대표성을 약화시키며 반퀴어 집단의 감정적·도덕적 대중 형성에 저항하는 힘이 된다. 결과적으로 반차별 그리스도인은 그리스도교 신앙을 둘러싼 첨예한 논쟁의 중심에 놓이게 된다.

일례로 2014년 서울퀴어문화축제에서 몇몇 반차별 그리스도인이 '퀴어와 함께하는 그리스도인' 부스를 꾸린 적이 있다. 이 부스 행사는 퀴어 이슈에 대한 신학적 입장이 어떠하든지 상관없이 차별과 폭력에 반대하는 이들이 그리스도교와 퀴어 집단 사이에 새로운 관계를 만들자는 뜻에서 추진되었다. 그런데 부스에서 찬양 집회가 열리자 주변에 있던 반퀴어 집회 참가자들이 찬양 집회에 난입해서 욕설을 쏟아내고 행사를 방해하기 시작했다. 그중에는 부스에 붙여진 성서 구절을 훼손하는 사람도 있었다. 그는 "사랑은 이웃에게 해를 입히지 않습니다"(로마서 13장 10절, 새번역)라는 구절에 크게 X표를 치고 '성경의 일점일획도 왜곡 마십시오!'라는 문구를 거칠게 적었다.

성서를 문자적으로 해석하는 보수 개신교인들은 퀴어 적대를 종교적 신념으로 받아들인다. 따라서 다른 그리스도인이 퀴어 이슈에 대해서 자신과 동일한 입장을 보이지 않는 것은 이들에게 단순한 의견 차이 이상의 문제이다. 심지어 성서 본문을 그대로 옮겨 적은 일도 신성모독이 되는 것이다. 반퀴어 집단은 퀴어 집단을 조건적으로나마 관용할 수 있지만, 신앙의 이름으로 차별과 폭력에 대항하는 그리스도인만큼은 받아들이기 어렵다. 그러나 성서 구절을 훼손한 행동은 그의 신앙적 확신이 아니라 감출 수 없는 불안을 보여줄 뿐이다. 어쩌면 그의 폭력적인 행동은 '이웃을 자신의 몸처럼 사랑하는 일이 모든 가르침을 완성하는 가장 중요한 계명'임을 누누이 강조하는 성서가 그의 편이 아님을 징후적으로 보여주는 것인지도 모른다. 오히려 반퀴어 활동가가 적은 것처럼 '성경의 일점일획도 왜곡'해서는 안 된다면, 그가 해야 하는 일은 가장 보잘 것 없는 존재의 모습으로 찾아오는 예수를 기꺼이 맞이하는 일이다(마태오의 복음서 25장 40절).

반퀴어 집단이 반차별 그리스도인에게 강한 적대감을 표출하는 것은 초기 그리스도교 공동체에서 사탄의 이미지가 만들어지는 과정과도 유사하다. 종교사학자 일레인 페이절스Elaine Pagels는 당시 전개되었던 사탄에 대한 다양한 논의에는 한 가지 공통점이 있다고 지적한다. 바로 가장 강대하고 위험한 적이 낯선 외부의 이방인이 아니라 신뢰하는 동료, 가까운 협력자, 형제와 자매라는 것이다.[11] 예수를 배신한 가리옷 사람 유다가 전형적인 예라고 할 수 있다. 성서에서 유다는 사탄의 꾐에 빠져서 스승을 팔아넘긴 내부의 적으로 기록된다(요한의 복음서 13장 2절, 27절).

공동체의 일원으로 생각했던 동료가 실제로는 가장 큰 위협이었다는 전승은 그리스도교 신자로 하여금 자신과 비슷하면서도 다른 생각을 품고 있는 이들을 경계하는 문화적 습관을 갖도록 한다. 교회의 역사 속에서 신앙 공동체의 지배적인 가르침을 거스르고 새로운 해석을 제시하는 사람은 종종 이단(hairetikos, 다른 선택을 하는 사람)으로 몰려서 박해를 받기도 했다. 퀴어 친화적인 성직자를 이단으로 낙인찍고 퀴어 관점으로 성서를 조명하는 작업을 금기시하는 일련의 흐름 역시 비슷한 맥락에서 이해할 수 있다.

험난한 상황에서도 반차별 그리스도인은 정의롭고 평화로운 사회를 만들기 위해 노력하고 있다. 이들은 차별과 폭력에 지친 퀴어 집단을 위로하고, 교회 안팎에서 환대와 사귐의 공간을 마련하기 위해 힘쓰고 있다. 반퀴어 집단의 위협이 나날이 커지는 상황에서 퀴어 집단에 대한 저주와 배제가 아니라 공존과 어울림의 가치를 그리스도교 내부에서 이끌어내는 실천은 어느 때보다 절실하다. 반차별 그리스도인이 '죄인으로 여겨지던 사람들과 더불어 먹고 마셨던 예수(마태오의 복음서 9장 10절)를 닮은 이들'로 인정받는 일은 퀴어 변화를 나타내는 상징적인 사건이 될 것이다.

모든 소수자들이 동등한 권리를 누리며 차별 없이 인정받는 세상, (…) 모두가 서로 동등한 세상이 세워지기를 원합니다. 이를 위한 모든 일에 저희를 온전한 도구로 사용하여 주시옵고, 저희 모두 차별 없는 세상을 위해 노력하며 애쓰는 사람들이 되게 하여 주십시오.[12]

④ 친밀성의 경계에 있는 이들

퀴어 집단과 반퀴어 집단 사이의 경계는 정치적 입장을 가르는 동시에 관계를 구획하는 선으로도 기능한다. 경계 안에 있는 동료와는 가깝게 지내고 경계 너머에 있는 적과는 대립해야 하는 것이다. 그렇지만 친밀성이 경계에 따라서 형성되는 것만은 아니다. 퀴어 이슈를 둘러싼 논쟁에서는 서로 반대편에 놓여 있지만, 그 외의 상황에서는 가족으로, 친구로, 연인으로, 이웃 주민으로 만나기도 한다. 이처럼 퀴어 다툼은 경계 너머에 있는 사람들과 친밀한 관계를 맺고 있는 이들을 곤란하게 만든다.

퀴어 활동가 예주는 가족 대부분이 개신교회를 다니는 집에서 성장했다. 예주는 신학자이자 선교사인 할아버지와 함께했던 시간을 떠올릴 때마다 힘을 얻는다고 이야기했다. 예주의 가족은 예주가 동성애자라는 점과 퀴어 활동가라는 점에 대해 저마다의 방식으로 인정하는 편이었다. 하지만 퀴어 논쟁이 고조되면서 가족과의 관계에서 변화가 생기게 되었다. 특히 그간 예주가 동성애자라는 사실에 별다른 내색을 하지 않던 예주 어머니의 변화가 두드러지게 나타났다. 반퀴어 운동이 개신교회 전반에 확산되는 변화는 예주의 어머니로 하여금 그동안 어느 정도 접합시키고 있던 자신의 종교적 신념, 퀴어 이슈에 대한 입장, 예주와의 관계를 다시금 돌아보게 만들었다.

어머니 말씀은 그거였어요. "네가 동성애자인 걸 어떻게 하겠냐. 네가 좋다는 데 어떻게 하겠냐. 근데 활동은 안 했으면 좋겠다." 이유를 물어보니까 어머니가 그러시더라고요. "노동 운동은 재벌들의 담을 허무는 일이고, 여성 운동이나 장애인 운동은 사회의 담을 무너뜨리는 일인데, 네가 하는 일은 종교적인 담을 부수는 일이다. (…) 너는 아니라고 하겠지만 나는 네가 하나님의 자녀라고 생각한다. 근데 하나님의 자녀가 하나님의 벽을 부수는 일에 왜 굳이 앞장서야 하냐. 남들이 그 일을 하고 너는 그냥 누리면 안 되냐."

-〈예주〉

개신교 신자인 예주의 어머니는 예주에게 "종교적인 담"과 "하나님의 벽"을 부수는 퀴어 활동을 그만둘 것을 권유한다. 예주는 어머니의 주장에 동의하지 않으면서도 어머니의 입장을 이해할 수 있다고 이야기했다. 어머니가 활동을 그만두라고 하는 데는 종교적인 신념뿐 아니라 예주가 혹여나 반퀴어 활동가들로 인해 힘든 일을 겪지 않을까 하는 염려도 있다고 설명했다. 무엇보다 어머니가 맺고 있는 많은 관계가 보수 개신교회를 중심으로 이루어져 있기 때문에 퀴어 당사자의 부모로서 겪는 고민을 터놓고 나눌 수 있는 사람이 없는 어머니의 어려움을 외면하기 어렵다고 말했다.

어머니 친구 중에 사모님이 계신데, 그분이 퀴어문화축제 반대 기

도회에 간다는 얘기를 어머니한테 하신 거예요. 어머니는 그분한
테 자식이 어떻게 지내는지 말을 못했거든요. 어머니에게는 또 다
른 커밍아웃과 벽장과 아웃팅이 있는 거예요. 다른 친구들이 "동
성애 하면 AIDS 걸린다더라" 이런 이야기를 하면 그 말이 어머니
한테 상처가 되지 않겠어요? 그래서 저도 자꾸 어머니를 케어하게
되더라고요. 이게 안 좋은 방법일 수도 있겠지만 그래도 어머니가
받을 상처나 두려움이 클 거라는 생각이 들거든요.　　　　－〈예주〉

　　퀴어 적대가 지배적인 한국사회에서 퀴어 이슈는 부정적인 의
견을 개진하는 주제라기보다 논의 자체를 꺼리는 주제에 더 가깝다.
한편으로는 논의할 만한 가치가 없다고 치부되고 다른 한편으로는
지나치게 논쟁적이라고 여겨지기에, 퀴어 이슈에 대해 진솔한 대화
를 나눌 수 있는 기회는 좀처럼 마련되지 않는다. 더욱이 퀴어 집단
이 병리적이고 반사회적인 모습으로 표상될 때, 퀴어 집단은 질병
과 오염을 일으키는 존재로 간주된다. 퀴어 집단과 접촉하는 것은
물론이고 퀴어 이슈에 대해 말하거나 고민하는 것만으로도 병균과
유해물질이 옮겨 붙을 것이라는 두려움 때문에 퀴어 이슈는 침묵
을 통해 위생 처리된다. 결과적으로 퀴어 당사자와 친밀한 관계를
맺고 있는 이들은 "또 다른 커밍아웃과 벽장과 아웃팅"을 경험하게
된다.
　　예주는 어머니에게 '성소수자 부모모임'[13]처럼 성소수자를 가

족으로 둔 이들이 서로의 삶을 나누는 자리를 제안하기도 했지만 어머니는 부담스러워하는 반응을 보였다. 어머니가 예주와의 관계를 풀어나가는 방식은 답답한 마음을 꾹꾹 눌러 참거나, 술을 마시고 예주에게 하소연을 하거나, 이따금씩 화를 내고 예주와 싸우는 것이었다. 예주는 어머니가 짊어지고 있는 무게를 덜기 위해 어머니에게 정서적 지지를 보내면서 어머니와 더 많이 얘기하려 노력한다고 이야기했다. 어머니와의 관계 방식이 "때로는 감정노동처럼 느껴질 때도 있다"고 말한 예주는 자신의 선택을 "안 좋은 방법"이라고 평가했다. 여기에는 몇 가지 이유가 있다.

먼저 퀴어 적대적인 분위기가 사회 전반에 우세하다는 점에서 예주의 개인적인 노력은 무력해지기 쉽다. 구조적인 변화가 뒷받침되지 않는다면 비슷한 형태의 갈등이 되풀이될 수 있기 때문이다. 또한 어머니와의 관계는 퀴어 이슈에 대한 정치적 입장을 조율하는 일뿐 아니라 신뢰를 기반으로 이해의 폭을 넓혀가는 일 역시 필요하기 때문에 오랜 시간과 수고가 든다. 게다가 어머니와의 갈등이 얼마간 해소된다고 하더라도 어머니가 맺고 있는 여러 관계에서 발생하는 어려움은 두 사람이 감당할 수 있는 영역을 벗어난다. 예주는 퀴어 활동가로서 차별과 폭력을 없애기 위해 힘쓰는 만큼 어머니와 의미 있는 관계를 맺으려 애쓰고 있다.

친밀성의 경계에 있는 이들은 퀴어 집단과 반퀴어 집단 사이의 대결 구도가 가리고 있는 여러 지점을 비추면서 퀴어 이슈가 친밀성과 관계의 문제라는 사실을 일깨운다. 퀴어 이슈를 마주하는 과정은 감정과 윤리에 대한 고민을 수반한다는 것이다. 퀴어 이슈에 대해서 어떠한 입장을 갖고 있는지 겨루는 일은 '나'와 다른 위치에 있는 사람과 어떻게 더불어 살아갈 수 있는지 고민하는 일과 함께 이루어질 필요가 있다. 퀴어 변화는 '곁을 파괴하고 편을 강요하는 사회'[14]를 넘어서 존엄과 공존의 원리가 지켜지는 사회를 실현하는 일이기 때문이다.

자유롭게, 템포 루바토

퀴어 논쟁은 크고 작은 감정적 집단을 만들어내면서 집단 사이의 경계를 가시화한다. 퀴어 논쟁에 참여하는 이들은 집단의 결속력을 강화하기 위해, 때로는 집단을 보호하기 위해 경계 단속에 나선다. 이 과정에서 퀴어 검문소와 같은 임시적인 장치가 마련되기도 한다. 하지만 사람들의 복잡다단한 현실은 깔끔한 경계선으로 마름질되지 않는다. 이분법적인 배치를 거부하고 경계를 넘나드는 퀴어 디아스포라는 퀴어 이슈를 마주하는 평면적인 인식론과 경직된 방법론에 도전한다. 퀴어 논의가 확장되기 위해서는 경계를 가로지르는 다채로운 만남이 활성화되고 퀴어한 접촉의 경험이 풍성해질 필요가 있다.

치카나 레즈비언 페미니스트 글로리아 안잘두아Gloria Anzaldúa는 '사이공간'으로서의 경계지대borderland/la frontera가 지닌 창조적 잠재성에 주목한다. 안잘두아는 경계지대를 두 가지 이상의 문화가 함께 나타나는 곳, 서로 다른 인종이 같은 영토를 점유하는 곳, 다양한 계급의 사람들이 부대끼는 곳, 두 사람 사이의 공간이 친밀성으로 얽히는 곳으로 설명한다.[15] 이 경계지대는 고통스러운 역사 속에서 만들어진 멕시코와 미국 사이의 국경을 가리키는 동시에 '정상적인 것'을 둘러싼 제한된 영역을 횡단하거나 돌파하는 존재들, 즉 가로지르는 이들los atravesados이 머무는 곳을 의미한다.[16] 경계지대에서 살아가는 이들은 삶의 모순과 양가성을 받아들이고 여러 문화를 저글링하는 혼종적 인격mestiza consciousness을 갖게 된다.[17]

서로 경합하는 집단의 문화를 자신의 삶에 녹여내고 딱딱한 벽과 뚜렷한 경계가 감당하지 못하는 이야기를 풀어가는 퀴어 디아스포라는 안잘두아가 말한 가로지르는 이들이자 혼종적 인격을 지닌 존재라고 할 수 있다. 퀴어 디아스포라는 경계를 둘러싸고 나타나는 모순을 화해시키기보다 독특한 조합으로 바꾸어내고, 규범의 악보에 그려지지 않은 선율을 즉흥적인 양식으로 표현하고 있다. 퀴어 정치학이 '우리'와 '그들' 사이의 구분을 흐트러뜨리고 본질주의적인 정체성에 대해 질문한다고 할 때, 퀴어 검문소를 해체하고 퀴어 디아스포라의 연주를 느끼는 일이야말로 새로운 세계를 지금 여기에서 가능하게 할 것이다. 우리 모두가 간절히 기다리고 기도하던 새로운 세계 말이다.

> 불확실한 미래 앞에서 떨고 있는 우리
> 병에 걸릴 수도, 죽음을 맞이할 수도, 강한 적을 만날 수도
> 우리가 갖고 있는 두려움에 맞서 춤을 출 수 있기를[18]
>
> ─〈글로리아 안잘두아〉

나가며

책을 쓰는 2년 동안 다양한 사건이 일어났다. 2016년 겨울에는 국정을 농단한 박근혜 전 대통령이 탄핵되고 적폐청산이 시대정신으로 떠올랐다. 2017년 봄에는 문재인 당시 더불어민주당 대선 후보가 (동성애를) "좋아하지 않는다"고 공표했고, 그의 발언에 항의하던 퀴어 활동가들이 불법으로 연행되었다. 여름에는 성평등 교육을 실시한 페미니스트 교사에게 폭력적인 처벌이 가해졌고, 가을에는 강원퀴어캠프와 부산·제주퀴어문화축제가 개최되었다. 그리고 다시 찾아온 겨울에는 HIV/AIDS 감염인과 활동가들이 국회에서 진행되는 HIV/AIDS 혐오조장 행사에 난입해서 저항행동을 펼쳤다. 2018년에도 삶의 창조적인 가능성을 드랙으로 표현한 거리 행진, 모두를 위한 스포츠가 무엇인지 보여준 체육대회 등 도시 공간에서 지워지는 퀴어한 존재들에 주목하는 연구가 이루어졌다.

달뜨게 이어져온 논쟁과 투쟁의 흐름 속에서 퀴어 집단은 새로운 시간과 공간을 직조하기 위해 애쓰고 있다. 정권교체와 같은 거대한 서사가 담아내지 못하는 일상에 집중하고, 퀴어 집단의 인권, 시민권, 성원권을 부정하는 현 체제에 도전하면서 퀴어 한국을 살아내고 있다. 퀴어 집단은 하나둘씩 생겨나는 기분 좋은 변화에 설레며 "우리가 우리끼리 재미있게 노는 것이 평화로운 복수일 테니 최대한 즐겁고 행복하면 된다"고 생각하기도 한다.[1] 바뀌지 않는 현실에 좌절할 때면 퀴어 활동가 다빛의 말처럼 더 나은 미래에 대한 기대를 '진통제' 삼아 힘든 순간을 버티기도 한다.

저마다의 빛깔과 모양을 지닌 이들은 퀴어 변화를 기대하며 오늘도 싸우고 있다. 군형법 제92조의6 폐지 입법청원에 1만 2천명이 참여했고, 차별금지법 제정 운동 두 번째 시즌에 100개가 넘는 단체가 모였다. 퀴어 활동가들의 불법연행에 항의하는 자리에도 소속을 달리하는 수많은 사람들이 참석했다. 특히 석방 촉구 촛불문화제가 청소년 퀴어 활동가 故육우당이 세상과 작별한 날에 열렸다는 점에서 연대의 의미는 더욱 아름답게 빛났다. 거칠고 적대적인 환경에서 하루하루 버티는 것, 함께하는 동료와 마음을 나누는 것, 두렵지만 앞으로 나아가보는 것은 변화의 씨앗이 되고 있다.

법이나 제도가 우리 삶의 모든 것을 해결해주는 건 아니지만, 법과 제도를 바꿔나가는 과정은 우리 삶을 변화시킬 수 있다고 생각해요. 법과 제도를 바꾸기 위해 노력하면서 용기도 얻고 친구도 만나고 자기 삶의 비전도 발견하는 우리의 모습을 잘 기억해야 할 것 같아요.　　　　　　　　　　　　　　　　　　　　　　　　　－〈재환〉

퀴어 활동가 재환의 지적처럼, 새로운 세계를 향한 여정은 몇몇 정책의 제도화를 지켜보며 사회가 진보했다고 마침표를 찍는 일이 아닐 것이다. 나와 우리, 그리고 이 세계가 예측할 수 없이 변화하는 모습을 진솔하게 마주하는 작업은 어쩌면 변화의 시기를 보내는 이들에게 주어진 몫일지도 모른다. 이처럼 함께 누리고 싶은 미래를 준비하는 일, 변화가 필요한 이유를 설명하고 사람들을 설득하는 일, 공통의 목표를 탐색하고 다른 이들과 협력하는 일, 서로를 통해 배우고 서로에게 흔적을 남기는 일은 앞으로 다가올 변화에 숨결을 불어넣는다. 퀴어 집단은 불확실한 현실을 헤쳐나가며 새로운 세계를 만들어가는 친밀한 노동에 참여하고 있다.

한편 보수 개신교회는 여전히 퀴어 변화를 거부하며 사회의 수호자를 자처하고 있다. 안타깝게도 보수 개신교회에 대한 사람들의 반응은 싸늘하기만 하다. 2017년 8월, 여러 교단의 대표를 비롯한 이른바 개신교회 지도자들은 '한국 교계 긴급 성명서'를 발표했다. 개신교회 역사상 최초라는 점을 강조한 성명서에는 현행 헌법의 양성평등 조항을 지켜서 동성결혼 법제화를 막아내야 한다는 주장이 대부분을 차지했다. 여성의 목사 안수를 신학적으로 반대하는 교단이 여전히 많고 교회 내 성차별과 성폭력 문제가 심각한 상황에서 '양성평등'을 추구해야 한다고 주장하는 모습은 설득력을 갖기 어려웠다.

가을에 열린 교단 총회의 사정 또한 크게 다르지 않았다. 2017년은 교회개혁 500주년을 기념하는 중요한 해였음에도 교단

총회에서 논의된 안건은 '힌두교 명상 훈련인 요가와 눈속임에 지나지 않는 마술을 교회에서 금지해야 한다'는 생뚱맞은 제안이었다. "그동안 요가 프로그램을 운영해온 지역교회 문화센터는 힌두교 선교센터였냐" "교회세습을 목회자 청빙이라고 속이는 행태부터 고쳐라" 등의 비판이 곳곳에서 들려왔다. 이뿐만 아니라 '동성애자나 동성애 옹호자'의 신학교 입학을 불허하고 교직원 임용을 금지한 교단도 있었다. 반퀴어 운동이 주류 개신교회 전반에 확산되면서 퀴어 집단을 겨냥한 차별과 폭력이 제도화되기 시작한 것이다.

그러나 어려운 시기 속에서도 뜻깊은 변화는 계속되고 있다. 성서를 퀴어 관점에서 조명한 『퀴어 성서 주석Queer Bible Commentary』과 퀴어 신학 입문서 『급진적 사랑Radical Love』이 번역되면서 교회와 퀴어 집단이 서로를 풍요롭게 만드는 장이 펼쳐지고 있다. 차별과 폭력에 맞서는 움직임은 '퀴어 그리스도인과 함께하는 무지개예수'로 모여 '사이공간'을 확장해내고 있다. 또한 교회개혁실천연대에서는 교회 내 성평등을 실현하는 지속적인 움직임 가운데 기독교반성폭력센터를 설립하게 되었다. 다양한 이들이 일치된 마음으로 정의와 평화를 일구어나가는 실천은 개신교회의 구조적 위기를 극복하고 사회적 소수자의 자유와 존엄을 지키는 힘이 된다.

보수 개신교회가 아군과 적군을 가르는 영적 전쟁에 앞장서는 시점에서 자기 자신을 낮추고 겸손히 다른 존재를 섬기는 삶을 통해 온전한 구원이 이루어진다고 증언하는 성서의 메시지(필립비인들에게 보낸 편지 2장 5~11절)는 더욱 무겁게 다가온다. 하느님께서 하늘에서 땅으로 내려와 사람이 된 성육신 사건, 거룩한 영역을 구별하던 성전의 휘장이 찢긴 십자가 사건, 모두가 끝났다고 생각한 순간에 새로운 희망이 탄생한 부활의 사건은 위계와 분할의 문법을 해체하는 퀴어한 움직임과 자유로운 만남에 담긴 신성한 의미를 일깨워준다. 신학자 방연상의 주장처럼 성육신이 '하느님의 선교'의 유일한 방법일 때, 교회는 자신이 구획해놓은 경계를 넘어온 이들을 받아들이는 데 머무는 것이 아니라 자신이 설정한 경계를 가로질러 문 밖으로 나가야 한다.[2] 예수께서 문 밖에 계시기 때문이다(히브리인들에게 보낸 편지 13장 12~13절).

그 너머의 이야기

최근 몇 년 동안 가장 인상적이었던 퀴어 장면 중 하나는 2017년 4월 25일 제4차 대선 후보 TV 토론회에서 심상정 당시 정의당 후보가 사회적 소수자를 위해서 단 한 번뿐인 1분 찬스를 사용한 순간이었다. 심상정 후보는 성적 지향이 "찬성이나 반대를 할 수 있는 얘기가 아니라고 본다"고 지적하며 민주주의 사회에서는 성소수자의 인권과 자유가 존중되어야 한다고 주장했다. 심상정 후보의 1분은 "차별금지법은 사실상 동성애 허용법"이라고 왜곡한 홍준표 자유한국당 후보나 "동성애에 반대한다"고 선언한 문재인 더불어민주당 후보와 선명한 대비를 이루며, 모든 사람을 위한 평등이 어떠한 의미와 가치를 지니는지 분명하게 보여 주었다.

심상정 후보의 발언은 퀴어 이슈에 대해 보다 깊은 고민을 던진다는 점에서도 다시금 살펴볼 필요가 있다. 1분의 시간에 포개진 까다롭고 곤란한 질문은 다음과 같다. 차별과 폭력을 없애기 위해서 구체적으로 어떠한 노력이 필요한가. 강하고 튼튼한 민주주의는 퀴어 집단을 어떻게 포섭하고 배제하는가. 퀴어 집단이 권리의 주체가 되는 변화는 어떠한 정치적 효과를 발생시키는가. 사회적 소수자가 국민국가 체제 안에서 적법한 존재로 등록된다는 것은 무엇을 불/가능하게 만드는가. 법적 보호와 문화적 인정을 목표로 삼았던 다른 운동으로부터 무엇을 배울 수 있는가. 이 질문들은 "기회는 평등하고 과정은 공정하며 결과는 정의로운 사회"의 비전 너머의 이야기를 요청하고 있다.

반퀴어 집단은 적대와 혐오를 조직화하면서 '그 너머의 이야기'를 나눌 수 있는 여지를 차단하고 있다. 이들은 퀴어한 이야기를 들을 가치가 없는 것으로 만들고, 퀴어 관점이 세계를 이해하는 데 중요한 통찰을 제공한다는 점을 부인한다. 반퀴어 집단이 퀴어 삶을 물들이는 다채로운 색을 지워버리고, 나그네와 여행자가 머무는 '사이공간'을 폐쇄하려는 근본적인 이유는 이들이 그 너머의 이야기를 두려워하기 때문이다. 정해진 규칙을 따르는 이들, 주어진 답을 반복하는 이들에게 다른 삶의 가능성을 탐험해나가는 퀴어한 존재들은 불온하고 위협적으로 느껴질지도 모른다. 하지만 퀴어한 존재들을 아무리 단속하고 쫓아내고 낙인찍더라도 이들이 기쁨으로 노래하는 그 너머의 이야기(루가의 복음서 1장 46~55절)는 어김없이 새로운 세계를 열 것이다.

물론 반퀴어 운동이 마법처럼 하루아침에 없어진다고 하더라도 여전히 가야 할 길은 멀다. 소수자의 고통을 외면하고 지배 권력에 충성하며 '나중에'를 외치는 사람들과 자신의 영토를 수호하며 '퀴어 집단은 챙길 필요가 없다'고 주장하는 또 다른 소수자 집단과의 복잡한 관계는 또 다른 논의를 요청한다. 한편으로는 너무나 많은 이야기가 아직 남아 있지만 퀴어 집단에게 주어진 자리는 턱없이 부족하고, 다른 한편으로는 너무나 많은 이야기가 이미 전해졌지만 여전히 응답은 들려오지 않는다. 이런 상황에서 '우리'는 어떻게, 얼마만큼 변화의 잠재력을 실현해낼 수 있을까? 우리가 만들고 싶은, 만들어야 하는, 만들 수 있는 세계는 무엇일까? 지배질서와 정상성에 도전하는 퀴어한 실천은 우리를 어디로 이끄는 걸까?

퀴어 정치학은 창조적 관점과 급진적 친밀성을 지향하면서 경계를 허물고 규범을 거슬러 사는 즐거움을 선사한다. 다채롭고 힘 있는 질문을 연기하지 않고 지금 여기에서 마주하는 일, 성찰적이고 비판적인 대화를 이어가며 서로에게 좋은 동료가 되는 일, 탐색과 발견, 저항과 투쟁을 가능하게 하는 안전하고 자유로운 공간을 만드는 일은 우리를 퀴어 변화로 초대한다. 무엇보다 경계 없이 살아가는 퀴어 디아스포라의 삶은 우리에게 거친 현실에 주눅 들지 않고 새로운 세계로 나아갈 수 있는 지혜와 용기를 준다. 차이를 우회하기보다 차이를 통해서, 차이를 지우는 것이 아니라 차이를 가지고, 차이에 갇히지 않고 차이를 넘어서 우리는 서로에게 가닿을 수 있을까? 아직 실현되지 않은, 그러나 이미 시작된 퀴어 미래를 기대해본다.

미주

들어가며

1) 이 책에서 퀴어는 두 가지 의미를 담고 있다. 하나는 지정 성별, 성별 정체성, 성별 표현, 성적 지향의 측면에서 사회적 소수자의 위치에 놓인 인구 집단을 아우르는 표현으로, 경우에 따라 성소수자, 성적 소수자, LGBT, LGBTAIQ 등의 용어와 바꾸어서 사용할 수 있다. 다른 하나는 규범적인 질서와 안정적인 정체성에 저항하는 실천을 가리키는 표현으로, 정상·보편·일반·규범의 영역을 재구성하는 정치적·윤리적·미학적 가능성을 뜻한다. 한편 퀴어 상황은 퀴어 이슈를 둘러싼 다양한 기획, 배치, 교섭, 규율, 저항이 나타나는 사회적 장으로서, 퀴어 논쟁과 투쟁이 반복되고 여러 결의 사회적 힘이 모이는 과정에서 역사성과 물질성을 띠게 된다. 퀴어 논의를 상황으로 해석하는 접근방식은 류혜진의 '젠더 상황' 개념으로부터 아이디어를 얻었다. 자세한 내용은 류혜진, 「젠더퀴어로서의 레즈비언 부치와 젠더 상황에 대한 연구」, 이화여자대학교 여성학과 석사학위논문, 2010 참조.

2) 반퀴어는 퀴어 집단에 대한 차별과 폭력을 생산하는 이들, 퀴어 집단과의 공존을 거부하는 이들, 퀴어한 삶의 양식을 파괴하는 이들의 인식과 실천을 지칭하는 표현이다. 이 책에서는 주로 퀴어 적대와 혐오를 조직화하는 집단을 지칭할 때 사용되었다.

3) 그리스도교의 절대자를 가리키는 용어로는 하느님과 하나님이 있
   다. 이 글에서는 하느님을 원칙으로 하고, 보수 개신교회와 관련한
   내용에 한해서 하나님을 사용했다.

4) 성별 정체성 항목의 경우, 국가인권위원회가 제출한 법안과 법무
   부가 고시한 법안 모두에 포함되어 있지 않았다. 다만 국가인권위
   원회가 제출한 법안에서 성별 항목이 '여성, 남성, 기타 여성 또는
   남성으로 분류하기 어려운 성'으로 정의된 바 있다. 법무부는 7개
   항목을 차별금지 사유에서 제외하면서 성별 정의 규정 또한 삭제
   했다. 자세한 내용은 성전환자인권연대 지렁이, "트랜스젠더가 보
   는 차별금지법안", 《인권오름》, 2007년 11월 28일 참조. http://hr-
   oreum.net/article.php?id=656(2018년 3월 20일 접속)

5) 한껏 고조되었던 반퀴어 운동은 이명박 정부의 집권 이후 다소
   소강상태에 접어들었다. 당시 보수 개신교회와 관련한 이슈는 '고
   소영(고려대, 소망교회, 영남) 인사'로 대표되는 교회의 기득권화
   와 개신교 우파를 중심으로 하는 뉴라이트 운동이었다. 이에 대
   해 퀴어 활동가 한채윤은 보수 개신교회가 다양한 사건, 예컨대
   2008년 통일교의 국회진출 움직임 저지, 촛불집회 중단 촉구, 불
   교계의 종교차별 철폐요구 대응, 2009년 세계교회협의회 부산총
   회 결정으로 인한 내부 갈등 수습 등으로 분주했기 때문에 퀴어
   이슈에 "신경을 쓸 겨를이 없었다"고 설명한다. 반퀴어 운동의 조
   직화에 대한 분석은 한채윤, 「왜 한국 개신교는 '동성애 혐오'를 필
   요로 하는가?」, 정희진 엮음, 권김현영·루인·류진희·정희진·한채
   윤 지음, 『양성평등에 반대한다』, 교양인, 2017, 153~191쪽 참조.

6) "'방한' 미국 성소수자 인권 특사에 외교부 '동성애 차별법 없다'

사실왜곡", 《한겨레》, 2016년 2월 11일.

7) 리사 두건은 소수자 권리 담론이나 반차별 주장을 넘어서 이성애 규범적 주체에게 특권을 보장하는 국가의 기획에 저항해야 한다고 주장했다. Lisa Duggan, "Queering the State," *Social Text*, no. 39, 1994, p. 9.

8) 에릭 마커스, 『Is It a Choice?: 동성애에 관한 300가지 질문』(개정판), 컴투게더 옮김, 이형석 감수, 박영률출판사, 2006, 171쪽.

9) 몇 년 후에야 알게 된 사실이지만, 내가 활동하던 시기에 단체 내 성폭력 사건이 발생했었다. 그러나 선교단체는 필요한 여러 조치들, 예를 들어 대책위원회 구성, 공간분리와 접근금지, 가해자 처벌과 피해자 보호, 반성폭력 교육 실시, 재발방지대책 수립 중 어느 것도 하지 않았다. 대형교회 목회자의 성범죄는 규탄하면서도 정작 단체 내에서 벌어진 성폭력 사건에 대해서는 아무런 책임을 지지 않는 모습에 분노할 수밖에 없었다.

10) 패트리샤 힐 콜린스는 내부에 있는 외부인의 위치에 있을 때, 당연하게 여겨지는 것을 비판적으로 읽어낼 수 있는 창조적 가능성이 생긴다고 이야기한 바 있다. 자세한 내용은 Patricia Hill Collins, "Learning from the Outsider Within: The Sociological Significance of Black Feminist Thought," *Social Problems*, vol. 33, no. 6, 1986, pp. S14~S32 참조.

11) 마리아 루고네스는 진정한 자아를 지닌 단 하나의 '나'로부터 여러 세계에서 다양한 모습으로 살아가는 또 다른 존재로 이동하는 과정을 '세계 여행' 개념으로 설명한다. 여러 세계에 동시에 머무는 일과 다양한 세계를 여행하는 일은 특히 소수자에

게 있어 삶의 핵심을 차지한다. 자세한 내용은 María Lugones, "Playfulness, 'World'-Travelling, and Loving Perception," *Hypatia: A Journal of Feminist Philosophy*, vol. 2, no. 2, 1987, pp. 3~19 참조.

12) Marilyn McCord Adams, "Eucharistic Prayer for the Powerless, the Oppressed, the Unusual," Kittredge Cherry and Zalmon Sherwood eds., *Equal Rites: Lesbian and Gay Worship, Ceremonies, and Celebrations* (Louisville; Westminster John Knox Press, 1995), p. 113. 성찬기도의 한글 번역본 "힘없는 이들, 억압받는 이들, 별난 이들을 위한 성찬기도"(주낙현 옮김, 2011년 3월 21일)는 'via media 주낙현 신부의 성공회 이야기' 웹페이지에서 확인할 수 있다. http://viamedia. or.kr/2011/03/21/1214(2018년 3월 20일 접속)

1장 반퀴어 운동, 위기에 빠진 교회의 그림자

1) 종교 관련 통계자료는 국가통계포털 홈페이지 인구총조사 종교별 인구 항목에서 확인할 수 있다. http://kosis.kr(2018년 3월 20일 접속) 통계자료 분석에 도움을 준 불가피에게 고마움을 전한다.

2) 기독교윤리실천운동 엮음, 『2017년 한국교회의 사회적 신뢰도 여론조사 결과 발표세미나』, 기독교윤리실천운동, 2017, 9쪽.

3) 미국의 반동성애 텍스트를 분석한 디디 허먼은 보수 개신교회가 종말론을 앞세워 사람들의 두려움과 분노를 생산하면서 소수자 집단에 부정적인 이미지를 형성해왔다고 지적한다. 허먼에 따르면, 세상을 타락에 빠뜨리고 사회를 병들게 하는 사탄의 계략에 맞

서 싸워야 한다는 주장이 시대적 맥락에 따라 변주되면서 반공주
의, 반유대주의, 반천주교, 반동성애 정서를 강화시킨다. 자세한 내
용은 Didi Herman, *The Antigay Agenda: Orthodox Vision
and the Christian Right*(Chicago; University of Chicago Press,
1998), pp. 25~59 참조.

4) Stanley Cohen, *Folk Devils and Moral Panics: The Creation
of the Mods and Rockers*(Third Edition)(London and New
York; Routledge, 2002), p. 1.

5) "한기총 부회장 '가난한 집 아이들 불국사로 수학여행 가지···'",
《한겨레》, 2014년 5월 23일.

6) "오정현 목사 '국민 미개 틀린 말 아니다' 논란", 《한국일보》,
2014년 5월 23일.

7) "김삼환 목사, '세월호는 하나님이 침몰시킨 것'", 《뉴스앤조이》,
2014년 5월 28일.

8) "가톨릭 반대 집회에 1만여 명 운집", 《뉴스앤조이》, 2014년 8월
13일.

9) "퀴어퍼레이드 반대집회 사회자 양심고백 '세월호 이용하고 하나
님 이름 들먹인 기독교단체···'", 《신문고뉴스》, 2014년 6월 18일.

10) 마커스 J. 보그, 『그리스도교 신앙을 말하다: 왜 신앙의 언어는 그
힘을 잃었는가?』(개정판), 김태현 옮김, 비아, 2017, 43~45쪽.

2장 보수 개신교회 내부의 차이들

1) Dawne Moon, "Beyond the Dichotomy: Six Religious Views
of Homosexuality," *Journal of Homosexuality*, vol. 61, iss. 9,

2014, pp. 1215~1241.

2) Ibid., p. 1218.

3) 한국찬송가공회 엮음, 388장 〈마귀들과 싸울지라〉, 『통일찬송가』, 대한기독교서회·생명의말씀사, 1983.

4) 한국찬송가공회 엮음, 202장 〈죄에서 자유를 얻게 함은〉, 『통일찬송가』, 대한기독교서회·생명의말씀사, 1983.

5) 천관웅, 〈내 길 더 잘 아시니〉, 《Jesus Generation》, 인피니스, 2003.

6) 성별 정체성 및 성적 지향에 근거한 차별을 금지하는 조항(제4조)과 사상과 의사표현의 자유를 보장하는 조항(제8조)의 경우, 국내외 다양한 인권정책에 명시되어 있는 내용으로서 이른바 "대다수 시민의 인권을 심각하게 침해한다"는 반퀴어 주장과는 관련이 없다. 서울시민 인권헌장 제정 과정에 대한 자세한 분석은 문경란, 「서울시민 인권헌장은 어떻게 만들어졌나?」, "서울시민 인권헌장 제정, 무엇을 남겼나?" 심포지엄 발표문, 서울특별시 인권위원회·서울대학교 인권센터·서울대학교 공익인권법센터 공동주최, 2015년 2월 25일, 1~67쪽 참조.

7) 같은 시간, 세월호 농성장에서는 수사권과 기소권이 보장되지 않은 세월호 특별법 여야합의안에 항의하는 민주쟁취기독교행동의 기자회견이 있었다. 기자회견장에는 세월호 참사 문제 해결을 위해서 40일 동안 단식으로 투쟁하는 두 명의 목회자도 함께했다("비오는 날이 더 힘든 김홍술·방인성 목사", 《뉴스앤조이》, 2014년 10월 2일). 세종대로 사거리 인근에서 서로 다른 세 개의 개신교 관련 집회가 진행되는 장면은 개신교회 내부의 차이를 잘 보여준다.

8) Gabriel Fackre, *The Church: Signs of the Spirit and Signs of the Times*(Grand Rapids; William B. Eerdmans Publishing Company, 2007), pp. 14~16; 정승현, 「하나님의 선교(The Missio Dei)와 선교적인 교회(The Missional Church): 빌링겐 IMC를 중심으로」, 《선교와신학》 제20집, 장로회신학대학교 세계선교연구원, 2007, 185~212쪽.

9) 에콰도르 선교학자 르네 파디야는 선교를 하나님과 인간의 화해를 선포하는 일로 제한시키려는 시도에는 성서적 근거가 없다고 주장했고, 페루 선교학자 사무엘 에스코바르는 인종차별, 편견, 억압, 부패, 착취와 같은 사회적 문제에 개입하지 않는 선교는 '위선'이라고 이야기했다. René Padilla, "Evangelism and the World," J. D. Douglas ed., *Let the Earth Hear His Voice: International Congress on World Evangelization Lausanne, Switzerland*(Minneapolis; World Wide Publications, 1975), pp. 116~146; Samuel Escobar, "Evangelicalism and Man's Search for Freedom, Justice, and Fulfillment," Ibid., pp. 303~326 참조.

10) 기독교윤리연구소 엮음, 『동성애에 대한 기독교적 답변: 동성애를 긍정하지 않지만 동성애자들을 따뜻하게 맞이하는 교회』, 예영커뮤니케이션, 2011, 7쪽

11) "성 소수자 목회 지침 마련 연구 방안 기각", 《뉴스앤조이》, 2015년 9월 16일. 해당 헌의안은 2017년 총회에서도 기각되었다.

12) 샐리 맥페이그, 『어머니, 연인, 친구: 생태학적 핵 시대와 하나님의 세 모델』, 정애성 옮김, 뜰밖, 2006, 236~237쪽.

13) 같은 책, 227~228쪽.

3장 퀴어 아포칼립스

1) Andrew Kohut et al., *The Global Divide on Homosexuality: Greater Acceptance in More Secular and Affluent Countries*, Pew Global Attitudes Project(Washington; Pew Research Center, 2013).

2) AIDS는 HIV 감염으로 인한 면역기능의 저하가 상당 부분 진행되어 기회감염에 따른 심각한 건강의 위해가 나타날 수 있는 상태를 말한다. 최근에는 HIV 예방약이 개발되었고, HIV 감염 이후에도 꾸준한 관리를 통해서 AIDS 상태로 진전되는 것을 막을 수 있다. HIV 감염의 주요 경로 중 하나는 안전하지 않은 섹스로서 HIV 감염은 남성 동성애자에게만 일어나지 않는다. 더불어 HIV/AIDS 관련 예산은 2015년 기준 95억으로 HIV 신규감염자가 늘어나는 상황에서도 관련 예산은 오히려 삭감되었다. 편성된 예산의 부족으로 인해 예방 교육, 진단, 건강관리, 요양치료, 차별 상황 개입 등 다양한 사업을 감당하는 데 큰 어려움이 발생하고 있다.

3) 2014년 2월부터 실효된 우간다의 반동성애법은 같은 해 8월 헌법재판소에서 국회의원 정족수 미달을 이유로 위헌 결정을 내림으로써 무효화되었다. 그러나 현재에도 동성 간 성적 실천은 최고 종신형까지 선고될 수 있는 범죄로 규정된다.

4) "도 넘은 반동성애 기독교인들의 '사랑 없는 혐오'", 《뉴스앤조이》, 2015년 7월 6일.

5) 릭 워렌, 『목적이 이끄는 삶』, 고성삼 옮김, 디모데, 2003; 조엘 오

스틴, 『긍정의 힘: 믿는 대로 된다』, 정성묵 옮김, 두란노, 2005.

6) "오정현 목회학 박사 논문, 표절 더 심각", 《뉴스앤조이》, 2013년 3월 16일.

7) "4개 한인교회 PCUSA 탈퇴", 《미주 한국일보》, 2016년 9월 6일.

8) "'미국, 문화적 침탈 자행하려는가'", 《뉴스파워》, 2014년 6월 10일.

9) "동성애문제대책위, 미 대사관 등 13개국 대사관 돌며 항의 서한 및 집회", 《기독일보》, 2015년 6월 6일. 뒤이은 부분의 인용도 같은 기사를 참조했다.

10) "건사연, 동성애 축제 지원한 미 대사관 항의 집회", 《기독일보》, 2014년 6월 7일.

11) "성시화운동-기독교공공정책협 성명서 발표", 《크리스천투데이》, 2014년 6월 9일.

12) 복음의 서진 운동 혹은 백 투 예루살렘 운동은 그리스도교가 항상 서쪽으로만 전파되지 않았다는 점에서 천주교와 개신교로 대표되는 서방교회의 역사만을 반영하는 서구중심주의에 기초해 있다. 이 밖에도 복음이 전해져야 하는 '땅 끝'(사도행전 1장 8절) 개념이 시대마다 달랐다는 점, 제국주의 국가의 식민지배를 선교지 확장으로 미화한다는 점, 그리스도인이 되기를 거부하는 사람들, 특히 이웃 종교인을 신성한 계획에 저항하는 이들로 묘사한다는 점, 그리스도교의 서진과 이슬람교의 동진과 같은 대결 구도를 설정해서 종교 간 갈등을 부추긴다는 점 등이 문제로 언급된다. 자세한 내용은 김동문, 「중동 선교의 학문적 접근에 대한 반성: '이슬라모포비아'를 넘어서는 만남의 선교로」, 《선교와신학》 제20집, 장로회신학대학교 세계선교연구원, 2007, 39~72쪽 참조.

13) "한국, 전세계에 이는 동성애 바람 차단하는 방파제 돼야", 《데일리 굿뉴스》, 2015년 6월 15일.

14) [전면광고] "탈동성애자의 양심선언", 《국민일보》, 2015년 4월 30일.

15) 해당 내용이 담긴 게시글은 바성연 홈페이지의 대표 인사말에서 확인할 수 있다. http://cfms.kr(2018년 3월 20일 접속)

16) 성적 비규범성을 이유로 퀴어 집단을 공격하는 반퀴어 텍스트에서 게이, 때로는 바이섹슈얼 집단이 과도하게 부각되는 경향을 짚고 넘어갈 필요가 있다. 레즈비언이 전투적인 페미니스트 이미지와 중첩되면서 가족 가치에 도전하고 성적 실험을 즐기는 무법자로 재현되는 미국과 다르게, 한국에서 레즈비언은 게이 논의에 덧붙여서 가끔씩 언급되고는 한다. 트랜스젠더의 경우, 퀴어 이슈가 성적 지향에 국한된 것으로 이해되고 젠더 규범성에 대한 비판의식이 크지 않은 상황에서 퀴어 집단을 대표하는 집단으로 여겨지지 않고 있다. 레즈비언과 트랜스젠더의 상대적 비가시화에는 규범적 젠더를 실천하는 남성만을 성적 주체로 인정하는 성차별이 반영되어 있다.

17) 해당 선전문은 바른 성문화를 위한 국민연합 홈페이지 단행본·전단지·신문광고 게시판에서 확인할 수 있다. http://cfms.kr(2018년 3월 20일 접속)

18) 길원평·도명술·이세일·이명진·임완기·정병갑, 『동성애 과연 타고나는 것일까?: 동성애 유발요인에 대한 과학적 탐구』, 라온누리, 2014, 114~115쪽.

19) 우주현·김순남, 「'사람'의 행복할 권리와 '좀비-동성애자'의 해피엔

딩 스토리: 〈인생은 아름다워〉 시청자 게시판 분석을 중심으로」, 《한국여성학》 제28권 1호, 한국여성학회, 2012, 99쪽.

20) Heather Love, "Compulsory Happiness and Queer Existence," *New Formations*, iss. 63, 2007, pp. 54~56.

21) Ibid., p. 56.

22) Ibid., p. 63.

23) "'동성애 차별금지법, 목사들을 벙어리나 죄인 만들 것'", 《크리스천투데이》, 2014년 10월 5일.

24) "동성애에 관한 우리의 입장", 《크리스천투데이》, 2015년 12월 31일.

25) 2015년 서울퀴어문화축제의 한 참가자는 이 슬로건을 패러디해서 '피땀 흘려 세운 나라 동성애자도 같이 세웠다'는 피켓을 들었다. 국가 이상을 해체하기보다 국가 이상에 동성애자를 포함시킨다는 점에서 다소 보수적인 성격을 띠고 있지만, 비가시화된 동성애자의 존재를 드러내고 기존의 서사를 재구성한다는 점에서 유효한 전략이라고 할 수 있다. 한편 2016년 서울퀴어문화축제에 참가한 이화여대 성소수자인권운동모임 변태소녀하늘을날다는 '피땀 흘려 세운 나라 동성애 없어도 망함'이라는 문구로 헬조선의 현실을 재치 있게 꼬집었다.

26) 신상언, 『사탄은 마침내 대중문화를 선택했습니다』, 낮은울타리, 1992.

27) 밥 라슨, 『록 음악의 사탄적 현상』, 주홍근·이종전 옮김, 예루살렘, 1989.

28) 루인, 「규범이라는 젠더, 젠더라는 불안: 트랜스/페미니즘을 모색

하는 메모, 세 번째」,《여/성이론》제23호, 도서출판여이연, 2010, 65쪽.

29) "동성애자 보듬을 수 있지만 동성애는 절대 안 된다",《국민일보》, 2016년 4월 12일.

30) 성적지향·성별정체성(SOGI) 법정책연구회 엮음,『한국 LGBTI 커뮤니티 사회적 욕구조사 최종보고서』, 한국게이인권운동단체 친구사이, 2014, 39쪽.

31) Lee Edelman, *No Future: Queer Theory and the Death Drive*(Durham; Duke University Press, 2004), pp. 1~31.

32) Ibid., pp. 10~15.

33) Ibid., pp. 2~4.

34) Judith Halberstam, *In a Queer Time and Place: Transgender Bodies, Subcultural Lives*(New York; New York University Press, 2005), p. 10.

4장 나중은 없다

1) 한봉석,「서울시민 인권헌장 사태를 통해 본 인권과 민주주의, 그리고 성소수자 문제」,《역사문제연구》제33호, 역사문제연구소, 2015, 538쪽.

2) "문재인 대표, 리퍼트 美대사 만나 '퀴어축제 어땠나?' 물은 이유는?",《경향신문》, 2015년 6월 29일.

3) "Seoul Mayor Park Won-soon wants same-sex marriage in Korea as first in Asia,"《The San Francisco Examiner》, 2014년 10월 12일. 번역은 저자.

4) "서울시 '인권헌장 폐기'···시민위 '선포·이행을'", 《한겨레》, 2014년 11월 30일.

5) "임종석 부시장, '세월호천막 선지원 후 朴시장에 보고'", 《연합뉴스》, 2015년 5월 21일.

6) 김근주, 『국제기준의 근로조건 규율: ILO협약을 중심으로』, 한국노동연구원, 2016, 2쪽.

7) "유엔 인권위원회, 심각한 한국 자유권 실태에 강력한 권고 내려", 《참여연대》, 2015년 11월 7일. UN 자유권 위원회 최종권고 전문 (한국어, 영어)은 참여연대 홈페이지 국제연대위원회 게시판에서 확인할 수 있다. http://www.peoplepower21.org(2018년 3월 20일 접속)

8) 퀴어 활동가 이현은 공공기관이 퀴어 정책을 실행하기로 예정되어 있는 상황에서 실무를 맡은 공무원이 "자신이 속한 부서에서는 사업을 진행할 수 없다"면서 "상급자에게 담당부서를 바꿔줄 것을 요청해달라"고 이야기한 적이 있다고 했다. 이현의 사례는 고위공무원이 나름의 정치적 의지를 가지고 퀴어 정책을 추진하더라도, 실제로 집행하는 과정에서 또 다른 어려움이 발생할 수 있다는 사실을 알려준다.

9) 성소수자차별반대 무지개행동 엮음, 『지금 우리는 미래를 만들고 있습니다: 올바른 차별금지법 제정을 위한 뜨거운 투쟁의 기록』, 사람생각, 2008, 4~5쪽.

10) Jeffrey Weeks, "Necessary Fictions: Sexual Identities and the Politics of Diversity," Jeffrey Weeks, Janet Holland, and Matthew Waites eds., *Sexualities and Society: A Reader*

(Cambridge; Polity Press, 2003), p. 129.

11) "동성애 어젠다와 대한민국 진보주의",《중앙일보》, 2015년 1월 3일.

12) 시우, 「페미니스트 미씽: 사라진 논쟁, 지워진 계보」,《말과활》 13호, 일곱번째숲, 2017, 103쪽.

13) 핑크워싱과 관련한 비판적 논의는 Jasbir K. Puar, "Homonationalism As Assemblage: Viral Travels, Affective Sexualities," *Jindal Global Law Review*, vol. 4, issue. 2, 2013, pp. 23~43 참조. 이 글에서 재스비어 K. 푸아는 퀴어 집단의 권리 보장을 진보의 서사로 의미화하는 기획이 성애화·인종화된 타자의 배제, 병리화, 죽음에 기대고 있음을 강하게 비판했다. 한국에서도 이스라엘의 핑크워싱에 대한 문제제기가 이어지고 있는데, 대표적으로 2017년 제9회 성소수자 인권포럼에서 '퀴어들의 천국은 없다: 이스라엘의 핑크워싱' 세션이 마련되기도 했다. 발제문은 팔레스타인평화연대 홈페이지 BDS 캠페인 게시판에서 확인할 수 있다. http://pal.or.kr(2018년 3월 20일 접속)

14) '미래를 기억한다'는 표현은 다음 글에서 빌려왔다. Terry Cook, "Remembering the Future: Appraisal of Records and the Role of Archives in Constructing Social Memory," Francis X. Blouin Jr. and William G. Rosenberg eds., *Archives, Documentation, and Institutions of Social Memory: Essays from the Sawyer Seminar*(Ann Arbor; University of Michigan Press, 2006), pp. 169~181.

5장 반퀴어 감정의 회로

1) 김진호, 「한국 개신교 반공주의와 '증오의 정치학」, 박권일·김민하·김진호·남상욱·문순표·이택광 지음, 『지금, 여기의 극우주의』, 자음과모음, 2014, 116~117쪽.

2) 위의 글, 112쪽.

3) 반퀴어 담론의 문제점을 지적하고 적절한 정보를 제공하는 자료로는 바른정보연구소 엮음, 『우리가 알아야 할 바른 진실들』, 바른정보연구소, 2016; 한국성소수자연구회(준) 엮음, 『혐오의 시대에 맞서는 성소수자에 대한 12가지 질문』, 한국성소수자연구회(준), 2016 참조.

4) Janice M. Irvine, "Transient Feelings: Sex Panics and the Politics of Emotions," *GLQ: A Journal of Lesbian and Gay Studies*, vol. 14, iss. 1, 2008, p. 17.

5) Ibid., pp. 9~11.

6) Ibid., p. 10. 어바인은 '항의하는 즐거움'이라는 개념을 Jeff Goodwin, James M. Jasper, and Francesca Polletta, *Passionate Politics: Emotions and Social Movements* (Chicago; University of Chicago Press, 2001), p. 20에서 빌려왔다고 밝혔다.

7) "핀란드: 성전환자 권리에 타격 입힌 유럽인권재판소 판결", 《국제앰네스티 한국지부》, 2014년 7월 18일. 참고로 핀란드에서 동성결혼은 2017년 3월부터 법적으로 인정되고 있다. https://amnesty.or.kr/9426/(2018년 3월 20일 접속)

8) 탈동성애자 활동가 이요나는 '동성애 양심고백 더이상 광고하지 말라'(2013년 6월 3일)는 제목의 글에서 신문광고 게재가 '그리스

도의 가르침도 아니고 성경에 위배되는 일'이라고 비난한 바 있
다. 그는 '동성애 문제'를 해결하는 일이 정치적 영향력을 확보하
는 싸움이 아니라 영적 전쟁이라는 점, 동성애 이슈 외에 다른 사
안에 대해서는 침묵하는 것은 모순적이라는 점, 상당한 수준의 광
고비를 보다 의미 있게 쓸 수 있는 방법이 있다는 점, 결정적으로
동성애 '극복'을 위해 노력하는 탈동성애자에게 고통을 준다는 점
을 지적했다. 이는 반퀴어 운동 내부의 입장 차이를 보여주는 하
나의 장면이라고 할 수 있다. 해당 게시물은 홀리라이프 홈페이지
커뮤니티 뉴스레터 게시판에서 확인할 수 있다. http://holylife.
kr(2018년 3월 20일 접속)

9)   정욜, 『브라보 게이 라이프』, 나름북스, 2011, 136쪽.

10) "김정현 씨의 '동성애자의 양심고백' 전문", 《크리스천투데이》,
     2010년 11월 10일.

11) Sara Ahmed, *Queer Phenomenology: Orientations, Objects,
     Others*(Durham; Duke University Press, 2006), pp. 157~179.

12) Ibid., p. 161.

13) 탈동성애 단체가 발간한 텍스트를 분석한 크리스틴 로빈슨과 수
     스피비는 탈동성애 운동이 동성애를 성별 정체성에 관한 문제로
     해석하면서 규범적 젠더 실천을 자연화·신성화하고 헤게모니적
     남성성을 강화한다는 점을 지적한다. 이들에 따르면, 탈동성애 단
     체는 동성애를 '예방'하거나 동성애에서 '벗어나는' 방법으로 보
     수적인 성역할에 기초한 가족 만들기, 다시 말해서 남성적 권위
     를 갖춘 아버지와 여성적 유순함을 지닌 어머니로 이루어진 가족
     만들기를 제안한다. 자세한 내용은 Christine M. Robinson and

Sue E. Spivey, "The Politics of Masculinity and the Ex-Gay Movement," *Gender and Society*, vol. 21, no. 5, 2007, pp. 650~675 참조.

14) Sara Ahmed, *The Cultural Politics of Emotion*(Second Edition)(Edinburgh; Edinburgh University Press, 2014), p. 133.

15) Ibid., p. 134.

16) Ibid., p. 135.

17) Janet R. Jakobsen and Ann Pellegrini, *Love the Sin: Sexual Regulation and the Limits of Religious Tolerance*(Boston; Beacon Press, 2004), p. 45.

18) Ibid., p. 50.

19) Cynthia Burack, *Sin, Sex, and Democracy: Antigay Rhetoric and the Christian Right*(Albany; State University of New York Press, 2008), p. 140.

20) Ibid., p. xxxiv.

21) Ibid., p. 142.

6장 퀴어 느낌의 아카이브

1) 나영정, 「퀴어한 시민권을 향해: 성소수자의 삶과 죽음을 정치화하기」, 《창작과비평》 제44권 3호, 창비, 2016, 506쪽. 세계 곳곳에서 벌어지는 참사 소식이 전해지는 과정은 투명하지 않다. 올랜도 참사 이전에도 다양한 성소수자 혐오범죄가 일어났지만 비슷한 형태의 추모제가 매번 마련된 것은 아니었다. 올랜도 참사 추모제는 복잡한 국제정치의 역학 속에서 시간의 차이와 물리적 거리를 경

유해서 무엇을 기억할 것인지, 누가 애도할 것인지, 어떠한 역사로 새길 것인지를 둘러싼 질문을 제기한 현장이었다.

2) Ann Cvetkovich, *An Archive of Feelings: Trauma, Sexuality, and Lesbian Public Culture*(Durham; Duke University Press, 2003), p. 7.

3) 김현철, 「성적 반체제자와 도시공간의 공공성: 2014 신촌 퀴어퍼레이드를 중심으로」, 《공간과사회》 제25권 1호, 한국공간환경학회, 2015, 47쪽.

4) 한편 2014년 서울퀴어퍼레이드를 둘러싸고 일련의 논쟁이 발생하기도 했다. '퍼레이드 차량을 포기하면 길을 비켜주겠다'는 반퀴어 집단의 제안을 거부하고 마침내 행진을 성사시킨 것을 긍정적으로 평가한 이들도 있었지만, 퀴어문화축제 조직위원회가 반퀴어 집단에게 신속하게 대응하지 못했고 당시 상황에 대해 동료 활동가 및 축제 참가자와 충분히 소통하지 않았음을 비판한 이들도 있었다. 물론 충돌의 원인을 제공한 국가기관, 무엇보다 퀴어문화축제 부스 행사를 앞두고 급작스럽게 장소 승인 취소를 통보한 서대문구청과 반퀴어 집단의 물리적 폭력과 방해에 미온적으로 대처한 경찰에 책임을 물어야 한다는 문제의식은 공통적으로 나타났다.

5) 로렌 벌랜트와 마이클 워너는 퀴어 문화를 '세계 만들기 프로젝트'라고 설명한다. 이때의 세계는 누구인지 식별하기 어려운 사람들, 몇몇 좌표값을 가지고 나타낼 수 없는 장소들, 타고난 것이 아니라 학습된 느낌의 양식으로 이루어진 곳을 가리킨다. 퀴어 세계를 만드는 일은 새로운 친밀성의 발달을 필요로 하는데, 이와 같

은 친밀성은 대항공중과 필연적인 관계를 맺게 된다. 대항공중에 대한 보다 자세한 논의는 Lauren Berlant and Michael Warner, "Sex in Public," *Critical Inquiry*, vol. 24, no. 2, 1998, pp. 547~566 참조.

6) 이반지하, 〈오염〉, 《1집》, 한국성적소수자문화인권센터, 2013.

7) Jill Dolan, *Utopia in Performance: Finding Hope at the Theater*(Ann Arbor; University of Michigan Press, 2005), pp. 10~15.

8) Arlie Russell Hochschild, "Emotion Work, Feeling Rules, and Social Structure," *American Journal of Sociology*, vol. 85, no. 3, 1979, p. 564.

9) 무지개농성장을 가득 채운 다양한 문화 생산물은 한국퀴어아카이브 퀴어락 홈페이지 공지사항 게시판에서 확인할 수 있다. http://queerarchive.org(2018년 3월 20일 접속)

10) 일란, 「성소수자에게 한국사회의 인권을 묻다」, "무지개농성단 서울시청 점거 농성의 의미를 짚어보는 토론회: 당신의 인권이 여기 있었다!" 발표문, 성소수자차별반대 무지개행동 주최, 2015년 1월 7일, 10쪽.

11) 「당신의 인권이 여기에 있다: 6일간의 서울시청 점거농성을 마무리하며」, "무지개농성단 입장 및 향후 계획 발표 기자회견", 2014년 12월 11일. 해당 입장문은 성소수자차별반대 무지개행동 홈페이지 성명 게시판에서 확인할 수 있다. http://lgbtact.org(2018년 3월 20일 접속)

12) 게이 커뮤니티의 맥락에서 사랑의 의미를 짚은 연구로는 박

해민, 「감정과 정동의 게이정치: 게이 친밀성·사랑 경험을 중심으로」, 연세대학교 문화학협동과정 석사학위논문, 2017; Song Pae Cho, *Faceless Things: South Korean Gay Men, Internet, and Sexual Citizenship*, University of Illinois at Urbana-Champaign Department of Anthropology, Ph.D. Dissertation, 2011 참조. 한편 퀴어 연구자 김순남은 동성애 친밀성의 의미와 실천을 상호교차적으로 분석하면서 사랑, 친밀성, 관계성 등을 비판적으로 재구성하는 퀴어 경험에 주목한 바 있다. 김순남, 「이성애 결혼/가족 규범을 해체/(재)구성하는 동성애 친밀성: 사회적 배제와 '독립적' 삶의 모델 사이에서」, 《한국여성학》 제29권 1호, 한국여성학회, 2013 참조.

13) 프리드리히 엥겔스, 『가족, 사유 재산, 국가의 기원』, 김대웅 옮김, 두레, 2012, 103~142쪽; Shulamith Firestone, *The Dialectic of Sex: The Case for Feminist Revolution*(New York: Bantam Books, 1971), pp. 126~155.

14) 몇몇 이들은 사랑의 의미를 분석적으로 살피면서도 사랑이 지닌 정치적 가능성에 주목하기도 했다. 대표적인 예로는 벨 훅스, 『올 어바웃 러브』, 이영기 옮김, 책읽는수요일, 2012 참조.

15) 퀴어 평등과 해방이라는 이상을 이성애규범적 전제와 제도를 떠받치는 방식으로 물화시키는 보수화된 흐름에 대한 비판으로는 리사 두건, 『평등의 몰락: 신자유주의는 어떻게 차별과 배제를 정당화하는가』, 한우리·홍보람 옮김, 현실문화, 2017 참조.

16) 게일 루빈, 『일탈: 게일 루빈 선집』, 신혜수·임옥희·조혜영·허윤 옮김, 현실문화, 2015, 303~308쪽.

17) 같은 책, 309쪽.

18) 수수, 「서울시청 무지개 농성을 통해 만난 혐오의 모습: '우리' 와 '그들'에 대하여」, 《글로컬포인트》 2호, 지구지역행동네트워크, 2015, 36쪽.

7장 퀴어 디아스포라

1) 한주희, 「퀴어 정치와 퀴어 지정학」, 《문화과학》 제83호, 문화과학사, 2015, 81쪽.

2) 퀴어 연구에서 퀴어 디아스포라는 지정학적·문화적·감정적 경계를 넘는 퀴어 집단을 뜻한다. 예를 들어 가야트리 고피나스는 국민국가의 내셔널리즘 기획, 초국가적 자본주의, 서구의 식민주의적 인식에 도전하는 퀴어 디아스포라의 잠재력에 주목한 바 있다. 퀴어 디아스포라 개념의 맥락을 짚은 앤마리 포티어는 종족 집단의 젠더질서와 이성애규범에 질문을 던지는 이들뿐 아니라 시공간, 정체성, 차이, 전통, 정상성에 관한 근대적 개념을 재구성하는 이들을 아우르는 퀴어 디아스포라 담론을 살펴본다. 이 글에서는 한국사회에서 퀴어 이슈를 둘러싸고 가시화된 경계를 가로지르는 이들을 일컫는 표현으로 활용되었다. Gayatri Gopinath, *Impossible Desires: Queer Diasporas and South Asian Public Cultures*(Durham; Duke University Press, 2005); Anne-Marie Fortier, "Queer Diaspora," Diane Richardson and Steven Seidman eds., *Handbook of Lesbian and Gay Studies*(London; Sage Publications, 2002), pp. 183~197.

3) 퀴어 그리스도인이 겪은 삶의 경험을 다룬 연구로는 임유경, 「모두

의 성찬: 성소수자 지지 교회의 사례로 본 퀴어 기독교인 시민권」,
서울대학교 인류학과 석사학위논문, 2015; 차별없는 세상을 위한
기독인 연대 엮음, 『성소수자 기독인 사례집』, 차별없는 세상을 위
한 기독인 연대, 2017 참조.

4) 주낙현은 '사이공간'을 신학적으로 해석하면서 다음과 같이 이
야기한다. "고정된 기준에서 쫓겨난 사람들과 새로운 가치를 찾
아 길 떠나는 나그네들이 매우 간절하고 위태로운 '사이의 땅'에
서 만날 때 신앙이 싹틉니다. 신앙의 길은 과거의 자리로 돌아가
지 않고 그 '사이'를 계속 새롭게 걷겠다는 다짐입니다." 주낙현,
"거룩한 신앙–세속과 종교 '사이'에서", via media 주낙현 신부
의 성공회 이야기 웹페이지, 2016년 10월 8일. http://viamedia.
or.kr/2016/10/08/2622(2018년 3월 5일 접속)

5) Surina Khan, *Calculated Compassion: How the Ex-
Gay Movement Serves the Right's Attack on Democracy*
(Somerville; Political Research Associates, The Policy Institute
of the National Gay and Lesbian Task Force, and Equal
Partners in Faith, 1998), pp. 22~23.

6) Tanya Erzen, "We Shall Overcome? Changing Politics and
Changing Sexuality in the Ex-Gay Movement," Melissa
Checker and Maggie Fishman eds., *Local Actions: Cultural
Activism, Power, and Public Life in America*(New York;
Columbia University Press, 2004), p. 119.

7) Tanya Erzen, *Straight to Jesus: Sexual and Christian
Conversions in the Ex-gay Movement*(Berkeley; University of

California Press, 2006), p. 14.

8) Ibid., p. 3.

9) Michelle Wolkomir, "Emotion Work, Commitment, and the Authentication of the Self: The Case of Gay and Ex-Gay Christian Support Groups," *Journal of Contemporary Ethnography*, vol. 30, no. 3, 2001, p. 315.

10) 호미 바바, 『문화의 위치: 탈식민주의 문화이론』(개정판), 나병철 옮김, 소명출판, 2012, 196~197쪽.

11) 일레인 페이절스, 『사탄의 탄생』, 권영주 옮김, 루비박스, 2006, 69쪽.

12) 쌩, 「더 많은 무지개를 위한 기도(한국교회의 회개와 무지개교회 확장을 위해)」, "청소년 성소수자 기독인 故육우당 15주기 혐오와 차별에 희생된 이들을 기억하는 추모기도회" 기도문, 무지개예수 주최, 2018년 4월 26일, 8쪽 참조.

13) 2014년에 만들어진 성소수자 부모모임은 성소수자를 가족으로 둔 이들이 서로의 이야기를 풀어나가는 자리를 마련하고 있다. 부모모임은 성소수자 가족을 위한 가이드북을 발간하고 퀴어 친밀성을 형성하는 각자의 경험을 공유하면서 다양성과 공존의 가치를 실현해내고 있다. 단체에 대한 자세한 안내는 홈페이지 참조. http://pflagkorea.org(2018년 3월 20일 접속)

14) 엄기호, 『단속사회: 쉴 새 없이 접속하고 끊임없이 차단한다』, 창비, 2014, 7쪽.

15) Gloria Anzaldúa, *Borderlands/La Frontera: The New Mestiza*(Second Edition)(San Francisco; Aunt Lute Books, 1999),

p. 19.

16) Ibid., p. 25.

17) Ibid., pp. 101~102.

18) Gloria Anzaldúa, "now let us shift··· the path of conocimiento··· inner work, public acts," gloria anzaldúa and analouise keating eds., *this bridge we call home: radical visions for transformation*(New York: Routledge, 2002), p. 575.

나가며

1) 성별이분법에 저항하는 사람들의 모임 여행자 엮음, 『뜻밖의 여행』, 성별이분법에 저항하는 사람들의 모임 여행자, 2017, 75쪽.

2) 방연상, 「포스트모던시대 기독교 선교의 과제와 미래」, 《기독교사상》 제641호, 대한기독교서회, 2012, 78쪽.

참고문헌

국내 문헌

게일 루빈, 『일탈: 게일 루빈 선집』, 신혜수·임옥희·조혜영·허윤 옮김, 현실문화, 2015.

기독교윤리실천운동 엮음, 『2017년 한국교회의 사회적 신뢰도 여론조사 결과 발표세미나』, 기독교윤리실천운동, 2017.

기독교윤리연구소 엮음, 『동성애에 대한 기독교적 답변: 동성애를 긍정하지 않지만 동성애자들을 따뜻하게 맞이하는 교회』, 예영커뮤니케이션, 2011.

길원평·도명술·이세일·이명진·임완기·정병갑, 『동성애 과연 타고나는 것일까?: 동성애 유발요인에 대한 과학적 탐구』, 라온누리, 2014.

김근주, 『국제기준의 근로조건 규율: ILO협약을 중심으로』, 한국노동연구원, 2016.

김동문, 「중동 선교의 학문적 접근에 대한 반성: '이슬라모포비아'를 넘어서는 만남의 선교로」, 《선교와신학》 제20집, 장로회신학대학교 세계선교연구원, 2007.

김순남, 「이성애 결혼/가족 규범을 해체/(재)구성하는 동성애 친밀성: 사회적 배제와 '독립적' 삶의 모델 사이에서」, 《한국여성학》 제29권 1호, 한국여성학회, 2013.

김진호, 「한국 개신교 반공주의와 '증오의 정치학'」, 박권일·김민하·김진호·남상욱·문순표·이택광 지음, 『지금, 여기의 극우주의』, 자음 과모음, 2014.

김현철, 「성적 반체제자와 도시공간의 공공성: 2014 신촌 퀴어퍼레이드 를 중심으로」, 《공간과사회》 제25권 1호, 한국공간환경학회, 2015.

나영정, 「퀴어한 시민권을 향해: 성소수자의 삶과 죽음을 정치화하기」, 《창작과비평》 제44권 3호, 창비, 2016.

루인, 「규범이라는 젠더, 젠더라는 불안: 트랜스/페미니즘을 모색하는 메모, 세 번째」, 《여/성이론》 제23호, 도서출판여이연, 2010.

류혜진, 「젠더퀴어로서의 레즈비언 부치와 젠더 상황에 대한 연구」, 이 화여자대학교 여성학과 석사학위논문, 2010.

리사 두건, 『평등의 몰락: 신자유주의는 어떻게 차별과 배제를 정당화 하는가』, 한우리·홍보람 옮김, 현실문화, 2017.

릭 워렌, 『목적이 이끄는 삶』, 고성삼 옮김, 디모데, 2003.

마커스 J. 보그, 『그리스도교 신앙을 말하다: 왜 신앙의 언어는 그 힘을 잃었는가?』(개정판), 김태현 옮김, 비아, 2017.

문경란, 「서울시민 인권헌장은 어떻게 만들어졌나?」, "서울시민 인권헌 장 제정, 무엇을 남겼나?" 심포지엄 발표문, 서울특별시 인권위원 회·서울대학교 인권센터·서울대학교 공익인권법센터 공동주최, 2015.

바른정보연구소 엮음, 『우리가 알아야 할 바른 진실들』, 바른정보연구 소, 2016.

박해민, 「감정과 정동의 게이정치: 게이 친밀성·사랑 경험을 중심으로」, 연세대학교 문화학협동과정 석사학위논문, 2017.

밥 라슨, 『록 음악의 사탄적 현상』, 주홍근·이종전 옮김, 예루살렘,

1989.

방연상, 「포스트모던시대 기독교 선교의 과제와 미래」, 《기독교사상》 제641호, 대한기독교서회, 2012.

벨 훅스, 『올 어바웃 러브』, 이영기 옮김, 책읽는수요일, 2012.

샐리 맥페이그, 『어머니, 연인, 친구: 생태학적 핵 시대와 하나님의 세 모델』, 정애성 옮김, 뜰밖, 2006.

성별이분법에 저항하는 사람들의 모임 여행자 엮음, 『뜻밖의 여행』, 성별이분법에 저항하는 사람들의 모임 여행자, 2017.

성소수자차별반대 무지개행동 엮음, 『지금 우리는 미래를 만들고 있습니다: 올바른 차별금지법 제정을 위한 뜨거운 투쟁의 기록』, 사람생각, 2008.

성적지향·성별정체성(SOGI) 법정책연구회 엮음, 『한국 LGBTI 커뮤니티 사회적 욕구조사 최종보고서』, 한국게이인권운동단체 친구사이, 2014.

수수, 「서울시청 무지개 농성을 통해 만난 혐오의 모습: '우리'와 '그들'에 대하여」, 《글로컬포인트》 2호, 지구지역행동네트워크, 2015.

시우, 「페미니스트 미씽: 사라진 논쟁, 지워진 계보」, 《말과활》 13호, 일곱번째숲, 2017.

신상언, 『사탄은 마침내 대중문화를 선택했습니다』, 낮은울타리, 1992.

쎙, 「더 많은 무지개를 위한 기도(한국교회의 회개와 무지개교회 확장을 위해)」, "청소년 성소수자 기독인 故육우당 15주기 혐오와 차별에 희생된 이들을 기억하는 추모기도회" 기도문, 무지개예수 주최, 2018.

엄기호, 『단속사회: 쉴 새 없이 접속하고 끊임없이 차단한다』, 창비,

2014.

에릭 마커스, 『Is It a Choice?: 동성애에 관한 300가지 질문』(개정판), 컴투게더 옮김, 이형석 감수, 박영률출판사, 2006.

우주현·김순남, 「'사람'의 행복할 권리와 '좀비-동성애자'의 해피엔딩 스토리: 〈인생은 아름다워〉 시청자 게시판 분석을 중심으로」, 《한국여성학》 제28권 1호, 한국여성학회, 2012.

일란, 「성소수자에게 한국사회의 인권을 묻다」, "무지개농성단 서울시청 점거 농성의 의미를 짚어보는 토론회: 당신의 인권이 여기 있었다!" 발표문, 성소수자차별반대 무지개행동 주최, 2015.

일레인 페이절스, 『사탄의 탄생』, 권영주 옮김, 루비박스, 2006.

임유경, 「모두의 성찬: 성소수자 지지 교회의 사례로 본 퀴어 기독교인 시민권」, 서울대학교 인류학과 석사학위논문, 2015.

정승현, 「하나님의 선교(The Missio Dei)와 선교적인 교회(The Missional Church): 빌링겐 IMC를 중심으로」, 《선교와신학》 제20집, 장로회신학대학교 세계선교연구원, 2007.

정욜, 『브라보 게이 라이프』, 나름북스, 2011.

조엘 오스틴, 『긍정의 힘: 믿는 대로 된다』, 정성묵 옮김, 두란노, 2005.

차별없는 세상을 위한 기독인 연대 엮음, 『성소수자 기독인 사례집』, 차별없는 세상을 위한 기독인 연대, 2017.

프리드리히 엥겔스, 『가족, 사유 재산, 국가의 기원』, 김대웅 옮김, 두레, 2012.

한국성소수자연구회(준) 엮음, 『혐오의 시대에 맞서는 성소수자에 대한 12가지 질문』, 한국성소수자연구회(준), 2016.

한국찬송가공회 엮음, 『통일찬송가』, 대한기독교서회·생명의말씀사,

1983.

한봉석, 「서울시민 인권헌장 사태를 통해 본 인권과 민주주의, 그리고 성소수자 문제」, 《역사문제연구》 제33호, 역사문제연구소, 2015.

한주희, 「퀴어 정치와 퀴어 지정학」, 《문화과학》 제83호, 문화과학사, 2015.

한채윤, 「왜 한국 개신교는 '동성애 혐오'를 필요로 하는가?」, 정희진 엮음, 권김현영·루인·류진희·정희진·한채윤 지음, 『양성평등에 반대한다』, 교양인, 2017.

호미 바바, 『문화의 위치: 탈식민주의 문화이론』(개정판), 나병철 옮김, 소명출판, 2012.

해외 문헌

Adams, Marilyn McCord, "Eucharistic Prayer for the Powerless, the Oppressed, the Unusual," Kittredge Cherry and Zalmon Sherwood eds., *Equal Rites: Lesbian and Gay Worship, Ceremonies, and Celebrations*(Louisville; Westminster John Knox Press, 1995).

Ahmed, Sara, *Queer Phenomenology: Orientations, Objects, Others*(Durham; Duke University Press, 2006).

_____ , *The Cultural Politics of Emotion*(Second Edition) (Edinburgh; Edinburgh University Press, 2014).

Anzaldúa, Gloria, *Borderlands/La Frontera: The New Mestiza* (Second Edition)(San Francisco; Aunt Lute Books, 1999).

_____ , "now let us shift… the path of conocimiento…

inner work, public acts," gloria anzaldúa and analouise keating eds., *this bridge we call home: radical visions for transformation*(New York: Routledge, 2002).

Berlant, Lauren and Michael Warner, "Sex in Public," *Critical Inquiry*, vol. 24, no. 2, 1998.

Burack, Cynthia, *Sin, Sex, and Democracy: Antigay Rhetoric and the Christian Right*(Albany: State University of New York Press, 2008).

Cho, Song Pae, *Faceless Things: South Korean Gay Men, Internet, and Sexual Citizenship*, University of Illinois at Urbana-Champaign Department of Anthropology, Ph.D. Dissertation, 2011.

Cohen, Stanley, *Folk Devils and Moral Panics: The Creation of the Mods and Rockers*(Third Edition)(London and New York: Routledge, 2002).

Collins, Patricia Hill, "Learning from the Outsider Within: The Sociological Significance of Black Feminist Thought," *Social Problems*, vol. 33, no. 6, 1986.

Cook, Terry, "Remembering the Future: Appraisal of Records and the Role of Archives in Constructing Social Memory," Francis X. Blouin Jr. and William G. Rosenberg eds., *Archives, Documentation, and Institutions of Social Memory: Essays from the Sawyer Seminar*(Ann Arbor: University of Michigan Press, 2006).

Cvetkovich, Ann, *An Archive of Feelings: Trauma, Sexuality, and Lesbian Public Culture*(Durham; Duke University Press, 2003).

Dolan, Jill, *Utopia in Performance: Finding Hope at the Theater*(Ann Arbor; University of Michigan Press, 2005).

Duggan, Lisa, "Queering the State," *Social Text*, no. 39, 1994.

Edelman, Lee, *No Future: Queer Theory and the Death Drive* (Durham; Duke University Press, 2004).

Erzen, Tanya, "We Shall Overcome? Changing Politics and Changing Sexuality in the Ex-Gay Movement," Melissa Checker and Maggie Fishman eds., *Local Actions: Cultural Activism, Power, and Public Life in America*(New York; Columbia University Press, 2004).

_____ , *Straight to Jesus: Sexual and Christian Conversions in the Ex-gay Movement*(Berkeley; University of California Press, 2006).

Escobar, Samuel, "Evangelicalism and Man's Search for Freedom, Justice, and Fulfillment," J. D. Douglas ed., *Let the Earth Hear His Voice: International Congress on World Evangelization Lausanne, Switzerland*(Minneapolis; World Wide Publications, 1975).

Fackre, Gabriel, *The Church: Signs of the Spirit and Signs of the Times*(Grand Rapids; William B. Eerdmans Publishing Company, 2007).

Firestone, Shulamith, *The Dialectic of Sex: The Case for Feminist Revolution*(New York; Bantam Books, 1971).

Fortier, Anne-Marie, "Queer Diaspora," Diane Richardson and Steven Seidman eds., *Handbook of Lesbian and Gay Studies*(London; Sage Publications, 2002).

Gopinath, Gayatri, *Impossible Desires: Queer Diasporas and South Asian Public Cultures*(Durham; Duke University Press, 2005).

Halberstam, Judith, *In a Queer Time and Place: Transgender Bodies, Subcultural Lives*(New York; New York University Press, 2005).

Herman, Didi, *The Antigay Agenda: Orthodox Vision and the Christian Right*(Chicago; University of Chicago Press, 1998).

Hochschild, Arlie Russell, "Emotion Work, Feeling Rules, and Social Structure," *American Journal of Sociology*, vol. 85, no. 3, 1979.

Irvine, Janice M., "Transient Feelings: Sex Panics and the Politics of Emotions," *GLQ: A Journal of Lesbian and Gay Studies*, vol. 14, iss. 1, 2008.

Jakobsen, Janet R. and Ann Pellegrini, *Love the Sin: Sexual Regulation and the Limits of Religious Tolerance*(Boston; Beacon Press, 2004).

Khan, Surina, *Calculated Compassion: How the Ex-Gay Movement Serves the Right's Attack on Democracy*

(Somerville; Political Research Associates, The Policy Institute of the National Gay and Lesbian Task Force, and Equal Partners in Faith, 1998).

Kohut, Andrew et al., *The Global Divide on Homosexuality: Greater Acceptance in More Secular and Affluent Countries*, Pew Global Attitudes Project(Washington; Pew Research Center, 2013).

Love, Heather, "Compulsory Happiness and Queer Existence," *New Formations*, iss. 63, 2007.

Lugones, María, "Playfulness, 'World'-Travelling, and Loving Perception," *Hypatia: A Journal of Feminist Philosophy*, vol. 2, no. 2, 1987.

Moon, Dawne, "Beyond the Dichotomy: Six Religious Views of Homosexuality," *Journal of Homosexuality*, vol. 61, iss. 9, 2014.

Padilla, René, "Evangelism and the World," J. D. Douglas ed., *Let the Earth Hear His Voice: International Congress on World Evangelization Lausanne, Switzerland*(Minneapolis; World Wide Publications, 1975).

Puar, Jasbir K., "Homonationalism As Assemblage: Viral Travels, Affective Sexualities," *Jindal Global Law Review*, vol. 4, issue. 2, 2013.

Robinson, Christine M. and Sue E. Spivey, "The Politics of Masculinity and the Ex-Gay Movement," *Gender and*

Society, vol. 21, no. 5, 2007.

Weeks, Jeffrey, "Necessary Fictions: Sexual Identities and the Politics of Diversity," Jeffrey Weeks, Janet Holland, and Matthew Waites eds., *Sexualities and Society: A Reader*(Cambridge; Polity Press, 2003).

Wolkomir, Michelle, "Emotion Work, Commitment, and the Authentication of the Self: The Case of Gay and Ex-Gay Christian Support Groups," *Journal of Contemporary Ethnography*, vol. 30, no. 3, 2001.

음반 자료

이반지하, 〈오염〉, 《1집》, 한국성적소수자문화인권센터, 2013.
천관웅, 〈내 길 더 잘 아시니〉, 《Jesus Generation》, 인피니스, 2003.

인터넷 홈페이지

국가통계포털 http://kosis.kr
국제앰네스티 한국지부 https://amnesty.or.kr
바른 성문화를 위한 국민연합 http://cfms.kr
성소수자 부모모임 http://pflagkorea.org
성소수자차별반대 무지개행동 http://lgbtact.org
인권오름 http://hr-oreum.net
참여연대 http://www.peoplepower21.org
팔레스타인평화연대 http://pal.or.kr
한국퀴어아카이브 퀴어락 http://queerarchive.org

홀리라이프 http://holylife.kr

via media 주낙현 신부의 성공회 이야기 http://viamedia.or.kr

퀴어 아포칼립스

사랑과 혐오의 정치학

1판 1쇄 2018년 8월 15일

지은이 시우
펴낸이 김수기
편집 강정원 김주원
디자인 김재은 / **제작** 이명혜

펴낸곳 현실문화연구
등록 1999년 4월 23일 / 제25100-2015-000091호
주소 서울시 은평구 통일로 684 서울혁신파크 1동 403호
전화 02-393-1125 / **팩스** 02-393-1128 / **전자우편** hyunsilbook@daum.net
ⓗ hyunsilbook.blog.me   ⓕ hyunsilbook   ⓘ hyunsilbook

ISBN 978-89-6564-217-6 (03330)

이 도서의 국립중앙도서관 출판예정도서목록(CIP)은
서지정보유통지원시스템 홈페이지(http://seoji.nl.go.kr)와
국가자료공동목록시스템(http://www.nl.go.kr/kolisnet)에서 이용하실 수 있습니다.
(CIP제어번호: CIP2018019743)